国家社会科学基金重大项目成果
广西哲学社会科学“十二五”规划课题成果

诉讼观念与和谐乡村建设

以广西民间传统观念为视角

LITIGATION CONCEPT
AND HARMONY VILLAGE CONSTRUCTION

A STUDY ON THE CIVIL TRADITIONAL CONCEPT IN GUANGXI

袁翔珠 著

社会科学文献出版社
SOCIAL SCIENCES ACADEMIC PRESS (CHINA)

目　录

绪　论

“由于各个之生存空间的地理环境、生计类型、历史渊源、语文、习俗、信仰与社会形态，自不免各有其所宜所适，而绝难强其一齐归趋。”①作为一个幅员辽阔的国家，受历史文化因素的影响，我国各地区不仅在风俗习惯上存在较大的差异性，而且思想观念也具有明显的特质性。广西民间在长期的历史发展中形成了独特的诉讼观念，如息讼、少讼、简讼、注重民间调解等。广西民间传统诉讼观念样态的形成，是多重因素使然，包括历史文化因素、纠纷解决机制的多元化以及心理因素等。

首先，本书从诉讼心理观念的角度深入挖掘，侧重从“积极”方面研究民间传统诉讼观念与基层司法改革的关系，突出研究的“正面”性特征，即更注重发掘广西民间传统诉讼观念值得肯定的内容，并深入分析这些传统应当得到尊重和认可的历史文化原因。

其次，本书综合运用法史学、法人类学、法社会学的方法，在系统分析广西民间传统诉讼观念的样态、特点和成因的基础上，寻求其与现代基层司法在价值取向、现实利益、终极目标等方面的内在逻辑联系与结合点，从而探讨双方如何相互调整、改善、磨合、容忍、认可，逐步形成共识，并最终融合内化为共同体的进路与途径，发掘出具体、充分的方案设计，从而有助于建立起可供操作的实践机制与模式，具备较强的理论与实际应用价值。

最后，民间传统诉讼观念是一把双刃剑，既有积极意义，也有消极的一面。要对广西民间传统诉讼观念进行现代法治化改造，就必须从发掘传统诉讼观念与和谐乡村秩序建设之间的内通性与结合点入手，探讨二者在各个层面实现互动与融合的实践机制与途径，推进现代法治文明，完善现代司法体制。因此，本书对上述问题的研究与探讨，不仅为广西

① 胡耐安：《中华民族》，台湾商务印书馆，1969，“叙说”，第1页。

乡村地区的法治建设提供了决策依据，而且也为西南地区的乡村法治建设提供了一定的参考。

我国目前对传统诉讼观念的研究主要集中在法律史学和诉讼法学两个领域，前者以明清两代居多，后者则重在论述我国公民现代新型诉讼观念的重塑。总体而言，目前对传统诉讼观念的研究呈现出以下几个特点。

第一，在研究对象上，多以中原地区作为蓝本，很少研究边远地区民间传统诉讼观念及其影响，也缺乏各地区传统诉讼观念的比较研究。因此，目前西南乡村地区传统诉讼观念研究是一个相对薄弱的领域。第二，在思想基础上，多是以儒家思想、易经、宋明理学等传统显学为研究基础，缺乏对其他影响诉讼观念的多元因素的研究。广西古代民间因远离中央政权而形成的特殊诉讼心理文化，较少受到关注和深入挖掘。第三，在学术态度上，普遍对中国传统诉讼观念持否定和批判态度，并希冀通过现代法治建设、立法改革、权利观念的渗透等改变和扭转传统诉讼观念，未能意识到中国乡村地区尤其是西南乡村地区传统诉讼观念与和谐乡村建设之间的互动关系与对等价值传递机制。

广西民间独特的传统诉讼观念对于维护乡村社会的和谐发挥了巨大的作用。今天，在建设基层司法制度过程中，其与现代司法建设在价值取向、现实利益、终极目标等方面的共通性应该得到发掘和利用。本书将密切结合基层司法实践与和谐乡村理念，通过对广西农村地区进行问卷调查、实践考察与访谈等方式，把握广西民间传统诉讼观念的基本特点与内容，并发掘其与现代司法理念的共性与一致性，从而寻求其在和谐乡村秩序中发挥作用的途径，并由此将民间传统诉讼观念中积极的、正面的因素导入西部法治文明建设之中，为相关部门处理基层纠纷和确立相关法律法规提供理论和实践依据。

第一章　广西民间传统诉讼观念的基本样态

中国古代社会奉行“以和为贵”，总体上对诉讼持否定态度。诉讼属于“凶险”的社会事务，“《易》‘讼’卦曰：讼，上刚下险，险而健”。[①] 康熙六年，国子监司业熊赐履曰：“夫风俗奢、礼制坏，为饥寒之本原，盗贼、讼狱、凶荒所由起也。”[②] 清代《贬俗诗六章》：“一曰‘鼠无牙’，惩好讼也。讼则终凶。”[③] 可见古代是把诉讼与饥荒、盗贼、恶俗等同列为“凶”一类的社会现象。在儒家“天下无讼”思想的影响下，中央政府衡量一个地区社会风气是否良好的重要指标之一就是当地民众的诉讼参与程度，如果某地健讼、嚣讼之风盛行，则该地就属于“民风浇漓，习气刁悍”之区，相反，如果某地民众简讼、稀讼、少讼，则该地就属于“民风淳朴，好质尚古”的世外桃源。“其衣食寝处好尚，犹然中国也。”[④] 广西虽然长期处于国家边缘地带，但当地民众天性善良淳朴，崇尚睦邻友好，重视人情往来，对于对抗性较强的诉讼活动与中原地区一样，大多抱着否定的态度，对打官司怀有一种天然的畏惧和厌恶心理。因此，广西民间传统诉讼观念的基本样态表现为简讼、稀讼、少讼、拒讼、惧讼、息讼、禁讼、厌讼、消讼等，注重调解和社会和谐。

---

① （清）刘献廷：《广阳杂记》卷 5，中华书局，1997，第 240 页。

② 赵尔巽等撰《清史稿》第 33 册，卷 262，中华书局，1977，第 9892 页。

③ （清）吴庆坻：《蕉廊脞录》卷 8，中华书局，1997，第 252 页。

④ （明）戴耀主修，苏濬编纂，杨芳刊行《广西通志》，“序”，第 1 页，转引自吴相湘主编《中国史学丛书·明代方志选》（六），学生书局，1965，第 1 页。据明万历二十七年刊刻本影印。

第一节 简讼

一 清代以前文献关于广西民间简讼的记载

“西广古荒服，民夷相杂居。”① 由于广西偏处边徼，官方文献提到广西，多描述民众的吃、穿、住、节庆、婚姻、丧葬等一般风俗习惯，很少有专门记载并研究广西民间诉讼观念的，只有在地方志书的“风俗”条中描绘当地社会风气时，会顺带提及，但这些描述，几乎都离不开“民淳讼简”的主题。因此，长期地处荒服而免受国家司法体系约束的广西民间，自古以来就保持着“讼狱稀少”的特点。古代文献在描述广西地区的民风时，大部分评价不约而同地使用了“讼简”“讼稀”“少讼”等字眼。广西民间诉讼活动简少、诉讼观念淡薄的特点已成为常态。如宋代编纂的地理志书《方舆胜览》就在多处记载了广西各地简讼、稀讼、少讼的特点：全州“狱松稀简，民讼甚简”，“今到鬼门关（玉林一带），讼诉榕庭空”；浔江“民淳讼简”；莺石“讼简民淳，夙号岭南”。② 宋代文人士大夫在往来酬送的诗文中都提及了广西的这一特点，如宋代著名文学家、唐宋八大家之一的曾巩在其散文《送李叔才》序中云：柳州“人少斗讼”。③ 在广西任职的宋代官员因此能够享受闲适恬淡的衙门生活，如杨亿《表弟李宗元知桂州阳朔县》一诗描写当地“远地民淳无牒诉，县斋终日好清谈”。④ 陶弼《题芙蓉亭》描写了荔浦地区“边柝无声狱讼疏，芙蓉池上避金乌”⑤ 的情景。张镆《送向综通判桂州》一诗也

① （清）汪森编辑，桂苑书林编辑委员会校注《粤西诗载校注》（一），广西人民出版社，1988，第191页。

② （宋）祝穆撰《方舆胜览》（二），卷39、26、40，孔氏岳雪楼影钞本，文海出版社，1981，第834、571、851、853页。

③ （清）舒启修，吴光升纂《柳州县志》卷2《风俗》，柳州市博物馆据1932年铅印本1979年翻印，第13页。

④ （清）汪森编辑，桂苑书林编辑委员会校注《粤西诗载校注》（四），广西人民出版社，1988，第31页。

⑤ （清）汪森编辑，桂苑书林编辑委员会校注《粤西诗载校注》（四），广西人民出版社，1988，第49页。

描写桂林地区“讼庭尘满无留事，维伴登临燕席开”。[①]

明代地方志的记载也普遍反映了广西词讼稀少的特点。明代皇家修订的地理志书《大明一统志》多处记载了广西“民淳事简”的特点：桂林府“民讼甚简”、桂平“民淳讼简”、合浦“人性俭朴，词讼简稀”。[②]万历《宾州志》记载上林县“词讼简少，公门稀迹”。[③]万历《太平府志》记载：“养利州民性悃福，俗尚节俭，讼少无盗。”[④]田汝成在其记载西南少数民族风俗习惯的笔记著作《炎徼纪闻》序言中就指出：“炎徼之政，少催科狱讼之扰。”[⑤]万历年间长期在广西任职的吴文华在其奏疏集录《粤西奏议》中也多次谈到广西“词讼简少”的特点：“粤西僻近遐荒，词讼委属稀少”；“西粤各府州县地方，民夷杂处，里分不多，词讼简少”；桂林府永宁州“民少壮多，并无词讼”；太平府养利州“地方僻小，民稀讼简”。他认为造成这种特点的主要原因在于广西生活环境艰苦，人口分布不均衡：“缘粤西地本硗瘠，民杂瑶夷，里分之多寡，自与中州悬殊，词讼之繁稀，亦与内地迥别。”为此，他在向朝廷上呈的《议减积谷疏》中主张在广西按照诉讼案件数量的多寡来确定各地赋税的标准，即词讼稀少的州县承担的额赋少，以此来减轻百姓的负担：“除富庶州县仍照原额，其疲敝灾伤及里分虽多词讼原少者，酌量裁减……着抚按官通查所属州县，僻小灾疲，词讼稀少的，分别具奏，量与减额。”[⑥]

明代，许多在广西任职的官员都曾在其往来、送别诗文中谈及广西“词讼简少”的特点。如刘大夏《南宁遇冬至雨中有感呈同事二王公》云：“地杂夷情休问俗，庭无官事懒升堂。”[⑦]邵宝的《送朱推官》诗描

---

① （清）汪森编辑，桂苑书林编辑委员会校注《粤西诗载校注》（四），广西人民出版社，1988，第51页。

② 《大明一统志（十）》卷83、85、82，文海出版社，1965，第5083、5193、5021页。依据“国立中央图书馆”珍藏善本影印。

③ （明）郭棐纂修《（万历）宾州志》卷2《风俗》，日本藏中国罕见地方志丛刊，第14页上。

④ （明）郭棐纂修《（万历）太平府志》卷3《风俗》，日本藏中国罕见地方志丛刊，第282页。

⑤ （明）田汝成：《炎徼纪闻》，商务印书馆，1936，“原序”，第1页。

⑥ （明）吴文华：《粤西奏议》卷1、卷5、卷4，全国图书馆文献缩微复制中心，2006，第69、57、747、607、60、55～56页。

⑦ （清）汪森编辑，桂苑书林编辑委员会校注《粤西诗载校注》（四），广西人民出版社，1988，第350页。

述浔州一带“文书散后诗还有，车服临时牒并无”。[①] 瞿景淳《送玄洲沈先生出守浔州》一诗的末句也描述了广西浔州简讼的情况：“官阁坐来公事简，愿传新句慰穷愁。”[②] 顾璘的《得徐伯雨（嘉靖间任太平知府）书奉答》诗曰：“绝域风烟居暂定，深山官府自应疏。”[③] 钱希言的《送袁广文擢临桂令》一诗中也有类似的描述，即“官阁燕飞占雨至，讼堂人散见云生”[④]，表现出因稀讼而导致的官员悠散的生活状态。明末在广西任官的谢肇淛在《百粤风土记》中也记录粤西“枹鼓时起，讼牒绝稀”。[⑤] 清代闵叙的《粤述》对这一记载进行了重申。[⑥] 可见，中原地区的官员在诗文记述中，对广西民间“稀讼、少讼、简讼”这一现象是一致认可的。

二　清代以后文献关于广西民间简讼的记载

清代的广西依然保持着词讼稀少、一派和谐的社会风气。清代广西地方志关于各地风俗的记载依然不脱“简讼”“少讼”的本色。如康熙《灌阳县志》记载当地“民讼甚简……故民简而性淳，事简而讼少，盗贼希（稀）有，囹圄常空”。[⑦] 雍正《灵川县志》记载当地民众“不健讼，不苟偷，重廉耻，贱轻薄，惟事耕凿”。[⑧] 恭城“民不习读张，多老死不见官府”；“缙绅士大夫守礼好义，不事干谒，尚简朴，鲜同舆马青衿之士孳孳汲汲，不谈公事”。[⑨] 梧州士民“懒干谒公庭，有武城澹台氏风”；

---

① （清）汪森编辑，桂苑书林编辑委员会校注《粤西诗载校注》（五），广西人民出版社，1988，第33页。

② （清）汪森编辑，桂苑书林编辑委员会校注《粤西诗载校注》（五），广西人民出版社，1988，第276页。

③ （清）汪森编辑，桂苑书林编辑委员会校注《粤西诗载校注》（五），广西人民出版社，1988，第104页。

④ （清）汪森编辑，桂苑书林编辑委员会校注《粤西诗载校注》（五），广西人民出版社，1988，第321页。

⑤ （明）谢肇淛：《百粤风土记》，（清）汪森编辑，吴中任、梁超然校注《粤西丛载》（中），广西民族出版社，2007，第762页。

⑥ （清）闵叙：《粤述》，中华书局，1985，第18页。

⑦ （清）单此藩修，蒋学元、陈廷藩纂《（康熙）灌阳县志》，海南出版社，2001，第353页。

⑧ （清）郑采宣、陈虞昭修，崔达纂《（康熙）灵川县志》，海南出版社，2001，第228页。

⑨ （清）陶墫修，陆履中等纂《恭城县志》（光绪十五年刊本）卷4《风俗》，成文出版社，1968，第504页。

"慕清修林居者，谨干谒"。[①] 义宁"民风淳厚，少犯法，囹圄空虚，民性质朴……民不健讼"。[②] 清代雍正年间金鉷主持编纂的《广西通志》和嘉庆年间谢启昆主持编修的《广西通志》对广西各地简讼、少讼的情况均有记载，且一些地方在两个版本的通志中对简讼的记载前后一致（见表1-1）。

表1-1　清雍正《广西通志》与嘉庆《广西通志》关于广西各地简讼的记载一览

地方	雍正简讼记载	资料来源	嘉庆简讼记载	资料来源
临桂	民讼简直，习俗淳古	（清）金鉷修，钱元昌、陆纶纂《广西通志》卷32《风俗》，桂林图书馆1964年抄本，第3页上		
兴安	敦俭朴，鲜有争斗事	同上，第3页下		
全州	民讼甚简	同上，第4页下	风俗淳朴，讼狱稀简	（清）谢启昆、胡虔纂《广西通志》卷87《舆地略八·风俗一》，广西师范大学历史系、中国历史文献研究室点校，广西人民出版社，1988，第2784页
义宁	不健讼，少赌博游手	同上，第4页下	不健讼，少游手	同上，第2784页
平乐	多老死不见官府，犹有古遗风	同上，第5页上		
恭城	力耕自便，罕赴官司	同上，第5页下		
浔州	民淳讼简，风俗不殊中土	同上，第7页上	民淳讼简，人多业儒	同上，第2802页
永淳	民淳讼简	同上，第11页下	讼简民贫	同上，第2809页
柳州	民淳事简，俗阜物庶，人少斗讼	同上，第14页上	人少斗讼，喜嬉乐，民淳事简	同上，第2786页

① （清）吴九龄修，史鸣皋等纂《梧州府志》（同治十二年刊本）卷3《舆地志·风俗》，成文出版社，1961，第79页。

② （清）谢沄、朱象珽纂修《义宁县志》（清道光元年抄本），成文出版社，1975，第41页。

续表

地方	雍正简讼记载	资料来源	嘉庆简讼记载	资料来源
庆远	小民朴野驯谨，少事争讼	同上，第16页上		
修仁			民性粗疏，鲜争讼	同上，第2798页
养利			居民稀履官庭	同上，第2810页

从上述记载可以看出，很多地方在不同时代的文献中都出现了相似的描述，如全州、浔州、柳州、永淳及今天位于桂林市临桂区与龙胜各族自治县交界处的义宁等，两个版本的《广西通志》都记载了当地民淳讼简的特点，互为印证。清代乾隆年间在广西镇安府任职的赵翼对当地"民淳讼简"的社会风气赞叹有加，甚至流连忘返："民最淳，讼狱稀简。县各有头目，其次有甲目，如内地保长之类，小民视之已如官府。有事先诉甲目，皆跪而质讯。甲目不能决，始控头目。头目再不能决，始控于官，则已为健讼者矣。余初作守，方欲以听断自见，及至则无所事。前后在任几两年，仅两坐讼堂，郡人已叹为无留狱，则简僻可知也。此中民风，比江、浙诸省，直有三、四千年之别。余甚乐之，愿终身不迁，然安得有此福也？"① 《镇安府志》中的记载也印证了赵翼的说法："镇安鲜讼，少奸宄，畏法敬官。"② 民国文献《岭表纪蛮》特别提到了这件趣事："清乾隆时，赵翼以进士知镇安府，政简刑清。视郡两年，只坐公堂讯狱两次。赵深以为乐，至不愿迁秩他去。"③ 民国之后虽然现代诉讼观念传入，但广西简讼之风依旧，据《上思县志》记载，民国21年（1932）全县仅受理民事案件24起、刑事案件122起，④ 可谓诉讼稀简。一些地方除了某类特定案件外，其余诉讼也很稀少，如民国《贺县志》载："贺邑除田土外，讼狱绝少。"⑤

① （清）赵翼：《簷曝杂记》，中华书局，1982，第45页。
② 胡朴安编《中华全国风俗志》上编，河北人民出版社，1988，第324页。
③ 刘锡蕃：《岭表纪蛮》，南天书局，1987，第167页。
④ 上思县地方志编纂委员会：《上思县志》，广西人民出版社，2000，第466页。
⑤ 佚名：《贺县志》（民国二十三年铅印本，中国方志丛书第20号）卷2，成文出版社，1967，第5、66页。

三　广西民间简讼的实践调研

这种民淳讼简的传统至今仍左右着广西的司法格局。笔者在广西各少数民族地区调研时，也能深刻感受到这种“简讼”的气氛。一些村干部在介绍本地的诉讼观念时，非常骄傲地说：“我们这里的社会风气很好，没有人打官司。”对于许多乡村干部来说，“纠纷不出村”是其值得夸耀的政绩之一。一些村民也说：“我们这里人很好，很和睦，没有什么纠纷。”可见，在许多人的观念中，“无讼”仍然是衡量社会风气良恶的标杆。在我们的调研中，大多数村民一辈子都没有参加过诉讼，有些村寨也从未发生过诉讼，如贺州沙田镇三个土瑶村寨都未发生过诉讼，金竹村村支书说，本村村民很少打官司，基本没有；狮东村的女民政助理告诉笔者，这里没有人打官司，一般在农村都不打官司；新民村村支书说，村里从来没有人打过官司，不懂那些诉讼程序，也承担不起费用。三江侗族自治县同乐苗族乡司法所工作人员说：本地人出现纠纷，主要通过村委会、老人协会来处理，处理不了，再到乡司法所，实在调解不了，才建议他们起诉到法院。贵港市覃塘区樟木乡派出所工作人员说，村民尽量不打官司，因为成本太高。能够在村委会解决纠纷最好，谈不拢，就建议他们去法院处理。

项目组在龙胜的调查最能充分证实这一点。龙胜各族自治县人民法院曾获得“全国优秀基层法院”荣誉称号，该法院的法官告诉我们，本地壮族的民风比较淳朴，因此纠纷要少一些。如侗族、苗族聚居的平等镇有 3 万多人口，一年的案子也就 30 件左右，主要是因为很大一部分案件在基层已经解决了，下面没办法解决的纠纷才起诉到法院。起诉到法院的主要是离婚纠纷，因为这类案件下面没办法处理，还有一些找不到对方当事人的案件，必须找法院解决。三大纠纷主要集中在行政处理上，到法院的不太多，一年没有几件。龙胜各族自治县司法局的工作人员也说：少数民族民众非不得已不参与诉讼，有什么事还是希望家族来协调，实在不行才打官司，主要是诉讼成本太高。能迫使老百姓通过诉讼解决的问题，基本上是重大的纠纷了，只有试过其他方式都没办法了，才通过这种方式解决，否则愿意上法院的人很少。龙胜各族自治县法院每年的案件很少，这与老百姓的心态有很大关系。龙胜各族自治县平等镇司法所所长说："县法院说平等这么大一个镇，居然一年没有1件行政诉讼，我说没有就没有，没有是好事。"龙胜各族自治县伟江乡司法所所长说："本乡最多的纠纷是三大纠纷，社会纠纷不多，还有一些婚姻家庭、赡养方面的纠纷。任何人都不想打官司，只有在没有办法的情况下才打官司。一般纠纷都是调解结案，我们所一年最少都要调解40~50个案子，一般我们调解的案件当事人很少再上法院，所以调解率100%。"由此可见，简讼、少讼、稀讼目前仍是广西民间诉讼的主流样态。

第二节 畏讼

一 历代文献关于广西民间畏讼的记载

广西民间诉讼稀简的特点，很大程度上源于他们对官方诉讼的畏惧，这又形成了畏讼、惧讼、愁讼等表现样态。大量文献记载了民众畏惧官法、诉讼稀简的情形，如唐代刘禹锡在诗歌中描述了岭南民间惧怕官府的情景："忽逢乘马客，恍若惊麇兔。"[①] 宋代张栻写的《劝农歌》中称广西民众"小心畏忌，率于宪章"。[②]《大明一统志》记载广西思明州民众"畏官法"[③]，当时民众由于畏惧官法，拒绝接纳叛乱分子。万历年间，荔浦县内发生叛乱，"各叛将齐凯（叛乱土司头目）家口送入隘内，又凑出银两付与齐凯家僮六仔，与瑶人买路脱逃，各瑶畏惧官法，把住隘口，不肯放过"。[④] 清代的记载更是如此。雍正《广西通志》载思州府"人民质朴，畏刑罚"[⑤]，隆安"民多愿谨畏法"[⑥]，北流"民颇畏法"[⑦]，嘉庆

---

① （清）汪森编辑，桂苑书林编辑委员会校注《粤西诗载校注》（一），广西人民出版社，1988，第39页。

② （清）汪森编辑，桂苑书林编辑委员会校注《粤西诗载校注》（一），广西人民出版社，1988，第4页。

③ 《大明一统志（十）》卷85，文海出版社，1965，第5234页，依据"国立中央图书馆"珍藏善本影印。

④ （明）吴文华：《粤西奏议》卷1，全国图书馆文献缩微复制中心，2006，第132页。

⑤ （清）金鉷修，钱元昌、陆纶纂《广西通志》卷32《风俗》，桂林图书馆1964年抄本，第13页。

⑥ 胡朴安编《中华全国风俗志》上编，河北人民出版社，1988，第317页。

⑦ 胡朴安编《中华全国风俗志》上编，河北人民出版社，1988，第327页。

《广西通志》载宜山瑶族“盘瓠遗种，淳谨畏法，不知外事”；[①] 思恩瑶族“俗驯，畏官法”。[②]《南宁府志》载：“忠州民愚，今颇诵读，不通礼义而畏法。”[③]

赵翼在《簷曝杂记》中认为，广西民间普遍畏惧官法是其温良柔顺的天性使然：“惟粤西土民故瑶、僮种，今皆驯习畏法，盖粤西土俗本柔懦也。”[④] 对于某些地方，不同时期文献中的描述都为“畏讼”。如来宾，雍正《广西通志》记载来宾“近城郭居民多朴淳，谨晓法度”[⑤]，而乾隆时期的《柳州府志》对来宾的风俗描述内容近似：“近郭城居民多朴淳畏法”。[⑥] 又如现在的三江侗族自治县，雍正《广西通志》载怀远民“多……畏官法，讼狱稀少”，[⑦] 嘉庆《广西通志》载怀远“民淳畏法，讼狱稀简”，[⑧] 其后版本的《柳州府志》记载怀远“民淳率，畏法讼，狱稀简”，[⑨] 而民国《三江县志》则记载三江民众“畏官惧法，讼狱稀简”。[⑩] 民国以后，由于社会动荡不安，加之现代诉讼思想的渗入，广西一些地方开始出现健讼、嚣讼的现象，但从文献的记载来看，这些现象主要是外地人造成的，本地民众依然保持着畏法简讼的传统：“全邑土著之人向皆性质淳朴，敬官而畏法，讼狱希简……（今则）争讼之事渐多，然作奸犯科之巨憝，皆来自外省，土著者稀焉。”[⑪] 民国时期的文献《岭

① （清）谢启昆、胡虔纂《广西通志》卷87《舆地略八·风俗一》，广西师范大学历史系、中国历史文献研究室点校，广西人民出版社，1988，第2790页。注引自《金志》。

② （清）谢启昆、胡虔纂《广西通志》卷278，广西师范大学历史系、中国历史文献研究室点校，广西人民出版社，1988，第6876页。注引自《县册》。

③ 胡朴安编《中华全国风俗志》上编，河北人民出版社，1988，第317页。

④ （清）赵翼：《簷曝杂记》，中华书局，1982，第68页。

⑤ 胡朴安编《中华全国风俗志》上编，河北人民出版社，1988，第302页。

⑥ （清）王锦修，吴光升纂《柳州府志》卷11《风俗》，柳州市博物馆据1956年北京图书馆油印本翻印，1981，第4页。

⑦ （清）金鉷修，钱元昌、陆纶纂《广西通志》卷32《风俗》，桂林图书馆1964年抄本，第15页上。

⑧ （清）谢启昆、胡虔纂《广西通志》卷87《舆地略八·风俗一》，广西师范大学历史系、中国历史文献研究室点校，广西人民出版社，1988，第2787页。注引自《柳州府志》。

⑨ 胡朴安编《中华全国风俗志》上编，河北人民出版社，1988，第302页。

⑩ 魏任重修，姜玉笙纂《三江县志》（民国35年铅印本）卷2《社会民族·侗壮》，成文出版社，1964，第139页。

⑪ 黄昆山等修，唐载生等纂《全县志》（民国24年铅印本），成文出版社，1975，第51页。

表纪蛮》详细描述了广西各地民众畏法惧讼、诉讼数量明显偏少的情况：

> 苗瑶侗三族，大都驯良畏法，尚有“不识不智顺帝之则”之古民状态……若三江全属之苗瑶（三江一县，苗瑶约占全民十分之八）。罗城三防之苗瑶，融县贝江之苗瑶，宜北左右区之苗瑶，大藤之顶板金秀诸瑶，全县之西延瑶，在诉牒中，可称少而又少。①

二　畏讼的根本原因——畏官

广西民间对官方诉讼的这种畏惧心理，是由诸多原因造成的，其中最主要的原因就是封建专制制度下的司法暴力导致的民众对古代官僚的恐惧与厌恶心理，与其说其“畏讼”，毋宁说其“畏官”。“我国数千年来，民众处于专制淫威之下，人民之见官吏，不啻鼠之见猫。吾闻父老云，昔者金观成，百万家财，因九次诉讼，卒至家财荡然无遗。父诫其子，兄诫其弟曰：诉讼如抛钱下海，凡事只当隐忍，切勿诉讼。民众之如此惧诉讼者，以专制时代护法膺贩之故也。”② 因此，广西民众的“畏讼”实际上源自“畏官”，官方诉讼的烦琐、腐败、不公正等特点，致使民众诉讼为畏途，不敢轻易涉足，见官如见虎，因而形成了“宁死不见官府”“老死不见官府”③ 的民风。如明代《炎徼纪闻》记载断藤峡诸瑶“惮见官府”。④《天下郡国利病书》记载了永宁州风俗：“其性犹朴鲁，畏见官府，词讼稀简。”⑤

清代地方志中也多有反映。雍正《平乐府志》记载：“大山瑶僮虽咆哮如虎，畏见官府。”⑥ 乾隆《廉州府志》生动地描述了当地远居深山的民众怕见官长的情形：“足不敢涉城市，最畏见官长，深林中瞰戴红帽

---

① 刘锡蕃：《岭表纪蛮》，南天书局，1987，第105页。

② 冯世英：《改良广西司法之根本问题》，《广西司法旬刊》第6期，1933年，第21页。

③ （明）戴耀主修，苏濬编纂，杨芳刊行《广西通志》卷3《风俗》，第46页，转引自吴相湘主编《中国史学丛书·明代方志选》（六），学生书局，1965，第72页。据明万历二十七年刊刻本影印。

④ （明）田汝成：《炎徼纪闻》，商务印书馆，1936，“原序”，第17页。

⑤ （明）顾炎武：《天下郡国利病书》卷30《广西》，四部丛刊，第4~5页。

⑥ （清）胡醇仁重修《（雍正）平乐府志》卷20《外志》，第3页，故宫珍本丛刊第200册，海南出版社，2001，第596页。

者，辄避去，招之则疾走如飞，莫能追蹑。”① 嘉庆《广西通志》记载天保瑶“性最驯，畏见官长”，昭平僮人“俗淳朴，谚云：‘宁食稀粥，不见官司’”，融县苗“性醇良，畏见官长”。② 清代吴震方所著《岭南杂记》也记载广西的蛋户（生活在水上的船上人家）畏讼的情况：“畏见官府，有讼之者，即飘窜不出。”③ 清末光绪《横州志》记载百姓“畏官长，务农之外，罔敢非为”。④ 民国《贺县志》载：“贺人畏官，知尊上畏法，知怀刑事，不论曲直是非，惟恐一涉则累已，故赴义者少，慎而葸也。”⑤ 民国刘锡蕃《岭表纪蛮》称：“土人尊畏官长，有如天神。”⑥

许多文献中所记载的西南方言对官府的称谓都表现出民众的畏惧心理，如《峒谿纤志》载：“苗人见流官，无论尊卑，皆称曰老皇帝。”⑦《楚峝志略》载：“苗称官府曰老皇帝”。⑧《滇行纪程》记载：“苗人呼汉官为流官，甚畏惧之。”⑨ 部分少数民族民众由于长期不见官府，甚至不知见官的礼仪：“水人、伶人、侗人，谒见官长，不知跪拜，以踟跌为敬。”⑩

但是，广西民间畏惧见官、怕官愁讼的这一心理，非但没有使他们免受官府诉讼的滋扰，反而被封建官府衙门中的一些下层皂吏、胥役、爪牙和里正、保长、不法奸商利用，任其鱼肉剥削和敲诈，受到更为深重和残酷的司法剥削，正如《粤述》中所载：“粤西瑶壮愚戆畏官，常为胥皂鱼肉，不能自直。”⑪ 明代王守仁《图永安疏》中记载了这方面的实

---

① 《（乾隆）廉州府志》，海南出版社，2001，第 38 页。

② （清）谢启昆、胡虔纂《广西通志》卷 278《诸蛮一》、卷 279《诸蛮二》，广西师范大学历史系、中国历史文献研究室点校，广西人民出版社，1988，第 6880、6887、6904 页。注引自《天保县志》《昭平县志》《融县志》。

③ （清）吴震方：《岭南杂记》卷上，第 44 页，转引自（清）吴震方辑《说铃》，洪浩培据台湾大学图书馆藏清嘉庆四年原刻本影印，不分卷，新兴书局，1968，第 542 页。

④ （清）谢钟龄等修，朱秀等纂《横州志》，横县文物管理所据清光绪二十五年（1899）刻本 1983 年 11 月重印，第 83 页。

⑤ 佚名：《贺县志》（民国 23 年铅印本，中国方志丛书第 20 号）卷 2，成文出版社，1967，第 13、70 页。

⑥ 刘锡蕃：《岭表纪蛮》，南天书局，1987，第 234 页。

⑦ （清）陆次云：《峒谿纤志》，中华书局，1985，第 1 页。

⑧ （清）吴省兰：《楚峝志略》，中华书局，1985，第 2 页。

⑨ （清）许缵会：《滇行纪程》，第 35 页，转引自（清）吴震方辑《说铃》，洪浩培据台湾大学图书馆藏清嘉庆四年原刻本影印，不分卷，新兴书局，1968，第 321 页。

⑩ 《庆远府志》，（清）汪森编辑，吴中任、梁超然校注《粤西丛载校注》（下），广西民族出版社，2007，第 1033 页。

⑪ （清）闵叙：《粤述》，中华书局，1985，第 20 页。

例："宣化所属如思龙十围等处，相去五六日，其间错以土夷村寨，地既隔越而穷乡小民畏见官府，其粮差多系在县宿奸与之包纳，因而以一科十，小民不胜迫胁，往往逃入夷寨。"① 地方志的记载也证实了这一说法，如《岑溪县志》载："乡愚畏讼，常有服毒图赖者。"②《平乐府志》载："瑶壮异时者二种之人，不识文字，不束法，不习为中国言。呼之见吏则缩首，宁死不敢诣。惟里胥田主言是听。里胥田主者，率视其人为奇货，未乱，则交构以摇之，未征，则阳为漏泄者而寄其孥畜，或诳以阴庇免诛，或执以要赏而没其所寄。惧其见吏言状，已无所售诓，则多饰夏楚之威，科罚之酷恐吓之。于是二种之人，其惧见吏也滋甚。"③《广西瑶族社会历史调查》记载了一起百色地区民众因害怕见官府而被不法奸商长期敲诈勒索的案例：

> 宣统年间，（百色县洞好乡）绿合屯全屯合筹白银十元向乐世乡相琶屯杨卜依买取一个名叫绿马处的山沟，横直有六里左右，很陡，经立断契为凭，里面写明"公牛下仔，覆水难收，水流东海不回头"，但因为瑶族无人识字，同时因为他们长期隐居深山，很少和外界接触，特别怕见官。因此，被杨卜依赤裸裸地赖说未经转卖，隔一二年就来向绿合屯瑶族索取补金一次，不给他就说要拉去见官、打官司，还把地转卖给别人。瑶族都很害怕，前后给他勒索补金近十次，每次三、五元不定，后来上级官吏来往日多，也有人深入瑶山去。因此，他们见官的机会多了，胆子也逐步大了一些，把地契开给他们看，才懂得受骗了，1926 年方将该契约送往当时的凌云县过税领回官凭，才免得继续勒索，最后还要给杨交去望税钱六元，这才算永结了。④

---

① （明）戴耀主修，苏濬编纂，杨芳刊行《广西通志》卷38《艺文志三》，第28页，转引自吴相湘主编《中国史学丛书·明代方志选》（六），学生书局，1965，第791页。据明万历二十七年刊刻本影印。

② 佚名纂《岑溪县志》（民国23年本，中国方志丛书第133号），成文出版社，1967，第40页。

③ 《平乐府志》，（清）汪森编辑，吴中任、梁超然校注《粤西丛载校注》（中），广西民族出版社，2007，第748页。

④ 广西壮族自治区编辑组编《广西瑶族社会历史调查》第5册，广西民族出版社，1985，第193页。

三　广西民间文学及禁忌关于畏讼的反映

上述现象更加剧了民间对官方诉讼的畏惧，形成了恶性循环。在民众的脑海中，官府恐怖、阴森、比地狱更可怕的形象已成为定式，难以改变。民间的许多口头文学和民间文学都印证了这一点，如谚语有“穷不吃衙门饭，难莫去拜观音”“愿要叫化娘，不要做官父”。[①] 部分民众把官府比作魔鬼，如南丹县拉易乡谚语云：“豆腐是水，衙门是鬼。”[②] 武鸣壮族谚语云：“衙门深似海，妖魔大过天。”[③] 人们怕见官府，如罗城谚语云：“好刀莫切酸，好女莫见官。”[④] 人们甚至都不愿意住在官衙附近：“田近屋边犯猪，屋近衙门犯官。”[⑤] 广西金秀山子瑶的《十穷歌》以官府诉讼不仅要经受非人折磨而且无法维护自身合法权益劝导人们不要打官司：“第七官司告状穷，担拐拖锁在颈中。有咀难言心内苦，含冤含恨在心中。”[⑥] 笔者在临桂区某村调研的时候，曾在山路旁的杂草丛中看到一块断裂倒地的石碑，上面镌刻的字迹已经模糊，年代无法辨认，但依稀可看出是一句古规或一则家训：“饿死不做盗贼，屈死不打官司。”由此可见民众普遍的畏讼心理。

侗族的口头文学中，表现畏讼情绪的内容最突出。例如，侗族款歌《款头》唱道：“天上莫捏弄雷公，地下莫捏弄官人。”[⑦] 在侗族的信仰体系中，雷公是天上最大的神，也是他们最畏惧的神，侗族以此做比喻，劝诫大家千万不要惹官司上身。《款条》也唱道：“顺官千日好，逆官一

---

① 鄂嫩吉雅泰、陈铁红编《中国少数民族谚语选辑》，广西人民出版社，1981，第 289、290 页。

② 广西壮族自治区编辑组编《广西壮族社会历史调查》第 2 册，广西民族出版社，1985，第 140 页。

③ 中央民族学院语言所第五研究室编《壮侗语族谚语》，中央民族学院出版社，1987，第 8 页。

④ 龙殿宝编《中国民间文学三套集成·罗城谚语集》，罗城仫佬族自治县民间文学集成办公室，1990，第 6 页。

⑤ 广西田阳县民间文学集成编委会编《中国民间文学三套集成·田阳县谚语集》，1989，第 1 页。

⑥ 广西壮族自治区编辑组编《广西瑶族社会历史调查》第 7 册，广西民族出版社，1986，第 413 页。原存广西金秀瑶族自治县六眼村山子瑶盘世隆家，曹廷伟等收集。

⑦ 湖南少数民族古籍办公室：《侗款》，岳麓书社，1988，第 95 页。

时难。"① 侗族的琵琶歌控诉了官方诉讼的种种不公和恐怖："官家要吃钱故意找百姓的不是，不问情由，抓住你塞进牢房去关。官差们大声吼骂百姓也只有忍受，大老爷总是狠狠的，鼓个眼珠像牛眼睛那样圆。侗家百姓跪在堂下，官差站在两旁，请那位老爷在上面坐定。他们拷打无辜的百姓呀，就像用木槌捶那蕨粑根，船下梅林河一定要顺那条溶口撑过，官家坐堂审问，一定想找老百姓的罪名！官司打到结尾，个个卖田卖地，从前余下满盆子白米饭的人家，到后来想吃稀饭都不行。"② 侗族的《劝男人》歌也以犯罪后在官府遭受的恐怖折磨和刑罚来劝说人们不要违法："刀子本无情，戳穿肚皮子。将人杀死了，惊动官主子。众人说是他，差来歪脚子。捆了牵起走，如同吊猴子。牵到大堂上，问是谁家子。拍了惊堂木，定要打板子。连打几十板，喊死娘老子。屁股打稀烂，红血染裤子。打了还不算，押去坐笼子。坐牢半个月，身上生虱子。头发象棕蔸，梳不通辫子。吃饭动手抓，何曾有筷子。一餐一碗饭，哪能饱肚子。眼睛落了窝，瘦象柴棍子。官府命令下，拿去砍脑子。拉出牢房门，五花大绑子。斩条插背上，红笔勾簿子。拖着沿街走，还不如'兔子'。到了刑场下，跪起等刀子。刀子颈上过，完了一辈子。"③ 这种血淋淋的形象描述令人对官方诉讼望而却步。

民间的畏讼心理，还通过一些禁忌表现出来。出于对打官司的惧怕，一些民众将打官司视为噩梦、凶兆、厄运，如洪水猛兽，避之唯恐不及，这方面较为典型的是金秀地区的瑶族，如当地茶山瑶的噩梦之一就是梦见有人打官司，这预示着将有病或凶事。而梦见相争，则意味着有口舌。花篮瑶如果冬天梦耙田，意味着要打官司。山子瑶梦见公鸡乱啼、母鸡啼，是口舌是非的预兆。④ 此外，瑶族民众生怕生活中的某些行为会引起诉讼和纷争，招来祸患，从而形成了一些古老而奇怪的禁忌，反映了人们的愁讼、惧讼心理。如凌云县后龙山背篓瑶烧柴必须固定大门的方向

① 湖南少数民族古籍办公室：《侗款》，岳麓书社，1988，第110页。

② 龙跃宏、龙宇晓编《侗族大歌琵琶歌》，贵州人民出版社，1997，第138～139页。

③ 湖南少数民族古籍办公室编《侗垒》，杨锡光、张家祯整理校注，岳麓书社，1989，第94页。

④ 广西壮族自治区编辑组编《广西瑶族社会历史调查》第1册，广西民族出版社，1984，第419～422页。

送入火塘，若乱了方位，家里就会发生纠纷。[①] 田林县浪平公社平山大队木柄瑶在火塘中填柴火时，只能顺一个方向放，不得头对头地架着烧，否则不但一家人将成为冤家对头，经常吵架，不得安宁，而且与别人家也经常发生冲突，吵闹不休。[②]

第三节　拒讼

一　历代文献关于广西民间拒讼的记载

广西一些地区民间对诉讼也持消极态度，但这不是因为畏惧法律和官府，而是由于对诉讼本能的抗拒。历史上中央政权对广西地区本就统治薄弱，再加之自唐宋以来的土司羁縻制度，许多民众长期生活于无政府状态，缺乏对政府的接触与了解，也难以形成对政府官员的权威崇拜，因而产生“不知诉讼为何物”的心理。例如，宋代陶弼所写《邕州》一诗云：“南极诸蛮傲典刑，斗门时复见飞星。”[③] 清《粤西偶记》记载桂林地区“土著者居于乡，率皆桀黠傲慢，不畏官府”。[④]《清实录》中也有反映：“因其避远，知县终年不至，苗性不知有官。”[⑤] 正是这种心态，使他们往往无视官府的诉讼程序和命令，也拒绝接受其管辖和传唤，如《清实录》记载：“苗人竟有官司传唤不至，因公役使不从者。”[⑥]《广西通志》记载水族“苗瑶之别种，南丹及荔波境有之……出入以环刀镖枪自随，有事不讼官”。[⑦]《永福县志》记载：“壮人至老不入城市，不奉拘

① 广西壮族自治区编辑组编《广西瑶族社会历史调查》第5册，广西民族出版社，1985，第13页。

② 张一民：《木柄瑶乡见闻录》，载广西师范大学历史系广西地方民族史研究室编《广西地方民族史研究集刊》第四集，1986，第198页。

③ （清）汪森编辑，桂苑书林编辑委员会校注《粤西诗载校注》（七），广西人民出版社，1988，第30页。

④ （清）陆祚蕃：《粤西偶记》，中华书局，1985，第1页。

⑤ 《清高宗实录》卷137，中华书局，第22～23页。

⑥ 《清高宗实录》卷449，中华书局，1985，第8页。

⑦ （清）谢启昆、胡虔纂《广西通志》卷279《诸蛮二》，广西师范大学历史系、中国历史文献研究室点校，广西人民出版社，1988，第6900页。注引自《庆远府志》。

提。"[①] 少数民族对官府的排斥、抵触和抗拒心理，俨然形成了"苗不入讼，官不入山"的态势，将官府的司法权力拒之于村寨门外，如融水苗族的埋岩古规就唱道："松奴五次立埋岩，有次立防外客岩，不准官方进苗寨。"[②] 龙胜苗族酒歌也唱道："官法坐近，苗法坐远，男人不愿递夫送担，当差饷粮；女人不愿烧茶煮水。"[③] 侗族谚语称："侗人不进衙门。"[④]

二　广西民间拒讼的典型案例

在拒讼方面，最为典型的是瑶族。瑶族中自古以来就流传"先有瑶，后有朝；见官不下跪，耕山不纳粮"[⑤] 的说法，认为瑶族可以免受官方的司法管辖。一些说法认为，"瑶"这个族称应当来源于"徭"，古代称"莫徭"，意思是无须纳税服徭役。这种观念在古代瑶族民众中流传甚广。明代王圻的《稗史汇编》记载瑶族"不供征役，各以其远近为伍"。[⑥] 明代曹学佺的《桂林风谣》中也有诗句反映瑶族自治的情形，如"瑶粮杂猝办，村老未全驯"；"法依山例（习惯法）峻"；等等。[⑦] 民国《迁江县志》记载："六弄漏深山中，自为村落，其相沿自信为盘古后裔之意识犹强……不供徭役，自沿习尚仍如故也。"[⑧]

事实上，这种观念是有文字依据和历史渊源的。在瑶族人家中，大部分保存有《过山榜》和《评皇券牒》这两份文书，类似于朝廷的"特别赦令"、"免讼金牌"或"护身符"，其内容基本上都是特赦瑶族民众不必参加官方诉讼，案件也免受官方管辖和审理。如金秀大瑶山六巷区

---

① 《永福县志》，（清）汪森编辑，吴中任、梁超然校注《粤西丛载校注》（下），广西民族出版社，2007，第1028页。

② 乔朝新、李文彬、贺明辉搜集整理《融水苗族埋岩古规》，广西民族出版社，1994，第163页。

③ 广西壮族自治区编辑组编《广西少数民族地区碑刻、契约资料集》，广西民族出版社，1987，第212页。1953年中南民族事务委员会及广西民族事务委员会调查组收集。

④ 中央民族学院语言所第五研究室编《壮侗语族谚语》，中央民族学院出版社，1987，第77页。

⑤ 黄钰、黄方平编《瑶族》，民族出版社，1990，第57页。

⑥ （明）王圻：《稗史汇编》卷14，北京出版社，1993，第247页。

⑦ 胡朴安编《中华全国风俗志》上编，河北人民出版社，1988，第298页。摘自清《一统志》。

⑧ 黄旭初等修，刘宗尧纂《迁江县志》（中国方志丛书第136号），成文出版社，1967，第27页。

六巷乡水屯盘瑶的手抄卷《评王券榜牒文给照》就写明，瑶民居住的山林，是上古时期统治者“评皇”特别颁给他们世代永享的领地，普通民人不得侵犯，如果有民人侵犯他们的山林领地，他们可以告官，要求官府制止侵害行为，但官府不得传唤拘提瑶民：“如有百姓霸占山林荒山田园水源，瑶人奉告。倘有刁横强诬侵占，当该禀赴前令劝休。官有究治。不许差券强锁瑶人。”瑶民既免受司法的管辖，因此见到政府官员可以不必下跪：“一准令王瑶子孙，永代所入各省布政府县见官，不准王瑶下跪。”如果有山外军民诬告指控瑶人犯罪，瑶人享有司法豁免权，不受刑罚和法律的制裁，只能将其送回瑶人领地：“倘有贪官军民兵堡差役，生计侵入瑶山捕捉，指瑶为盗，横生祸端，诬害瑶人，准令律罚，准令施行。”“右牒王瑶子孙，犹恐过犯王法律条，敕令各省府县官员经审，勿得杖打偿命充徒，查明原施归准牒。”①

第四节　息讼

一　官方的息讼政策

简讼、稀讼、少讼、畏讼、惧讼、愁讼、厌讼、拒讼的诉讼观念样态，使广西民间整体上呈现出“息讼”的局面。但民间息讼的观念，首先来自官府“禁讼”的态度。对于中国古代的官员来说，诉讼是社会不稳定的因素之一，也是社会关系不和谐的表现，只有禁讼才能促进社会的和谐与稳定。因此，中国古代考核官员能力的标准之一就是其任职地方诉讼的多寡，有效息讼也就成为良吏的重要职责，正所谓“官望民无事，民需天太平”。② 广西历代官员莫不奉此为圭臬。上林县麒麟山土官立于唐永淳元年（682）的《澄州无虞县六合坚固大宅颂》称：“斗争不起，咸统区域。”③ 宋嘉祐六年，在桂林担任提刑屯田员外郎的李师中“每

① 广西壮族自治区编辑组编《广西瑶族社会历史调查》第 1 册，广西民族出版社，1984，第 264 ~ 265 页。

② 广西隆林各族自治县文化局、民族事务委员会编《中国民间文学三套集成·隆林民间谚语集》，广西隆林各族自治县文化局、民族事务委员会，1988，第 6 页。

③ 广西民族研究所编《广西少数民族地区石刻碑文集》，广西人民出版社，1982，第 1 页。

因读刑禁旬状，见人民多因小事争斗，致有杀伤，虽骨肉至亲不相容忍，此深可哀悯”，于是撰写了《劝农事文》，并将其镌刻于桂林龙隐岩上，劝诫广大民众宽容忍让，息争少讼：“内外和顺，不相欺凌。民无交争，则无横死。自然天道与人事相应，无水旱凶灾。”[①] 明代广西巡抚吴文华在向朝廷奏报需要转正的县官时，说该官员的出色表现之一就是能有力平息当地少数民族的诉讼：梧州府怀集县知县林春茂“政事修明，才识通达，禁讼而嚣风渐革，抚瑶而异类咸归”；柳州府象州武宣县知县黄爚“善于调停，抚瑶孚以恩信”。[②] 清雍正年间庆远知府徐嘉宾所立《平蛮碑》碑文就载有自己到任后着手处理积案、清理讼狱的政绩：“予自正五年，由梧州调补斯郡，目睹瑶壮横行，案牍山积，不禁喟然曰：‘太守古诸侯之任，如不能惩凶暴，易恶俗，朝廷之设官其实以为？’于是早夜图维，讲求利弊……然后数十年未获之巨恶，久悬之案，并归结殆尽。”[③] 官府的这种禁讼政策与广西少数民族简讼的观念不谋而合。

不仅如此，一些地方官员还将“禁讼”作为地方性法规和文告，发布到管辖区域，立碑刊示，要求当地绅民统一遵守。这种现象从古代一直持续到民国。如灌阳县立于康熙四十年（1701）并于乾隆十六年（1751）、道光二十九年（1849）、光绪元年（1874）三次重修的《灌阳县奉布政司禁革碑记》就规定：“禁瑶人源内不许刁唆词讼，诬败名节，讬具呈词，如违告究。”[④] 龙胜各族自治县泗水乡周家村白面瑶寨立于乾隆五十七年（1792）的《奉府示禁碑》也规定：“尔地方民瑶等，宜各守法，一律不得妄生事端，听信奸狡讼棍，捏词兴讼，致蹈法究。”立于同年的龙胜和平乡龙脊村廖家寨的《奉宪永禁勒碑》内容与之相近：“尔地方民瑶壮人等，宜各守法律，不得妄生事端，听奸狡讼棍，捏词兴讼，致于法究。”[⑤] 立于光绪四年的《龙胜七团禁约简记》记载了道光至同治

① 桂林市文物管理委员会编《桂林石刻》（上），内部资料，1977，第41～42页。

② （明）吴文华：《粤西奏议》卷1，全国图书馆文献缩微复制中心，2006，第40、44页。

③ 广西壮族自治区编辑组编《广西壮族社会历史调查》第5册，广西民族出版社，1986，第51页；民国《宜山县志》卷1《志地》，1918。碑在宜山北顶，广西民族研究所藏有拓本。

④ 广西民族研究所编《广西少数民族地区石刻碑文集》，广西人民出版社，1982，第133页。

⑤ 黄钰辑点《瑶族石刻录》，云南民族出版社，1993，第33、35页。

年间历任县官发布的禁讼令："一奉府署周主于道光七年（1827）九月内赏示严禁，息讼安民各条，注明存照。一奉府署周主于道光二十六年（1846）正月内赏示各安生业，以息生端滋事。一奉府署王主于同治十一年（1872）五月内赏示为严禁，民间田土山业，不得生端事。"① 此碑在龙胜和平乡黄洛瑶村也有一块碑文，名为《乡党禁约碑》，内容完全相同。② 民国22年广西省政府颁布的《广西省施政方针及进行计划》"未·关于礼俗宗教者"第十条规定："厉行取缔刁唆词讼。"③ 足见广西各个时期的统治者对诉讼采取息事宁人的态度。

二　广西民间规约关于息讼的规定

官府对诉讼活动的压制和禁止，也导致了民间对自身诉讼行为的约束与克制，纠纷内化趋势明显。一些地区自发制定的乡规民约都规定了禁讼、息讼、抑讼的内容，严禁兴讼、唆讼、挑讼。"自然也有自必有其各适其'自我'之宜的传统；但也自亦各有其约束而不妨害其群的习俗与行为；这便是一个国家之整体国民统合的准则、各个民族而统合为一国族的要素。"④ 如广西兴安县华江瑶族乡立于嘉庆三年（1798）的《团规碑记》规定："一议团内不得妄生枝节，各守本分之人。一议不得游手好闲，使人兴讼多事生非。"⑤ 融水杆洞乡百秀村头松地坳上立于道光二十四年（1844）的《严禁碑》第3条规定："禁不许聚赌唆讼，头人贿赂，奸拐贩卖人口，勾匪假差讹索。"⑥ 把"唆讼"当作和赌博、拐卖人口一样严重的社会犯罪来看待。一些少数民族规约还对挑起诉讼的行为严厉惩罚，如三江侗族自治县马胖乡立于光绪元年（1874）的《苗侗族

---

① 广西壮族自治区编辑组编《广西少数民族地区碑刻、契约资料集》，广西民族出版社，1987，第177页。

② 黄钰辑点《瑶族石刻录》，云南民族出版社，1993，第111页。

③ 张妍、孙燕京主编《民国史料丛刊·政治、政权机构·广西省施政纪录（一）》，大象出版社，2009，第8页。

④ 胡耐安：《中华民族》，台湾商务印书馆，1969，"叙说"，第2页。

⑤ 黄钰辑点《瑶族石刻录》，云南民族出版社，1993，第37页。

⑥ 乔朝新、李文彬、贺明辉搜集整理《融水苗族埋岩古规》，广西民族出版社，1994，第227页。

会款规约》规定："私代官讼，公罚钱一十二千文。"[①] 考虑到当地少数民族的经济发展水平，这一处罚是非常严厉的。金秀桂田等村立于宣统二年（1910）的石牌规定："各□要安分守（己），不得为非作歹。若有为□成事，本团断不宽容。"[②] 上思县十万大山南屏乡强律村米强屯的《天主教教义宣传》第3条规定："不要吵架或斗争，不做坏蛋事情或为匪小偷。"[③] 笔者在三江侗族自治县独峒乡岜团村见到的《侗款·六面威规》款约也规定兄弟之间不得相争："我讲到三层三部，讲到兄弟本家，兄弟乱兄弟……肩膀不能互相碰撞，膝盖不能互相扭打。"

上文提到的广西各地瑶族手中保存的《评皇券牒》和《过山榜》（见表1-2），一方面规定瑶民免受官府司法管辖；另一方面也规定瑶民必须约束自己，安分守法，不得惹是生非，借端生事，招惹官司，有力地维护了瑶族地区的社会和谐与稳定。

广西一些地区对本地出现的挑讼唆讼之人，给以驱逐出本地的严厉处罚。其中最著名的案例就是龙胜龙脊地区的"潘日昌案"。龙脊平段寨在清光绪四年（1878）出了一个叫潘日昌的恶棍，他的主要罪行就是"捏词控告""勾引主使，兴讼公庭，害富者倾家败业，贫者散子离妻""恃恶欺愚，横行霸道，纠串合党成群，诡计百出，遂其谋方休，事端不从其索，定行控告"。例如，据《违禁肇事口供录》记载：潘日昌曾伙同潘昌龙、廖玉明、廖玉贵等，密谋具控廖昌德"争佃桥头田，至十月有本事，可悔之田，喇他之田，要收他之苗，我要告他中人及田主"。当地人忍无可忍，终于召开了整个龙脊地区的最高自治会议——十三寨议团大会，一致决定将潘日昌游寨之后，永久性地驱逐出龙脊地区，并将其罪行立碑刻石，以昭后人。同时，追随潘日昌的潘昌龙及廖玉明、廖玉贵兄弟因"凭空兴讼，受欺者难以枚举"被强制写下《悔过休恶书》与

---

① 广西壮族自治区编辑组编《广西少数民族地区碑刻、契约资料集》，广西民族出版社，1987，第259页。该碑存三江侗族自治县马胖乡鼓楼附近。1958年广西少数民族社会历史调查组收集。

② 黄钰辑点《瑶族石刻录》，云南民族出版社，1993，第213页。桂田等村石牌是用棉纸抄写的藏件，名为纸石牌，原存金秀瑶族自治县桂田乡古培村庞生林家，1957年广西少数民族社会历史调查组采集。

③ 广西壮族自治区编辑组编《广西瑶族社会历史调查》第6册，广西民族出版社，1987，第55页。

表 1-2 广西各地瑶族《过山榜》《评皇券牒》中息讼内容一览

<table>
<tr><th>县区</th><th colspan="3">村寨</th><th>文书名称</th><th>不得生事条文规定</th><th>资料来源</th></tr>
<tr><td rowspan="6">临桂区</td><td rowspan="3">宛田瑶族乡</td><td rowspan="2">平水江村</td><td>八哈漆树坪</td><td>评皇圣牒</td><td>准令十二姓子孙，不许桀骜，各安分守己，准此令行</td><td>广西壮族自治区编辑组编《广西瑶族社会历史调查》第 8 册，广西民族出版社，1985，第 53 页</td></tr>
<tr><td>黄福清家</td><td>评皇券牒榜书</td><td>准令王瑶子孙，本分为人，毋得惹是生非，各守王法。如有不遵者，罪不轻恕</td><td>同上，第 72 页</td></tr>
<tr><td colspan="2">小河村邓成满家</td><td>过山榜</td><td>准令王瑶子孙居住山林，本分为人，毋得惹祸生非，各守王法。如有不遵者，送官治罪</td><td>同上，第 97 页</td></tr>
<tr><td rowspan="3">庙坪地区</td><td colspan="2">茅针村</td><td>评皇券牒</td><td>准令王瑶子孙，本分为人，不得惹是生非，务守王法。如有不遵者，送官治罪</td><td>同上，第 28 页</td></tr>
<tr><td colspan="2">石灰窑村</td><td>评皇券牒榜</td><td>准令十二姓王瑶子孙，居住深处青山白云之处，不许桀骜，安分守己，准令施行</td><td>同上，第 128 页</td></tr>
<tr><td colspan="2">白石村和龙胜大柳地区</td><td>王瑶子孙过山榜</td><td>准令王瑶子孙本分为人，毋得惹是生非，各守王法。如有不遵者，送官究治</td><td>同上，第 93 页</td></tr>
<tr><td>灵川县</td><td colspan="3">青狮潭蓝田堡地区南坳村</td><td>过山黄榜</td><td>准令王瑶子孙，本分为人，毋得惹祸生非，各守王法。如有不遵者，送官治罪</td><td>同上，第 36 页</td></tr>
<tr><td>兴安县</td><td colspan="3">华江瑶族乡碓尾村</td><td>评王券牒传</td><td>准令十二姓瑶民，不许桀骜，违例施行</td><td>同上，第 70 页</td></tr>
<tr><td rowspan="2">龙胜各族自治县</td><td colspan="3">江底地区与资源中峰、两水地区</td><td>评皇券牒</td><td>准令皇瑶子孙，本分为人，毋得惹是生非，各守王法。如有不遵，罪不轻恕</td><td>同上，第 76 页</td></tr>
<tr><td colspan="3">大罗乡滩地村</td><td>评皇券牒书</td><td>准令王瑶子孙居住山林，“本分为人，毋得惹是生非，各守王法。如有不遵者，罪不轻恕”</td><td>同上，第 101 页</td></tr>
<tr><td>恭城瑶族自治县</td><td colspan="3">三江街</td><td>过山照</td><td>准令十二姓王瑶子孙，住在深山白云之处，不许桀骜逞强，违令施行</td><td>同上，第 89 页</td></tr>
</table>

续表

<table>
<tr><th>县区</th><th colspan="2">村寨</th><th>文书名称</th><th>不得生事条文规定</th><th>资料来源</th></tr>
<tr><td rowspan="2">荔浦市</td><td rowspan="2">茶城地区</td><td>九択村</td><td>十二姓瑶民过山榜文书</td><td>始祖王瑶居住地方，不敢为非作歹，不能盗起狼心，可保全身，安生乐业</td><td>同上，第 106 页</td></tr>
<tr><td>波兴村</td><td>盘王过山榜文书</td><td>王瑶居住地方，不许为非作歹，横强欺弱，可保安身。瑶人原系贫苦根源，为国分忧，本分为人，给牒文为照</td><td>同上，第 125 页</td></tr>
<tr><td rowspan="2">金秀瑶族自治县</td><td colspan="2">六巷地区水屯村</td><td>评王券榜牒文</td><td>始祖王瑶居住地方，不敢为非作歹，并无盗心横强，可保全身，家安乐业</td><td>同上，第 85 页</td></tr>
<tr><td colspan="2">三角地区</td><td>盘古过山榜</td><td>王瑶子孙居住山内，本分守己，并无为非作歹，亦无隐藏奸匪，永安生计</td><td>同上，第 111 页</td></tr>
</table>

与《悔恶从善保证书》，悔过自新，并与潘日昌断绝关系。[①] 这充分反映出广西少数民族对唆讼、兴讼行为的厌恶和憎恨。

三　广西家族宗约关于息讼的规定

除了乡规民约对诉讼行为的约束外，广西各地的宗族规约和家训也规定本族子孙世世代代要息讼宁争，以心平气和的方式解决纠纷，尽量在家族内部解决，所有的纷争必须消化于内部；无论是家族、邻里还是乡党，都要处理好关系，讲求和睦，不可随意争讼。如笔者看到桂林市雁山区草坪回族乡潜经村立于乾隆六十年（1795）的白氏宗祠宗约规定："兄弟须友爱笃恭，无伤手足之雅，倘有欺诈殴辱等情，初次家法重责，再则送官究治……房族中不拘从堂、嫡堂，伯叔辈俱所当尊。或因所求不遂而私行陷害；或因出言不谨而大起争端，皆是犯上，察出议处，再则送官惩治，不许入祠。"道光二十一年（1841）所立的安平土州《李氏族众捐言修宗姓绰撰弃言碑》规定："此后各守，永遵族制，勿相欺，勿相凌，勿为奸，勿为厉，勿犯上，勿仇下，彬彬然循伦常之分。尊尊亲

① 广西壮族自治区编辑组编《广西少数民族地区碑刻、契约资料集》，广西民族出版社，1987，第 178～182 页；广西壮族自治区编辑组编《广西壮族社会历史调查》第 1 册，广西民族出版社，1984，第 107～108 页。

亲，承爱相戚，勿相诟相谑，而为人所嗤笑也。如有乘于道者，族姓起而攻之。”① 上林县三里镇云姚村后山石崖上刻于清光绪十七年的《族规》碑规定：“定房内偶有是非，长房同议，以解释为上策。”② 龙胜江底村曾氏在民国9年（1920）续修家谱时制定的《新化曾氏彰户自治会简章》第1章“总纲”第2条规定本会宗旨之五是“息争讼以和乡党”。③ 全州《蒋氏宗谱家训》第10条规定：“息争讼。格言云：居家戒争讼，讼则终凶。虽与异姓争讼且不可，况同宗乎？一族之中，兄弟叔侄，一脉流行，纵有逆理，遗之情喻之，不得已只宜投家长，族人以折之。谚曰：户倒如石山，何必鸣之官府也。况处宗族，须见得我有不是，则不炽自息矣。慎勿听挑唆而情谊可也。”④ 罗城县石门村仫佬族的《传家训》（吴国义老伯家手抄资料）规定：“忍让和气者富，争强好讼必贫……切莫使气刻薄，忍耐三思而行，村坊和睦为贵，不可唆害村邻。”⑤ 侗族的多份家训也规定了息讼求和的内容。如侗族《杨氏家训（一）》规定：“家和人兴财旺，勿以小利相争。邻里乡党和好，是非不入其门。”《杨氏家训（二）》规定：“纠必解，困必助。”侗族《孝义传·家训语》规定：“兄弟如既翕，门内不相争。邻里无忿戾，泛爱乎众人。”⑥

四　广西民间文学关于息讼的内容

广西各地的口头文学和民间谚语也体现出息讼、和为贵、吃亏是福的观念。他们认为争讼的结果都是负面的、消极的，对本村寨、本地区、本家族没有任何好处，只会带来灾难，因此主张息讼。这其中南丹县拉易乡的壮族谚语“百姓不发癫，衙门烟火断”⑦、东兰谚语“百姓不造

---

① 广西壮族自治区编辑组编《广西少数民族地区碑刻、契约资料集》，广西民族出版社，1987，第2页。碑在大新县安平公社管委会旁，1956年广西少数民族社会历史调查组收集存藏，可供研究李氏土官家族鼎建宗祠情况。

② 上林县志编纂委员会编《上林县志》，广西人民出版社，1989，第566页。

③ 龙胜县志编纂委员会编纂《龙胜县志》，汉语大词典出版社，1992，第67页。

④ 张廷兴等：《八桂民间文化生态考察报告》，中国言实出版社，2007，第284页。

⑤ 章立明、俸代瑜编《仫佬族：广西罗城县石门村调查》，云南大学出版社，2004，第183～184页。

⑥ 湖南少数民族古籍办公室编《侗垒》，杨锡光、张家祯整理校注，岳麓书社，1989，第87～90页。

⑦ 广西壮族自治区编辑组编《广西壮族社会历史调查》第2册，广西民族出版社，1985，第140页。

死，衙门起青苔"[①] 是说得最深刻、最痛彻的。其他地区少数民族的谚语也无不劝诫人们息讼、止纷。如侗族谚语云："制造事端害人，挖起沙子埋田。"[②] 龙胜潘内村歌谣唱道："人在人间没作冤，欢欢喜喜度十年。人在世间莫好强，让人三步也何妨。"[③] 大新地区的谚语称："兄弟不和邻舍欺，邻舍不和惹是非。"[④] 资源地区的谚语称："忍得一时之气，免得百日之忧。"[⑤] 广西隆林各族自治县的谚语有"是非之门不可进，残暴之人不可近""忍可平人怒，让可平人争""朋友不怕多，冤家怕一个"。[⑥] 田阳县的谚语有"事非干己休招惹，理若亏心切莫为""宽宏得福，忍气修心"。[⑦] 桂平县的谚语有"守法朝朝乐，违法日日忧""朋友千个少，冤家一个多""多一个朋友多条路，多一个冤家多一堵墙"。[⑧] 罗城仫佬族自治县谚语有"吃得亏，做得堆"。[⑨]

---

① 东兰县志编纂委员会编《东兰县志》，广西人民出版社，1994，第590页。

② 中央民族学院语言所第五研究室编《壮侗语族谚语》，中央民族学院出版社，1987，第75页。

③ 张一民、何英德：《龙胜各族自治县部分地区社会历史调查》，载广西师范大学历史系、广西地方民族史研究室编《广西地方民族史研究集刊》第三集，1984，第319页。

④ 王战初主编《大新镇志》，广西人民出版社，1996，第215页。

⑤ 广西壮族自治区资源县志编纂委员会编《资源县志》，广西人民出版社，1998，第655页。

⑥ 广西隆林各族自治县文化局、民族事务委员会编《中国民间文学三套集成·隆林民间谚语集》，1988，第58页。

⑦ 广西田阳县民间文学集成编委会编《中国民间文学三套集成·田阳县谚语集》，1989，第16、80页。

⑧ 桂平县民间文学三套集成领导小组编《中国民间文学三套集成·桂平县谚语集》，1988，第5、24页。

⑨ 龙殿宝编《中国民间文学三套集成·罗城谚语集》，罗城仫佬族自治县民间文学集成办公室，1990，第31页。

第二章　广西发达的民间调解制度

与稀简的官方诉讼相比，广西民间的调解制度却异常发达，有族长、寨老、乡老、村老、都老、社老、头人、民间人士调解等，力争将所有的矛盾和纠纷消化于群体内部。正所谓“寨有寨长，族有族长。寨长族长，或口选，或默认，其资格之取得，虽异，其权势之伟大则一。苟有争讼，必请其解决。各纳相当银物（普通银元及鸡、鸭、酒、物数事），以为酬谢”。[①]

第一节　家族内部调解制度

广西民间素有聚族而居的特征，以血缘关系为纽带组成的家族集团成为社会基本的细胞，这种组织稳固存在的原因之一就是其纠纷能在内部得到解决。而要达到这一目的，德高望重、正直公道的族长功不可没。在家族调解方面，龙胜红瑶和罗城仫佬族的族长调解在新中国成立前已形成了完善的机制，并制定了成文宗约。

一　龙胜红瑶的家族调解制度

龙胜红瑶家族的族长一般由家族成员推选产生。他们多是一些为人正直公道，热心家族公共事业，熟悉家族历史、家族规矩的中老年男子。族长的职责之一是调解处理家族成员婚姻、财产等争端；对外代表家族同其他家族族长调解处理田地、水利、山林等纠纷。族长一般参加农业生产劳动，没有报酬，只有在为族人调处争端或纠纷时，才由双方当事人供膳食，若误工多，有的当事人自愿帮干些农活作为补偿。[②] 龙胜江底

---

① 刘锡蕃：《岭表纪蛮》，南天书局，1987，第65页。

② 龙胜各族自治县民族局《龙胜红瑶》编委会编《龙胜红瑶》，广西民族出版社，2002，第39页。

村曾氏民国 9 年续修家谱制定的《新化曾氏彰户自治会简章》第一章“总纲”第 2 条规定本会宗旨之六为“征公论以决事理”[①]。这标志着族长调解已经规范化和制度化。

二 仫佬族的家族调解制度

1949 年以前，广西仫佬族村屯曾存在“冬”组织，这是以血缘关系为纽带的宗族组织，各族以姓立祠，推举那些德高望重、辈分高的男性为族长，专门管理族内事务，主持制定本族族规，并监督禁约条例的执行情况。[②] 罗城仫佬族自治县大梧村立于民国 9 年的《吴姓二冬祠堂规则碑》详细规定了族内大小纠纷必须先经族长调解的原则，并要求族内成员必须遵守、服从族长的调解决定：

> 第一条：开祠议事，须要听族长公论，分别情由，年居卑幼，不得参语高声乱喊，有此等人即非谦让；
>
> 第六条：事理不平，应行具控，必先由族长等公论，倘若不清，任其经凭团总理论，以定其可否，若仍不清，即任其向前控诉，不得以口角是非或毫末之理，即听讼棍唆使，捏以大题，往往致人冤屈大受，有之，是藐法之徒；
>
> 第七条：从勤息之人，必要公是公非，不得徇情庇护，受贿扶同，有之，我等众人佥呈攻讦，如有退缩不行直前者，即以徇情受贿论，一并指名，俱难逃罪；
>
> 以上议条，各宜恪守，倘有不遵，或听讼棍唆使，动辄移殃嫁害与抢控抵塞等情，必经众族人等先行举罚，后论是非，小则公罚，大则送官究治，庶一道同风，而千门和乐，共享升平之福，永称礼义之乡，是所望也。[③]

① 龙胜县志编纂委员会编纂《龙胜县志》，汉语大词典出版社，1992，第 67 页。

② 章立明、俸代瑜编《仫佬族——广西罗城县石门村调查》，云南大学出版社，2004，第 168 页。

③ 广西壮族自治区编辑组编《广西少数民族地区碑刻、契约资料集》，广西民族出版社，1987，第 247～248 页。该碑存四把乡大梧村，1953 年中南民族事务委员会与广西民族事务委员会调查组收集。

三　其他地区的家族调解制度

广西南丹白裤瑶的血缘性组织“油锅”都有一名自然领袖，即“锅头”，由班辈较高、年纪较老、办事公平、能说会道和勤劳忠厚、德高望重者担任。在“油锅”组织中，锅头调解内部纠纷，维持社会秩序。同时，“油锅”组织定期举行会议，讨论锅内日常需要解决的问题，如被人诬害、互相纠纷、不团结等。[①] 金秀花篮瑶“一宗族有一族长……同宗的各家如有纠纷，好像离婚等事，族长是第一个受理离婚解决的人”。[②] 环江县城管乡壮族同姓往往聚居，同一个家族的各户选有族长一人，族长由族内年纪较长、威望素著的人充任。各个家族都有一些不成文的习惯法，即族规，违犯者要受到族长的制裁。凡是族内争讼，皆由族长主持。[③] 上思县思阳乡房族中能说会道的长者往往被奉为族长，具有极大的权威。大凡族内外的纠纷，都得经族长调解。[④]

第二节　壮族的寨老调解制度

一　壮族寨老调解制度的历史溯源

壮族自古以来就有自己的民间法官——“布求”，负责解决各类纠纷。“依据人类历史的发展来推论，壮族人民的历史和世界上别的民族一律都要经过原始社会的。当它还没有受到汉族的封建统治者的影响，或者统治者对它还没有起什么作用，壮族社会不会有什么团总的。可是，它本身是不能不有它的社会组织，要处理它内部公众的事务，调解群众的纠纷，就必须有一种人来执行，这种人就是壮语所说的‘布求’，意思

① 黄钰、黄方平编《瑶族》，民族出版社，1990，第 19 ~ 20 页；广西壮族自治区编辑组编《广西瑶族社会历史调查》第 3 册，广西民族出版社，1985，第 35 页。

② 费孝通、王同惠：《花篮瑶社会组织》，江苏人民出版社，1988，第 41 页。

③ 广西壮族自治区编辑组编《广西壮族社会历史调查》第 2 册，广西民族出版社，1985，第 314 ~ 315 页。

④ 广西壮族自治区编辑组编《广西壮族社会历史调查》第 3 册，广西民族出版社，1985，第 79 ~ 80 页。

是说有事要请他来解决。"[①] 至于"布求"制度的起源，则只能从壮族民间流传的口碑历史中查找线索。据壮族民间流传的口碑，说古时候有一位壮族老人名叫陆驮公公，他为人正直，办事公道，乐于为大家排解纠纷。那时候，宇宙分上、中、下三界，人类居中。因为地壳太薄，人们打桩时打穿了地面，下界的矮人很有意见；天空离地面太低，人们舂米时杵杆捅破了许多窟窿，上界的神也很有意见。陆驮公公便叫下界把地加厚，叫上界把天升高，又用棉花堵塞窟窿，从此三界再也没发生矛盾。陆驮公公死后，人们都很怀念他，并公推布伯接替他的工作。陆驮公公这个形象，实际上是氏族公社酋长的化身。新中国成立前，壮族地区一个或几个寨子都有一位威望较高、办事公道的老年人，被大家称为"波板"，意为"村寨之父"，他负责调解村寨里的各种纠纷。这显然是远古酋长制的遗风。[②]

"布求""波板"在广西各地的称呼不一，也有叫都老、赛老、寨老、叫老、村老、头人的。早在晋代《华阳国志·南中志》中就有记载："夷中有桀黠能言议屈服众人者，谓之'耆老'。"[③] 可见广西很早就产生了耆老制度来调解民间纠纷。雍正《平乐府志》记载当地民众"彼此角争动辄讲老，输者罚猪一只，老得二腿四两六两折银不等"。[④] 嘉庆《广西通志》记载河池少数民族"有争，以高年为赛老，判断不能平者，始告诸官"。[⑤]《永福县志》记载："永福壮人有冤，鸣众论理，名为叫老。"[⑥] 龙胜龙脊十三寨的寨老称"布求"，意思是"为大家办事的人"。龙脊各寨基本上是一寨一姓一宗族，宗族之下分若干宗支，"布求"常是一寨之主，职责之一就是排解纠纷，息事宁人。[⑦] 广西上思县三科村都老制是自古传下来的壮族村民自我管理制度。它主要有一个由"都老"和"酒头"

① 广西壮族自治区编辑组编《广西壮族社会历史调查》第1册，广西民族出版社，1984，第93~94页。

② 覃国生、梁庭望、韦星朗：《壮族》，民族出版社，2005，第43页。

③（晋）常璩：《华阳国志》卷4《南中志》，齐鲁书社，2010，第49页。

④（清）胡醇仁纂修《（雍正）平乐府志》，海南出版社，2001，第596页。

⑤（清）谢启昆、胡虔纂《广西通志》卷87《舆地略八·风俗一》，广西师范大学历史系、中国历史文献研究室点校，广西人民出版社，1988，第2790页。注引自《庆远府志》。

⑥《永福县志》，载（清）汪森编辑，吴中任、梁超然校注《粤西丛载校注》（下），广西民族出版社，2007，第1028页。

⑦ 覃国生、梁庭望、韦星朗：《壮族》，民族出版社，2005，第43~44页。

组成的机构，负责组织、领导和管理村民等事务。[①] 虽然名称不同，但“布求”所起的作用是一致的，就是为大家办事，作为民间法官调解、裁决各类社会纠纷，以弥补国家司法力量在广西少数民族地区的缺失。民间调解的盛行使得大量纠纷在基层得以解决，可谓“讼不经官”。

二　壮族寨老的产生方式

（一）在纠纷调解中自然产生

寨老是在调解纠纷的过程中自然形成的，即因其办案公道自然而然形成的民间权威，无须选举、聘任或官方任命。如某个人办案公正，人们有纠纷都去找他排解，久而久之这个人就成了寨老。因此，对寨老的基本要求就是办案公正、经验丰富、秉公执法、熟悉习惯法，即办案能力是第一位的，性别、年龄、贫富程度等都不是主要的考量因素。但整体而言，寨老一般是上了年纪的人，少数为中年以上者，有比较丰富的社会阅历。因为善于言辞，为人正派热心，又比较熟悉本民族风土人情和传统伦理道德，能处理民间的各种纠纷，得到一村一寨或几个村寨人们的信任，于是很自然地成为寨老。寨老为全寨的人办事，不管是本宗族还是其他姓氏，他都一视同仁，乐于排忧解难，而族长、族支长则只管本族的事。所以，一般来说，寨老是不同于族长的。[②]

寨老产生于普通人中间，且很多人都是义务为民众排解纠纷，更像是一种无偿的公益行为。据广西各地的志书记载，壮族民间产生过很多“白衣法官”，这些人被尊称为“乡贤”“耆寿”，他们无偿为民众服务的行为也被看作“善行”和“义举”。如民国《雒容县志》记载：“潘文华，大桥村人，少年读书，通大义……笃实，乡人化之，致数十年来，无忿争诉讼之事，间有争执，往往以一言而解。”[③] 民国《钟山县志》的《人物》《列传》等卷中就记载了多个主动无偿为民调解纠纷的人士，他们并未经官方任命，也未经民间选举，完全是出于自己的公益公正之心：

---

① 广西壮族自治区编辑组编《广西壮族社会历史调查》第 3 册，广西民族出版社，1985，第 123 页。

② 梁庭望编著《壮族风俗志》，中央民族学院出版社，1987，第 139 页。

③ 藏进巧修，唐本心撰《雒容县志》（民国 23 年铅印本，中国方志丛书第 129 号）卷下，第 26 页，成文出版社，1967，第 96 页。

乡贤钟英：乡里亦以其廉直，一有纠葛辄投诉其门，英屡辞不获，然既为义所迫，惟遇事悉心劝处，不辞劳猝。间有因案求为缓颊及事后馈以金者，皆婉却谢绝。

乡贤黄勉之：举止庄重，性严正，与乡里解纷，无所徇事。

乡贤潘斯水：平日剖晰是非，虽至亲不少庇。

乡贤卢秀芹：平生戒争讼、息纠纷。

耆寿钟成：性耿直，好排里党纷，人以其办事公平，多德报之。

钟清涟：凡因纠葛投局，得其一言劝解，无不两相退让，在局十余年团族推为长者无异言。

韦永惠：尝为乡里排难解纷，片言可决。

陈锦元：遇人纠纷，虽身不任团务，亦必为之排解，乡里钦其为人，故事无大小，得其调处无不寝息。

叶占春：街邻有争执，辄为排解，人皆钦服。①

民国22年（1933），广西省政府对一批在各地礼俗风气方面做出重要贡献的民间人士给予褒奖（见表2－1），其中就包括许多热心于调解纠纷的“白衣法官”和贤士。

表2－1　民国22年广西省政府办理褒扬一览

被褒扬者姓名	性别	年龄	籍贯	褒扬事由	褒题字样	褒题年月
梁拔堂	男		北流	存心忠厚，处世和平，颇能为地方排解纠纷	望重一方	二十二年七月
苏民甫	男		融县	前清廪生，为人正直，甚能为人排难解纷	公正勤明	
石征璋	男		义宁	前清举人，努力倡办地方公益及排难解纷，瑶民亦多受其感化	学道爱人	
苏因	男	75岁	灵川	性情耿介，为乡里排难解纷，人多信仰	德望兼隆	

资料来源：张妍、孙燕京主编《民国史料丛刊·政治、政权机构·广西省施政纪录（一）》，大象出版社，2009，第356～357页。

自然产生的寨老在广西各地有许多共同点，也有一定的差异性。如

① 潘宝疆修，卢钞标纂《钟山县志》（民国22年铅印本），学生书局，1968，第147～149、187、207、210、211、213页。

西林那劳乡每个村屯的同姓中，都有一个寨主，由大家公推年纪较大、有办事能力和通达事理者担任，没有任何特权，也非世袭，多是贫苦农民出身，其职责是代表农民和地主交涉，处理族内的各种争端，做中保人等。[①] 天峨县白定乡流传着“乡有乡老，寨有寨头”的谚语，可见乡老和寨头曾经在村屯的生活中起着很大的作用。乡老就是各个屯中年纪较大、能说会道、处事“公平”、受人敬仰的人，和调解员一样，其主要任务是给人们排解纠纷，但人们可请他排解，也可不请他排解，可以请这个来排解，也可以请那个来排解，完全有选择的自由，而且对其在排解中提出的处理意见，当事者可以采纳，也可以不采纳，因而能成为人们公认的“乡老”和“头人”，完全是通过自己在平日处事中去取得信任，受人们的拥护，类似于农村的“白衣官人”，即对人们的生活有不小的影响，但又不对谁负责任。[②] 过去红水河中游岸边有一个村庄，以蓝姓为主，一个宗族三个宗支，只有几家外来户。其中一户梁姓，主人梁盛祥家境贫寒，平时也无非打柴种地。但因为他搬过几次家，阅历丰富，办事公正，人们一有纠纷就喜欢找他，被尊为寨老。一个地主的儿媳挨了丈夫打，跑到他家去躲了一天，请他出面调解。贫寒人家请他就更多了。[③] 正如天峨谚语云：“凡事要好，且问长老。”[④]

（二）寨老自然产生的典型案例——龙胜龙脊

“寨老”在龙胜龙脊十三寨比较典型，当地称为“头人”。龙脊地区每寨都有头人，凡发生口角是非或纠葛争执，都由头人来排解，评论谁是谁非，当赏当罚。头人的产生有几种不同的方式，一是由于他本身能说会道，给人们留下了良好的印象，一旦有事，请了他去调解，因为判决得“公正”、处理得“妥当”，有威信，以后凡遇事情就得去请他，他就成为人们信任的头人了。如龙辅寨的潘安照，据说当初因为他平日在村上好评道理，爱管事，会说话，办事公道，人们有事乐于找他排解，

① 广西壮族自治区编辑组编《广西壮族社会历史调查》第 2 册，广西民族出版社，1985，第 211 页。

② 广西壮族自治区编辑组编《广西壮族社会历史调查》第 1 册，广西民族出版社，1984，第 14 ~ 15 页。

③ 梁庭望编著《壮族风俗志》，中央民族学院出版社，1987，第 139 页。

④ 天峨县志编纂委员会编《天峨县志》，广西人民出版社，1994，第 482 页。

后来成了龙脊地区最有威望的寨老。二是因懂得字墨，会写讼文、合同，凡动笔墨都离不了他，因此每在调解纠纷案件、判决是非，甚至兄弟分家分产时，都要请他去写合同、立字据，于是他也变成了头人。如平段寨的潘大寿，他原来就是一个老师，会几个字，人也公道，寨里有事都去找他评判是非，请他写讼文、立字据、签合同，于是成了布求。又如廖家寨的廖国真，本来他不是很会说话的，但是很会写，所以在排解纠纷时都要请他去参加，由他起草文件合同，因此也成为头人。三是由年老或者有威望的头人培养提携，如毛呈寨的廖锦盛，主要就是依靠着他的祖父——廖益保的携带，如经常带他去参加各种会议和调解，一方面使他熟悉处理事件，另一方面使他受到人们敬仰，后来他也成为头人。布求一般威信很高，政府官吏望尘莫及。头人和头人之间，没有等级的差别。只是由于各个头人在口才和办事能力方面有差别，人们对他们的信任度有所不同。倘若能力强、口才好，人们多肯请他来排解，那么这个头人便成为头人中的权威者。如毛呈寨的廖益保，据说他晚年年老力衰，连路都不能走，说话也不很清楚，但是人们仍然很信服他，有事还要去背他来排解，哪怕只凭他一句话，也会起到很大的作用。因此，竟有一些人冒用他的话来解决事情。[①]

龙脊廖家寨立于光绪九年（1883）的《禁革事项碑》就详细记载了民间自举头人、官方不得干涉和控制的规定：

> 一、头甲等不由官委，准各乡自举（下缺）。
>
> 一、头甲不得一官一换，准其永远（下缺）。
>
> 一、各乡联合公举头人之时，不得（下缺）。
>
> 一、乡中议举头人，必须联名禀官，如（下缺）。
>
> 一、头人有巡缉匪类，弹压地方之责，（下缺三十二字）私举情事，并治其罪。[②]

龙脊头人是自然产生的，不是由官府委派或加委的，所以他们的任期并不固定，任期的长短，决定于头人办事能力的强弱和处理事情的好

① 覃国生、梁庭望、韦星朗：《壮族》，民族出版社，2005，第43～44页；广西壮族自治区编辑组编《广西壮族社会历史调查》第1册，广西民族出版社，1984，第94～99页。

② 黄钰辑点《瑶族石刻录》，云南民族出版社，1993，第119～120页。

坏。也就是说，如果有威信，得人们的拥护，他的任期就长，甚至终身不改；如果失去了人们的信任，他就无形中丧失了头人的地位，任期就短。寨老因办案公正而产生，也会因办案不公正而失去地位。比如寨老是不能吃“背手钱”（受贿）的，倘若发生这样的事，一旦传开，他就丢了面子，以后人家就不再请他，他也就失去了寨老的地位。如龙脊江边寨的廖美富、廖章元二人，原来都当上了头人。后来因为贪财好酒，同时在调解纠纷时往往处理得不好，不久就不再有人请他们去排解了，从此再当不上头人了。① 直到解放初期龙脊地区各寨都还有头人，大寨1～3个，小寨最少也有1个。根据民国38年（1949）的《龙脊十三寨头人会议记录》，龙脊地区龙堡屯、枫木屯、新寨屯、滩屯、黄落屯、平段屯、平寨屯、侯家屯、廖家屯、平安屯10个屯共有头人21人，分别是潘秀林、章盛德、韦茂秀、潘秀福、潘秀恩、蒙其裕、潘荣庭、潘秀英、廖太平、廖祥通、侯会庭、潘光贵、潘新德、廖康宁、廖鼎森、廖炳焕、陈绍熙、廖兆宣、廖炳晖、潘仁政、潘瑞箕，② 平均每个寨两人。

三　寨老调解纠纷的程序

（一）邀请与管辖

寨老调解纠纷的方式较为原始简单，以“简便”为要义，力求尽快化解纠纷，为人们省却麻烦和费用，这恰恰是民间调解制度相对于官方诉讼的最大优势，因而长期受到欢迎并流行。调解的第一个程序是邀请，类似于诉讼中的“起诉”或“申请”。寨老一般采取“不告不理”的态度，即不主动出面调解纠纷，须当事人邀请，但手续都很简单。比如，龙脊地区人们如果有事要请头人，预先用红纸包一粒槟榔送去，并当面庄重地交给受请者，以示尊重和慎重。受请者除非有别的急事，否则不得推托。所请的头人有时是本寨的，但也不一定是本寨的；有时一些是

① 广西壮族自治区编辑组编《广西壮族社会历史调查》第1册，广西民族出版社，1984，第93～95、106页；梁庭望编著《壮族风俗志》，中央民族学院出版社，1987，第141页。

② 广西壮族自治区编辑组编《广西少数民族地区碑刻、契约资料集》，广西民族出版社，1987，第196页。原存广西龙胜各族自治县和平乡龙脊村，1956年11月27日广西少数民族社会历史调查组收集。

本寨的，也有全部是本寨的。要请谁完全由当事者自己来决定，别人是无权过问的。不过当事者往往怕事情处理得不够妥当，或怕事后有变，常常请多个头人或全寨所有的头人到场参加。通常，被请的头人也怕别的头人暗中破坏或怕事后有闲言冷语，影响到自己的威信，多不敢单独进行排解，而是互相推荐，几人参酌处理。[①] 天峨县白定乡的乡老，人们有事相请则去（也可不去），无事则与一般农民一样，从事劳动生产。请乡老没有什么仪式或规则，可以在事情发生的当天，也可在事情发生后几天内；可以由大人去请，也可以叫孩子去通知来。平常一般的小事，是由本屯的乡老解决，大事才请邻近各屯乡老来共同处理。[②]

从处理事情的范围和内容来看，寨老的地位要高于族老。属于寨老处理的事情，一是家庭纠纷，比如分家时的财产纠纷、家庭内的争吵或打架斗殴、媳妇受公婆的虐待、儿女不孝或虐待父母等，族长不便解决或解决不了的。二是邻里之间的纠纷，比如牛羊糟蹋禾苗、打架斗殴、奸情、盗窃、地界纠纷、山林纠纷、水源纠纷、龙脉纠纷等，寨老都可以排解，甚至人命案也请他处理，因为官府坑害百姓，百姓尽量躲着，宁找寨老不找衙门。[③] 从广西尤其是龙脊地区目前留存的石刻乡规民约的条款来看，出现纠纷邀请寨老或头人调解是必经的程序，带有强制性，即所有纠纷必须由头人出面调解，其他当事人之间的“私息”“私合”“暗唆”等都是不允许的，当事人也不得直接将纠纷提交官府解决，否则将受到习惯法的重罚。这些规定在自清嘉庆至民国的100多年间被不断重申。

立于嘉庆八年（1803）的百色靖西县武平乡立录村《乡规民约》碑记规定：田间水界不得相争，事情发觉不得私合。[④]

立于道光二年（1822）的《龙脊永禁贼盗碑》规定：如遇争讼，

① 广西壮族自治区编辑组编《广西壮族社会历史调查》第1册，广西民族出版社，1984，第94页；覃国生、梁庭望、韦星朗：《壮族》，民族出版社，2005，第43～44页。

② 广西壮族自治区编辑组编《广西壮族社会历史调查》第1册，广西民族出版社，1984，第14～15页。

③ 梁庭望编著《壮族风俗志》，中央民族学院出版社，1987，第140页。

④ 广西壮族自治区编辑组编《广西少数民族地区碑刻、契约资料集》，广西民族出版社，1987，第225页。1953年中南民族事务委员会及广西民族事务委员会调查组收集。

必依头人理论带告。如仍勾串害民，鼓而攻之。①

立于道光二十九年（1849）的《龙脊乡规碑》规定：自立碑之后，凡我同人，至公无私，各宜安分守己，不得肆意妄行，排艰释纷，秉公处理。勿得贿唆，徇情私息，当惧三尺之法，可免三木之刑。……一、恶棍滥崽，闯祸藉端，惯便之徒，牙角相争，平地生波，切不听信作中。若不经鸣老人，妄耸差传至乡，宜要揣情秉公理究，不可藐官欺差，倚禁抗法。如有滥请滥中，架客索诈，酿成大祸不测，岂忍似狼噬羊之害，并及中人，呈官究治。……一、别省各邑外来之人，杂居境内，毋许兴集游棍，引匪留贼，诱赌唆讼。如有此等，送官究治。……一、各村或有小事，即本村老者劝释便宜可也。②

立于同治十一年（1872）的《龙胜南团永禁章程》规定：一、地方各宜安分守法，不准滥崽油火，恶棍闯祸，倘遇口角细故，经明头甲排解，不得借端妄索，又不准请监中理论，如理情不遂，使计唆讼，肆行放惫，送官究治。……一、田土、风水、婚姻之事，不清明白，以凭中证、媒人、村老排解，毋得串唆私贿，不可亲戚偏袒相护，务要秉公理劝，如果不息，经鸣头甲带告讯究，不得抗违。③

在较上述稍后的龙脊乡约底稿中写道：地方各寨如遇事情不许暗地挑唆……借索良民，如不遵，任凭乡老、头甲追究。④

立于光绪四年（1878）的《龙胜七团禁约简记》规定：一禁婚姻、坟基争端之事，宜行息事解纷，经鸣头甲公断，如不遵者，宜由头甲带告送官就治。一禁村中口角之事，宜行理论解释，以大化小，以小化无，如有不息，鸣头甲公断，不敢主摆暗唆生端。一禁有事不从劝解、肆横指控，不听理论，当差如有排理，如有虚情非

① 黄钰辑点《瑶族石刻录》，云南民族出版社，1993，第61页。

② 黄钰辑点《瑶族石刻录》，云南民族出版社，1993，第76~79页。

③ 广西壮族自治区编辑组编《广西少数民族地区碑刻、契约资料集》，广西民族出版社，1987，第173~174页。

④ 广西壮族自治区编辑组编《广西壮族社会历史调查》第1册，广西民族出版社，1984，第102页。

理，宜自了案。[①]

立于清末年间的《龙脊地方禁约碑稿》规定：地方户、婚、田、土、口角细故，应经乡老头甲理谕排解，不得任意奔控，如理不清，任凭乡老头甲带告送究。[②]

立于1923~1925年的《龙胜地方乡约（二）》规定：八、地方逢有相争些微之事，各当忍让，互相原谅，如有事当难忍，经凭地方劝息，切莫以势欺弱，喜争好讼，以免至伤和气，倘有不遵公断，地方面斥其非。九、地方适有大小纠葛之事，听凭地方团绅公断，为农者知其始莫知其终，勿得暗中主使竟成大祸，如有此等，应同处罚不贷。[③]

在龙脊地区平段寨发现的一份立于道光年间的息事合同书记载，在龙脊地区发生纠纷时，如果当事人未经头人调解，直接向官府提起诉讼，当地的头人会主动联合出面要求当事人收回诉讼，由头人调解合息，并订立息事合同书，当事人签字画押，保证接受调解裁决，永不反悔，也不得再向官府提起诉讼。从该合同反映的情况来看，当事人因家族内部的财产继承与分割发生纠纷，其中一方未经头人居中调解，便联名向官府提起诉讼，但被当地的一名头人谭士荣发现后及时截回，并联合当地的十名头人（合称“十老”）出面调解了此案并形成决议，要求当事人达成并签订书面协议，保证绝不反悔。这10名头人还在最后的书面协议上签下了名字。这份息事合同书不仅平息了这场家族内部纠纷，而且断绝了诉讼之路：

息事合同书

立合同息事人廖弟广、廖弟领、弟则，情因吾堂祖四房各居，

① 广西壮族自治区编辑组编《广西少数民族地区碑刻、契约资料集》，广西民族出版社，1987，第178页。

② 广西壮族自治区编辑组编《广西少数民族地区碑刻、契约资料集》，广西民族出版社，1987，第201页。该文存于龙脊侯家寨侯氏后代手中，1957年3月广西少数民族社会历史调查组收集抄存。年代已佚，据推断，可能是清末年间遗稿。

③ 广西壮族自治区编辑组编《广西少数民族地区碑刻、契约资料集》，广西民族出版社，1987，第206页。据老人潘树德说，该约订于1923~1925年，系1957年广西少数民族社会历史调查组抄录存藏。

有长房廖弟碍养女育一男，名号光文，父亡母寡；有四房廖弟林，于嘉庆五年（1800）招附廖良春兄弟良老，入宅代养潘氏并男。有三房祖廖弟勤养生一女，因勤路中身亡，托附良老出棺，酒席下葬。现有小房一座付与良老、光文为业。于道光二年（1822），不料光文身故妻嫁。兹我二房良桂，育我三兄，意欲分开。先请堂祖廖光炳，向良老管理三房弟勤之居分开，吾弟则居住。因光炳、良春娶讨孟引（眼）贲家黄氏并男一丁接回完娶。弟则为室顶允差使等件，前有光文少亡，有业归付庶父管理，是以心思不忍，为姑娘送节酒席不均，诈钱二千四百文。后因取笋相争，诈钱三千文，及又田土园内请中不断，具名呈讼。有谭士荣留回改息，地方十老合息了事，出钱十千文付我，其产业仍归良老父子管理。因业我等不敢异言翻悔生端……今凭地方二比，甘立合同二张，永远子孙存照。

凭中地方村老：廖光玉　谭士荣　侯光明　潘学绳、潘才学、潘香禄、廖光福、潘学美、廖光吾、廖金全

中证钱二千五百文

执合同　廖良春

代笔　潘学文　　通道羊一皮（只）、酒十斤

廖弟广、廖弟领亲立

道光十一年（1831）三月十八日①

由于龙脊地区的纠纷绝大多数由头人解决，很少到官府去，头人对官府始终保持着半独立的“听调不听宣”的地位，这也成为龙脊地区民间与官府关系的主要方面。以乡约为例，经过官府审查修改的乡约，则尽可能地削弱头人的作用，头人仅能对“雀角细故”进行处理，或只能将当事双方带告究治；只经“议团”产生而未经官府审批的乡约，则对纠纷的处理程序有相当严格的规定，纠纷未经头人处理是不能上告官府的，并明文规定不许“私自奔控”，即使去打官司，也要经头人“带告”。由于龙脊地区有着与统治者的“法统”观念不完全一致的头

① 广西壮族自治区编辑组编《广西少数民族地区碑刻、契约资料集》，广西民族出版社，1987，第159页。原存广西龙胜各族自治县和平乡龙脊村平段寨，1956年11月27日广西少数民族社会历史调查组收集。

人和乡约制度，是按自己的制度而不是按官府的“法统”来处理人与人之间的关系，是与非、善与恶的概念以及对它们的处理办法并不完全一样。乡约规定的执行权，根据问题大小和程度轻重，分别由各村寨头人共同组成的“议团会议”和各村寨个别头人行使，但是他们的权力不是在人们生活的一切领域都能起作用，对财产纠纷只能劝解不能判决，如无效可向官府上告，但这也只限于重大的纠纷，一般的纠纷大都服从头人排解，对于盗窃、人命、强奸、通奸、断祖坟“龙脉”等纠纷，头人则握有最终决定权，据说从来没有人因这样的纠纷告到官府。[1]

广西其他地区的壮族也保持着有纠纷须先经寨老调解的传统。如民国时期罗城县武阳区乡村禁约第 10 条规定：“全款之人皆属兄弟，务须患难相顾，即遇雀角，亦宜听款老排解，不可好讼致伤和气。”[2] 田东县檀乐乡壮族在过去各村的头人或父老，大都是一些年老且在本屯有威望的人，如东选屯的黄金邦。头人负责处理一切婚姻、田地等民事纠纷，负责巡行、治安，实际上就是地方的自然领袖。父老不能解决的问题，由 7 个甲长商量解决。[3] 环江县龙水乡居民之间发生民事、刑事纠纷，往往不一定上告官府，村老或团总等多按照前辈相沿的习惯、规矩来处理。[4] 天峨县白定乡的百西、上牙和下老乡的中牙、下牙等村，在民国初年（1912）以前，分别属于泗城府礼房和号房的“私庄”（土官的农奴庄园），在各方面均不受“亭”（官方的乡村机构）的管辖，内部的纠纷一般由庄内的乡老排解，解决不了的，再分别由梁、蒙二姓（以前的土官后代）解决，最后才到泗城府解决。乡老对纠纷往往抱着息事宁人的态度，大事化小，小事化了，尽可能不使当事人告到亭目或官府，以免事态扩大，因此很受人们拥护，所以本地谚语说：“家有三个老，等于一

---

① 广西壮族自治区编辑组编《广西壮族社会历史调查》第 1 册，广西民族出版社，1984，第 106～110 页。

② 江碧秋修，潘实箓纂《罗城县志》（中国方志丛书第 211 号）卷 3《政治》，第 115～117 页，成文出版社，1975，第 131～133 页。

③ 广西壮族自治区编辑组编《广西壮族社会历史调查》第 5 册，广西民族出版社，1986，第 90 页。

④ 广西壮族自治区编辑组编《广西壮族社会历史调查》第 1 册，广西民族出版社，1984，第 275 页。

个宝。”[①] 隆林县内壮族聚居的村寨，一般都有一位“卜板”（壮语意为“村寨父辈”），即“寨老”主事。壮族寨老是土生土长的本地老人，熟悉本屯的历史和现状，了解各家各户的情况，文化水平居于全寨人之上，家庭也较宽裕。由全体村民推选上了年纪、作风正派、有办事能力和能达事理的人担任，有的地区是自然产生的。寨老在壮族人民生活中起着重要的作用，在日常生活中，寨老为村民解决建房、婚丧中的困难及调解村中发生的各种事端。寨老处理事情，不收报酬（一般接受主家请吃饭一餐），不采取强制手段，而是凭借威信，按照社会习惯来办事。寨老这一民间传统相传至今。[②]

（二）调解与裁决

1. 绳草为判的调解方式

由于壮族曾长期处于无文字状态，所以调解纠纷的方式都较为原始。据历代文献的记载，壮族民间法官曾采用“剪草为判”的裁决方式，即调解的寨老手拿草棍或木筹，由原被告双方轮流阐述理由，每说一条理由，如果成立，寨老即放一根草筹在其面前，直到双方所有的理由都讲完，然后清点双方面前的草筹数量，多者即胜诉。如嘉庆《广西通志》记载：“有相讼者，集于社，推老人上坐，两造各剪草为筹，每讲一事举一筹，筹多者胜。盖理诎则筹弃，理直则筹存也。是谓赛老，亦曰论理。论毕，刻木记之，终身不敢负。”[③] 清代闵叙在《粤述》中也生动详细地描述了寨老以草为筹解决纠纷的程序：“赛老者，即本地年高有行之人。凡里中是非曲直，俱向此老论说。此老一一评之。如甲乙俱服，即如决断。不服，然后讼之于官。当其论赛之时，其法颇古。甲指乙云某事如何，赛老则置一草于乙前，乙指甲云某事如何，赛老又置一草于甲前。论说既毕，赛老乃计草而分胜负。按此赛老，即广州记称到老、都老者是也。”[④] 正如清赵申季所写《平乐竹枝词六首》：“雀角唯凭草一丛，数

① 广西壮族自治区编辑组编《广西壮族社会历史调查》第1册，广西民族出版社，1984，第14～15页。

② 隆林各族自治县地方志编纂委员会编《隆林各族自治县志》，广西人民出版社，2002，第850页。

③ （清）纪昀编《四库全书·史部·地理类·都会郡县之属·广西通志》卷92《诸蛮》。

④ （清）闵叙：《粤述》，中华书局，1985，第22页。

将赢缩决雌雄。”[①] 这种“剪草为判”的方式是前文字时代的产物，将草筹作为判决书和证据，是实施口头调解与裁决的重要手段。

史书上记载的“剪草为判”的方式已难以见到，但龙脊地区在解放前流行的“结绳为判”的方式与之非常相似，可谓“剪草为判”的活化石与翻版。龙脊地区财产纠纷的处理办法与盗窃案根本不同，没有罚款，更没有肉刑，而一般是先由原告请他自己认为大公无私的头人（外村的也可）来排解，如被告对原告请的头人不信任，可以另请头人为自己申辩。开始时当事双方不当面对质，而只由头人来回听取并传达双方的理由和意见，这叫作“讲理”。如不能解决，则由当事双方当面对质，先由原告申诉理由，每讲一个理由则在绳子上打一个结或在一个容器中放一枚铜钱，再由被告申辩，每驳掉原告的一个理由，便解开绳子上的一个结或取一枚铜钱，如果结全部解开则被告胜诉，否则原告胜诉。如其中一方不服，则由头人带到官府禀告。[②]

2. **口头调解方式**

近现代，壮族寨老主要采取口头调解的方式。一般的调解与裁决程序是：布求办案时，先听当事双方申诉缘由，然后援引习惯法及乡约，举各种先例反复说明道理，使双方心平气和，而后公断是非。[③] 天峨县白定乡乡老来到原告家中，有的以便饭招待，有的则设酒席款待。都是在饭后才由乡老到被告家去找被告论理，很少让双方当面对质，原因是当面对质是不容易排解的，容易引起争执，事态反而扩大，经过乡老和被告互相论理后，直到被告自认理亏，自愿赔偿原告的损失，并设酒席来谢乡老，通常连原告也请来同饮。[④] 西林那劳乡寨老处理事件的原则是依习惯法而定，因他有一定的威信，当事双方是比较尊重他的。[⑤] 1933 年出版的《广西司法旬刊》记载了发生在南宁的一起离婚纠纷，

---

① 胡朴安编《中华全国风俗志》上编，河北人民出版社，1988，第 308 页。

② 广西壮族自治区编辑组编《广西壮族社会历史调查》第 1 册，广西民族出版社，1984，第 106 ~ 110 页。

③ 覃国生、梁庭望、韦星朗：《壮族》，民族出版社，2005，第 43 ~ 44 页。

④ 广西壮族自治区编辑组编《广西壮族社会历史调查》第 1 册，广西民族出版社，1984，第 14 ~ 15 页。

⑤ 广西壮族自治区编辑组编《广西壮族社会历史调查》第 2 册，广西民族出版社，1985，第 211 页。

纠纷当事双方找当地的村老调解过。因此，法官在审理此案时专门传唤了当时参与本案调解的寨老张戊和李村长，将其作为本案的关键证人了解相关事实，从庭审笔录中我们了解到当时寨老与村长口头调解纠纷的情况：

> 张戊：四十五岁，南宁人，住平南团。问：杨乙与黄甲离婚案要你作证人可以具结吗？答：可以的。问：他们夫妻要离婚经你调解是何时？答：因男家不要女人因而请求调解，时在十七年六月。问：经团丁传唤过黄甲吗？答：传唤过的，他起初不肯来，后经李四催过他才来的。问：传到后他不遵调吗？答：是的。问：他曾说不愿把杨乙接回来的话吗？答：他说始终不愿接回来。问：你说的话是真吗？答：完全是真话。问：杨公博这封信你看过吗？答：看过的。
>
> 李村长，名乙，五十三岁，本市人住苍西镇。问：杨乙与黄甲离婚事经你调解过吗？答：调解过的，为黄甲讨一个小老婆即把杨乙送回外家，我劝他不要这样。问：他服你的调解吗？答：他不愿要杨乙所以不服调解。问：你看过这封信是杨乙给黄甲的吗？答：是的。问：你所的话是真的吗？答：是的。①

（三）处罚与上诉

寨老调解纠纷最重要的依据就是自古相沿的当地习惯法，因此调解纠纷不仅是平息双方的矛盾，还会根据习惯法的规定对败诉和有过错的当事人做出相应的处罚。如广西上思县三科村的“都老”必须负起督促村民执行村规民约、维护村中社会秩序的责任，村民中如果有谁违犯了村规民约或犯有伤风败俗之事，诸如强奸、通奸、调戏妇女、不赡养父母、不教养孩子、无故不参加公益劳动、偷鸡摸狗、偷牛盗马、盗伐公有和私有林木、放纵禽畜践踏庄稼、争执财产、争吵打架、乱造是非、毁坏他人名誉等，都由“都老”从中调解或裁决，或要当事人赔礼道歉、

① 《广西法官训练所民事诉讼实习案（第四案）》，《广西司法旬刊》第15期，1933年，第14页。

履行义务、赔偿损失，或要当事人缴纳罚金或罚工。若事情较为复杂、问题较大，“都老”解决不了，则召开长老会议或村民大会研究讨论，作出裁决。一般都要对当事人进行罚款，名曰“罚众”，是被众人罚款的意思。对于犯了严重错误而屡教不改者，则给予开除族籍的处分，甚至拿送官府处理。三科村的村民，曾经由于种种原因，与其他村民发生纠纷，如争市（开设圩场），争牧场、山地、坡地、水源等。每当发生这种纠纷的时候，三科村的“都老”就代表村民说话，去同有关方面进行交涉或打官司等。从上述“都老”的职责可以看出，“都老”是村中之长，为全村的最高管理者。他凭着威信，按照村规民约以及社会习惯办事，裁决争端，往往能起到法律所起到的作用，甚至起到法律所不能起到的作用。这是威望和宗法伦理的结合，是一种社会力量的体现。①

寨老调解并非一锤定音的最终裁决，在寨老、头人之上还有上诉机构，负责解决寨老不能解决的纠纷。如龙脊十三寨头人组成的议团，为十三寨最高权力机关。议团对十三寨重大事务有决定权。一些议众解决不了的纠纷，就由它最后裁决。议团开会是相当民主的，十三寨头人坐在中间，成年男女都可以参加，围拢在头人周围，和头人一样有发言权。决定问题采取协商办法，任何头人都不得把个人的意志强加给大会，也不采取少数服从多数的表决办法，而是尽量讨论各种不同的意见，力求全体一致，如果还有分歧，就得继续讨论下去，直到少数人愿意尊重多数人意见。所以，即使是简单的事情，有时也得讨论几天。议团一旦形成决定，就要坚决贯彻执行。②

相对于昂贵的诉讼，调解的成本是非常低的，一般寨老、头人调解都是免费无偿的，只是吃一顿饭，这也是调解在民间经久不衰、广受欢迎的原因。如龙脊头人在排解的过程中，由当事双方负担其全部伙食，如服从头人劝解，失败一方便根据双方支付头人伙食费的数量，赔出“服礼”，交头人均分；胜利一方则给头人以若干“水礼”作为酬劳。③

---

① 广西壮族自治区编辑组编《广西壮族社会历史调查》第3册，广西民族出版社，1985，第124～126页。

② 梁庭望编著《壮族风俗志》，中央民族学院出版社，1987，第146页。

③ 广西壮族自治区编辑组编《广西壮族社会历史调查》第1册，广西民族出版社，1984，第106～110页。

西林那劳乡人们请寨老处理和办理事情时，只请吃饭，不要任何报酬。[①] 一般来说，天峨县白定乡乡老排解事情是不要钱的，除非在处理事情中有了罚款，那原告则从罚款中抽出10%左右分给各乡老。[②] 这对于手头拮据的农民来说，是很省事的办法。[③] 因此，调解因其简便、高效、成本低在广西民间拥有强大的生命力。

第三节　瑶族的头人调解制度

一　龙胜瑶族的头人调解制度

（一）历史渊源

龙胜地区生活着众多的瑶族，这里的瑶族中曾经存在被称为“头老”的民间领袖，因而也形成了发达的民间调解制度。据文献记载，解放前龙胜瑶族没有统一的瑶王，但瑶族村屯都有自己的“头老”（即寨老）。龙胜瑶族的“头老”即“社头人（屯头甲）”和“团头人”由族中理事公道、热心公益、能言善辩、熟悉族规、有威望的老、中年男性担任，一般由公众推选产生。人们有什么纠纷或争执都请他调解。他是公认的自然领袖，是自然形成的，非世袭。头老办事没有报酬，请他办事的人一般只请吃一餐饭就可以了，也有的地方头人有一定报酬。头老若因理事不公或受贿有负众望，则自然被淘汰，另举贤能。这种“头老制”一直沿袭至清末。新桂系上台后，在瑶族村寨中实行保（村）甲制度，平日人们有什么纠纷，虽然由村甲长处理，但人们仍习惯先请头老解决。[④] 可见瑶族头老调解已完全取代了诉讼的地位。1933年广西省政府报告详

① 广西壮族自治区编辑组编《广西壮族社会历史调查》第2册，广西民族出版社，1985，第211页。

② 广西壮族自治区编辑组编《广西壮族社会历史调查》第1册，广西民族出版社，1984，第14～15页。

③ 梁庭望编著《壮族风俗志》，中央民族学院出版社，1987，第141页。

④ 龙胜县志编纂委员会编纂《龙胜县志》，汉语大词典出版社，1992，第64页；张一民：《龙胜瑶乡见闻录》，载广西师范大学历史系、广西地方民族史研究室编《广西地方民族史研究集刊》第五集，1987，第176页。

细记载了瑶族头老在瑶民纠纷调解中至高无上的地位：

> 广西瑶族，虽受辖于政府，但一切民刑事件鲜有诉之法庭，惟有请求当地之瑶王或瑶首裁判而已。瑶族无法律，各循公约，亦能遵守规矩，苟有诉讼，则由瑶王或瑶首随意判断。……瑶王或瑶首对于瑶民诉讼之判决无论公允与否，绝无反抗。瑶族既无法律，故无诉讼费之规定，每遇两造发生诉讼时，各先携酒肉等食物献于瑶王或瑶首，然后申诉讼事，请求判断。瑶王或瑶首大都世袭，几与日本万世一系之天皇无异。一切事件皆由瑶王或瑶首之命令行之。①

（二）龙胜红瑶典型的头人调解制度

在龙胜瑶族中，身穿绣成红色衣服的红瑶数量较多。龙胜泗水乡、江底乡、金坑一带生活的都是红瑶，头老调解制度也较为发达。

自清末以来，龙胜红瑶地区曾有跨县、乡、村的由若干家族、寨老组织联合建立的团甲组织。凡较大的寨子，都有以寨子为单位的寨老组织。对寨老，有的地方叫“寨老”，有的地方叫“头人”或“乖人”。寨老一般是自然产生，一是有些为人正直公道、聪明能干、热心公益、能说会道的中年男子，平时人们因发生争端请他调解处理，若调处合情合理，渐具威望，便称为寨老。二是有些年迈的寨老常带领年轻有为的后生参与调处争端，使其增长才干，众人佩服认可，也能成为寨老。规模较大的寨老组织有寨老数人，以社会经验较丰富、威望较高的长者为首，其他为副手，协助理事。寨老的职责之一是调处家庭、婚姻、山场、水利等纠纷；对外代表本寨与邻寨寨老共同处理越界毁林开荒、挖坏公共坟山龙脉、破坏公共水利等事宜。团甲组织都有由民众议定成文的刻在石碑（或写于木板）上公布的《习惯法条例》。团长、甲长、族长处理纠纷，一般都是依据《习惯法条例》。团甲组织设团长一人，下有族长、甲长。族姓家支内部事务，由族长、甲头共同处理；各族姓之

① 广西壮族自治区编辑组编《广西瑶族社会历史调查》第4册，广西民族出版社，1986，第108页；刘宾一：《兴全灌龙各县瑶叛与剿抚经过》，民国广西第七军年刊。

间事务，由团长同甲头、族长共同处理；村寨之间事务，由团长直接处理。若处理重大纠纷，事前必须调查清楚，召集民众研究，将处理结果公之于众。寨老并非世袭，也不是一任终身，若调处不公，收受贿钱，袒护亲友，众人反感，或因年迈体力智力衰退无能，有负众望，人们便不再去请他理事，从而逐渐被淘汰。寨老平时参加生产劳动，没有报酬，自食其力，只有在为人调处争端时，由当事人提供膳食，若误工多，则由当事人帮忙干些农活作为补偿。①

龙胜泗水乡潘内村是一个典型的红瑶寨子。据老人讲，早期潘内村的头人和寨老，是由大家推举的，多为生活较富裕、有文化的老人，系自然产生。凡是村中发生纠纷，就请他来评理，评理公道、能说会道、善息事的人，村里人找他评理的就多，他的声望也就高起来，这就是寨老。各村各屯都有寨老，并且不止一人。头人的权力不小，虽然当时名义上有朝廷的法律，但有纠纷一般不去官府打官司。一般来说，凡评理息事，当事人要招待寨老酒饭。一般初成寨老的，理事不敢胡搞，日子久了，就也有贪污、评理偏袒不公的情形出现。如果人们发现某一寨老有坏的行为，找他的人就日渐减少，他的地位就无形中消灭。②

（三）龙胜各地瑶族乡约中关于头人调解制度的规定

以下是龙胜各地自清道光年间至民国时期的古规乡约，其中一个共同的条款是：凡村中出现纠纷，必须先找寨老、头人调解，调解失败的，才能由寨老带着到官府提起诉讼。

> 道光十八年（1838）龙胜潘内杨梅屯瑶族乡约：禁大小事务，地方头人理论不清，方控为□。③
>
> 道光十八年（1838）潘内大寨村旁《潘内寨乡约碑》：禁大小事务，地方头人理论不清，方［可］上控为处。④

---

① 龙胜各族自治县民族局《龙胜红瑶》编委会编《龙胜红瑶》，广西民族出版社，2002，第 40 ~ 41、51 页。

② 广西壮族自治区编辑组编《广西瑶族社会历史调查》第 4 册，广西民族出版社，1986，第 203 页。

③ 广西壮族自治区编辑组编《广西少数民族地区碑刻、契约资料集》，广西民族出版社，1987，第 163 页。

④ 黄钰辑点《瑶族石刻录》，云南民族出版社，1993，第 70 页。

同治二年（1864）龙胜泗水乡孟山大寨《兴安龙胜联合瑶团禁约碑》：一、议地方凡有大小事务者，必要报鸣瑶团头甲（甲头），□右曲直。如说未息，需经本瑶论之。不散头人，带告方准词颂（讼）……一、议凡有大小事，非情理说，当面论清，不得横行。吞烟悬梁诬捏。那人不遵者，鸣众阻挡，公罚不容。[①]

同治三年（1865）孟山寨旁兴安、龙胜共立的《孟山规碑》：一议地方凡有大小事务者，必要鸣报头甲，邻右理论曲直。如说未息，须经本团论之。不散，头人带告方准词论。一议凡有大小事非，情理须当面论，不得横行、吞烟、悬梁、诬捏，那人不遵者，鸣众阻挡，另公罚不容。[②]

光绪元年（1875）龙胜泗水乡周家瑶村白面瑶寨旁《永远禁止碑》：地方具控者，必要协同头人理论。不如论者，诬控自告自休。[③]

光绪四年（1878）龙胜和平乡《黄乐寨地方公议合同书》称：上宪示禁王章款牌，今吾各掌寨皈依大众牌禁，公断理办。[④]

光绪四年龙胜和平乡黄落瑶村《乡党禁约碑》：一、禁婚姻坟墓争端之事，宜村老解纷不息，经鸣头甲公断。如不遵者，宜由头甲带告，送官就治。一、禁村中雀角之事，宜村老解释，以大化小，以小化无。如有不息，鸣头甲公断，不敢（得）主摆，暗唆生端。一、禁有事不从劝解，肆横冒控，不听理论当差排理。如有虚情，非理者，宜自了案。[⑤]

光绪四年龙胜江底乡城岭村横岭界屋后山《章程永固碑》规定：一、地方团长头人通事，必秉公理劝慕，以无讼为贵，不得挟嫌唆使，致酿讼为。如有此蔽，查出公罚。一、地方如有雀角事故，必经团理剖曲者公罚，不得恃横抡控。如有串棍伙差妄控者，究同禀处。[⑥]

---

① 黄钰辑点《瑶族石刻录》，云南民族出版社，1993，第90~92页。

② 龙胜县志编纂委员会编纂《龙胜县志》，汉语大词典出版社，1992，第522页。

③ 黄钰辑点《瑶族石刻录》，云南民族出版社，1993，第102页。

④ 广西壮族自治区编辑组编《广西少数民族地区碑刻、契约资料集》，广西民族出版社，1987，第176页。

⑤ 黄钰辑点《瑶族石刻录》，云南民族出版社，1993，第112页。

⑥ 黄钰辑点《瑶族石刻录》，云南民族出版社，1993，第115页。

光绪十七年（1891）《潘内杨梅屯乡约碑》规定：一议地方遇有大小事务，准请头甲及公举之老人，再三理论或判不清，方可兴讼。倘有刁顽之辈，不由分论而擅词讼控者，地方合具公呈，毋得推诿。①

光绪十七年潘内大寨《潘内寨团律乡约碑》规定：一议地方遇有大小事务，准请头甲及公举之老人，再三理论，或判不清，方可兴讼。倘有刁顽之辈，不由分论，而擅词讼控者，地方合具公呈，毋得推诿。②

光绪二十三年（1897）兴安县大寨等村禁约碑规定：凡遇大小是非，先请内房，有顽抗理论不清，要地方代告方准。如有不遵者，自告自休。③

宣统元年（1909）恭城县《高界小源芹荣瑶特立古照碑》规定：本团内无论大小事件，团甲务要秉公办理，不得徇情受贿，如有清查出送官革究。④

民国六年（1917）龙胜潘内杨梅屯的《改革风俗碑》规定：一、凡地方如有口角是非，各乡理落。如逢重大事务，即经团排解。若判不清，方可兴讼。⑤

民国六年龙胜泗水乡潘内大寨村水银、金坑、潘内三团订立《兴安龙胜联团乡约碑》：一、凡地方如有口角是非，各乡理落。如逢重大事务，即经团排解。若判不清，方可兴讼。⑥

民国六年龙胜和平乡金坑大寨订立《金坑联团乡约碑》：一、凡地方如有口角是非，各乡理落，如逢重大事务，即经团排解，若判

① 广西壮族自治区编辑组编《广西少数民族地区碑刻、契约资料集》，广西民族出版社，1987，第190页。

② 黄钰辑点《瑶族石刻录》，云南民族出版社，1993，第130页。

③ 广西壮族自治区编辑组编《广西瑶族社会历史调查》第4册，广西民族出版社，1986，第343页。

④ 广西壮族自治区编辑组编《广西少数民族地区碑刻、契约资料集》，广西民族出版社，1987，第221页。

⑤ 广西壮族自治区编辑组编《广西少数民族地区碑刻、契约资料集》，广西民族出版社，1987，第203页。

⑥ 黄钰辑点《瑶族石刻录》，云南民族出版社，1993，第155页。

不清，方可兴讼。[①]

民国六年兴安县新绿大寨禁约碑规定：一、地方理事不平，经团众从公排解，兹（滋）事索诈、捏情诬控等弊，均系不法，地方从场先行公罚，后论是非。[②]

民国六年龙胜和平乡金坑大寨村订立《兴龙两隘公立禁约碑》：一、地方理事不平，经团众从公排解，滋事索诈，捏情诬控等弊，均系不法，地方从场先行公罚，后论是非。[③]

上述乡规民约的规定呈现出三个明显的特点。第一，找寨老调解是解决纠纷必经的第一道程序，只有经过这道程序才能诉讼。这是龙胜瑶族有关诉讼的第一原则。第二，这一原则自清末至民国被不断重申，最典型的就是潘内地区，在道光十八年到民国 6 年的近百年间，对此都做过相同的规定，内容没有太大的变化。第三，同一地区的瑶族村寨相互“感染”，联络、沟通、交流，形成关于寨老调解相同的规定，如潘内村的大寨、杨梅等屯本就属于一寨，出现内容相同的规约不足为怪，而潘内、孟山、周家、白面等几个寨子属于泗水乡，同处龙胜泗水乡—江底乡温泉的峡谷一线上，因此才有内容完全相同的规定。更有趣的是，潘内与金坑大寨虽都属红瑶村寨，却隔了一座海拔 1000 多米的山，直至最近才通公路，以前往来两个村要走四个多小时的山路，且解放前前者属于龙胜县泗水乡，后者属于兴安县和平乡，却跨越自然和行政界限，制定了相同的规约。此外，上述条文还与前文所述的处于同一地区的龙脊壮族的规约内容相似，可以理解为同一地区不同民族之间相互“感染”。最重要的是，同一地区的瑶族村寨联合起来，共同制定适用于该地区的统一乡约。例如，立于同治二年的龙胜泗水乡孟山大寨《兴安龙胜联合瑶团禁约碑》记载的就是所有红瑶村寨打破行政界限、排除外族或外族系制定的瑶团共同禁约，足见寨老先决的调解制度在龙胜瑶族地区的盛行。

① 黄钰辑点《瑶族石刻录》，云南民族出版社，1993，第 148 页。
② 广西壮族自治区编辑组编《广西瑶族社会历史调查》第 4 册，广西民族出版社，1986，第 343 页。
③ 黄钰辑点《瑶族石刻录》，云南民族出版社，1993，第 152 页。

二 金秀瑶族的石牌调解制度

（一）石牌调解制度的历史与发展

金秀瑶族的石牌制度，是闻名世界的少数民族自治习惯的典范。事实上，石牌制度最初是由社老调解纠纷逐渐形成的。大瑶山瑶族的石牌制度，就头人产生的过程说，是先有社老判事而后才有石牌头人的，即石牌制度起源于“社老调解制”。社老调解制是指每一村社有一社老，既是领袖又是本氏族的象征。社老处理村社内部民事纠纷，以摆事实、讲道理为主。每当民众发生纠纷，需要社老处理时，他须深入双方左邻右舍或知情者中进行调查，然后周旋于双方当事人之间验证，最后才做出判断。由于这种原始伦理判案方法简单，社老又能秉公办事，故深为民众拥护，理亏者往往“刻木记之，终身不敢负”。直到解放前夕，残留社老组织的大瑶山的一些地方依然沿用这种原始的民主办法。这一办法较好地维持了瑶族内部社会秩序。解放后，大瑶山山子瑶的社老，平日居民如果发生小的争端，他还得周旋于双方当事人之间，为他们排难解纷。从这里不难看出社老和石牌头人的历史关系。也可以说，前者是后者的雏形，而后者却是前者的发展。[①] 费孝通在《花篮瑶社会组织》中也论述道：“石牌的来源是这样：凡逢着社会上有争执时，一地方的老年人便在一个公共场所集会，讨论应当怎样解决这争执。等他们商量出了一个判决之后，这判决就成了以后类似事件的解决法。为了怕大家口说无凭，他们又没有文字可以记录，所以各人用刀在一块石头上打一个印。这是石碑的最早的方式。”[②]

民国时期的许多文献中都有关于金秀瑶族社老、村老调解纠纷的记载，如民国《平南县志》记载：“瑶各有目，有事则集众以议，破钱为誓，至死不变。”“如遇发生事故必须调处时，先由事主邀请村中耆老三五人，再在村头村尾鸣锣数响名为叫村，村人闻出，老少均齐集旁听调处。请来之耆老，须由两造每人给银二毫，或四毫，以为经投作证之利

---

① 广西壮族自治区编辑组编《广西瑶族社会历史调查》第1册，广西民族出版社，1984，第31、33页；黄钰、黄方平编《瑶族》，民族出版社，1990，第25页。

② 费孝通、王同惠：《花篮瑶社会组织》，江苏人民出版社，1988，第47～48页。

市。如在小石牌调处不清，则再去大石牌调处。”[①] 这一记载清楚地指出了瑶族调解的石牌管辖级别。《岭表纪蛮》记载：“象县修仁交界处，所居多为长毛瑶。其人若构讼，当事两家杀牛办酒，请瑶酋高坐。瑶酋饮罢，握草一束在手，听两家诉理。诉理一段，结草一本，诉讫数草，草多者胜。若两造不服，则互相格斗，赢者为理胜，败为理输，虽死，亦不讼于官。”[②] 这一记载与前文所述壮族的“剪草为判”如出一辙。庞新民《两广瑶山调查记》记载：“瑶山各村皆有村长，凡村与村之关系及交涉，悉以村长为主体。小村仅一村长，大村则三人或四人不等。大概均系粗识文字，略知事理，办事尚有能力，而又善于说词者。其能力较大者，则以之对外。村中大小事务及对外事情，取合议公决制。公决后，即分头执行，颇合现世新法规。”[③] 任国荣所著《广西瑶山两月观察记》记载了村寨之间通过调解解决纠纷的案例：“两村之间，因私人问题而发生重大交涉者亦常有之。如甲村之某甲与乙村之某乙或因田地，或因水道，或因债务而发生纠葛，继而发生纷争，苟为私人所不能了，乃各请该村村主来谈判，谈判时，所有费用，概归两方诉讼者负担。”[④]

由于石牌的主要功能在于调解纠纷，因此石牌头人完全是在调解纠纷中自然产生的。村里有人平日为人公道，而且能说会讲，有胆有识，村人遇有大小争端，就请他去调处。如果他办事办得令人满意，村里请他办事的人就会日渐增多。当他在村中树立了相当的威信以后，就可望由在本村办事，逐渐扩展到为邻村办事，也可望由小头人逐渐成为大头人。也有石牌头人是由老头人培养出来的。老头人见同村或同姓中有比较聪明、能说话且又有胆识的青年，便带他去替别人调处争端，使他由见习而熟悉为人排难解纷的方法和过程，之后就先让他单独去替别人办事，由小事办起，逐渐到办大事。时日久了，也就成了头人。[⑤] 正如瑶族

① 郑湘畴纂修《平南县志·社会》（中国方志丛书第 213 号），成文出版社，1974，第 92～93 页。

② 刘锡蕃：《岭表纪蛮》，南天书局，1987，第 306 页。

③ 庞新民：《两广瑶山调查记》，中华书局，1935，第 82 页。

④ 任国荣：《广西瑶山两月观察记》，《亚洲民族考古丛书》第 2 辑，南天书局，1978，第 45～46 页。

⑤ 黄钰辑点《瑶族石刻录》，云南民族出版社，1993，第 34 页。

拉伽话谚语云："老竹不易裂，老人见识多。"[①] 对此，民国的学者有详细记载：

> 金秀石牌头的产生，既不由于世袭，亦不由于选举，他们取得领袖资格的过程，倒是极其有趣的。假如村中有这么一个石牌丁，他比较聪明，会说话，而且平日待人接物，比较公正，这优良的品性被村人认识了，一遇纠纷发生时，当事人的某一方，便来投诉他，请他去裁判；假若他的裁判，能使两造悦服，又能使大多数人认为合理，下次别人会再来请他。这样一椿两椿的判下去，久而久之，不期然而然的便成了石牌头了。这是一种。
>
> 另外一种，则带有学徒制的意味：如果某个老石牌头感觉精力不能应付多方的请求时，便选定一个他所认为可堪造就的青年，带着他去判事。经过相当的时日，如遇有小的纠纷，老石牌头就不必亲自出马，而遣派这个"徒弟"去试办；如果办得妥当，久而久之，这个学徒便可单独行事，在一般人都认为他可靠时，便直接来请他判事，因此，他就也成为一个新领袖了。[②]

（二）纠纷必经石牌调解的原则

从金秀地区留存的大大小小的石牌来看，其中一个重要的内容就是规定了遇有争端时必须遵循的事项，这些事项在石牌中占了很大的比例。例如，光绪十七年（1891）订立的金秀、白沙两村茶山瑶石牌总共有10条，而关于请老人调解的内容就达9条之多。这些事项在各村的石牌规定中大同小异，主要有以下几个共同点：第一，发生争端必须先请老人、石牌头人出面调解，即所谓"请老""行老"，如不请老就自己先行捆人、绑人做人质的，要受到石牌惩罚；第二，争端必须由本地老人解决，不许过界到石牌以外的地域去请老；第三，老人调解的基本原则是大事化小、小事化无；第四，争端一经请老人调解完毕，事后不得翻悔；第五，只有老人调解失败，才能采取武力方式解决；第六，当老人的为村众排

---

① 中央民族学院语言所第五研究室编《壮侗语族谚语》，中央民族学院出版社，1987，第126页。

② 唐兆民：《瑶山散记》，文化供应社，1948，第20页。

难解纷，不许有收受贿赂或抽扣部分罚款等行为，更不许任意杀人。以下是金秀地区从清顺治年间至解放前夕近300年中订立的石牌中的相关条款：

> 顺治十一年（1654）上秀二村石牌律：序言—合艺（议）到大事［化］作小事，又小事无。又二村意（溪）水江河山界折事，大士（事）小士（事）折（则）了。……八料上秀歌赦村，何人大事小事，不用锁薄（缚），改（由）老人孙（审）断。[①]
>
> 乾隆五十一年（1786）茶山瑶《在保、杨柳、将军三村石牌》：四令田地水□上流下，不用乱令。三村不服。……七令别乡内（?）里（理），不（伏）服。（三村遇有争端，应请当地老人处理，不得到别乡请老来村讲理。）[②]
>
> 道光二年（1822）门头、下灵、黄桑三村花篮瑶石牌：三村立石牌，大事收为小事，小事收为全无。……有事用请里（理）者，事元（完）就莫播（翻）。……三村有事，不许过介（界）请；若过介（界）请老，众罚银六十两。[③]
>
> 道光二十九年（1849）上下卜泉两村茶山瑶石牌：四村父母祝你男女全村，有大事化小事。头人不□小人。你小人不用□头（疑漏一人字），〓边工（公）平教意（交易）。[④]
>
> 咸丰三年（1853）金秀罗运等九村石牌：第一廖（料，下同）：有事要行老……第九廖、大事化成小事。[⑤]
>
> 同治六年（1867）茶山瑶金秀沿河十村平免石牌：一立不论河（何，下同）人有事经过人老，正（才）得锁人可也。……九立不论

---

① 广西壮族自治区编辑组编《广西瑶族社会历史调查》第1册，广西民族出版社，1984，第174～175页。

② 广西壮族自治区编辑组编《广西瑶族社会历史调查》第1册，广西民族出版社，1984，第50页。

③ 广西壮族自治区编辑组编《广西瑶族社会历史调查》第1册，广西民族出版社，1984，第62页。

④ 广西壮族自治区编辑组编《广西瑶族社会历史调查》第1册，广西民族出版社，1984，第53页。

⑤ 广西壮族自治区编辑组编《广西瑶族社会历史调查》第1册，广西民族出版社，1984，第40页。

河人有事，请启（起）人老言清，不得返（翻）悔可也。[①]

光绪十七年（1891）滴水、容洞、六力、大进四村茶山瑶石牌：二料：何人有事先请老，后锁人；锁，犯五十两正。[②]

光绪十七年金秀、白沙两村茶山瑶石牌：一料：二村齐意位（会），何人争山场，不得锁人。请老人降（讲）道理，不得锁先，犯二村法律。二料：二村齐位（会），何人争田地，不得锁人。请老人分断。何人乱锁先，犯众二村法律……六料：二村齐意位（会），二料：何人有事，要请老人，分断不明，□十年八年，同听老人分断，不得乱打乱作，犯二村。七料：二村齐位（会），何人有大事小事，二村人老分断不明白。何人不得上下人老来作，上下众二村……九料：二村齐位（会），何人有事，何人不得包事结事，亦不得何人锁何人，亦不得乱锁，犯二律。[③]

民国二年（1912）滴水、容洞、六力、大进四村茶山瑶石牌：二料：何人有事，先请老，后锁人。不请老锁人，犯银四十大元正。[④]

民国三年（1914）六十村石牌：一料众石牌人有事争口舌，山水、田土、分界不明，失物，千家百事，千祈要听我石牌判，不得请外方人来包事，害我石牌地方，究办。二料众石牌人有小事大事，不得打，杀人□屋。千祈要请老讲理；先小村判不得，到大村大石牌作（着）老人所判；入理不入亲。包事，究办。三料众石牌人，不得乱交（搞）赖事锁人，犯石牌。乱作生事害石牌地方。小村有小事大事，作（着）老照道理判平。入亲害地方石牌，究治。[⑤]

民国七年（1918）三十六瑶七十二村大石牌：八立料石牌有事，

---

① 广西壮族自治区编辑组编《广西瑶族社会历史调查》第1册，广西民族出版社，1984，第54～55页。

② 广西壮族自治区编辑组编《广西瑶族社会历史调查》第1册，广西民族出版社，1984，第57页。

③ 广西壮族自治区编辑组编《广西瑶族社会历史调查》第1册，广西民族出版社，1984，第56～57页。

④ 广西壮族自治区编辑组编《广西瑶族社会历史调查》第1册，广西民族出版社，1984，第60页。

⑤ 广西壮族自治区编辑组编《广西瑶族社会历史调查》第1册，广西民族出版社，1984，第44页。

不得请别人。①

民国七年坳瑶罗香七村石牌：第六条：无论何人争执田土山场，先请父老调解不下，又请小石牌调解，不下，再请大石牌调解，不得擅自开武。②

罗香七村石牌：十四、如村中田地山场界限不分明，争斗打架，即由父老调处。若不能解决，再请邻村父老调处。若不解决，邻村父老同本村父老负责担保，不准斗争，和平解决……十八、若械斗即请村上父老并外村父老调处，若不解决，不准拿捉。……若犯此约，罚银一百二十两。民众大会公用。廿一、如若邻村械斗，村上父老担负，不准掘圳、踏坏禾苗。（这件石牌条文，是罗香村七十五岁坳瑶老人赵杰初的笔述。他远在1908年的时候，就当头人，对石牌法律和如何处理石牌内部的争端是相当熟悉的。至于整个条文的精神，与前揭民国七年罗香七村的条文基本是相同的）③

民国十六年（1927）坤林等五十三村盘瑶石牌：四议夫妻家计不和，相争多事，要报各村石牌时可。若是不报，气急食药不以（许）办清。④

民国二十五年（1936）金秀白沙领导下的五十一村石牌：第八条料：我石牌如有何人争山水田地，口舌，百物，事不明，要先经报请老，村团分判。……第十一条料：我瑶山石排（牌），有小大事，听村团判，大事要听石排公审公办；入理不得入亲，不得包办何人。⑤

民国二十七年（1938）六眼、六椅等村石牌：一议现吾处委有甲长，管户若干；一甲有一甲理。理不妥即来总团处，不準（准）

① 黄钰辑点《瑶族石刻录》，云南民族出版社，1993，第223页。碑原存金秀瑶族自治县金秀村石牌头人陶道进家，1957年4月29日采集。

② 广西壮族自治区编辑组编《广西瑶族社会历史调查》第1册，广西民族出版社，1984，第63页。

③ 广西壮族自治区编辑组编《广西瑶族社会历史调查》第1册，广西民族出版社，1984，第64～65页。

④ 广西壮族自治区编辑组编《广西瑶族社会历史调查》第1册，广西民族出版社，1984，第66页。

⑤ 广西壮族自治区编辑组编《广西瑶族社会历史调查》第1册，广西民族出版社，1984，第47页。

过村办事。各有各甲。若不信此，议罚随团……一议村甲长办事，决定上价：甲长四毛；团总一元四毛。定言不悔。[①]

民国二十八年（1939）桂田等十八村盘瑶石牌：一议何人有事不听石牌公办，乱投百姓，强过石牌，一会（概）众划不容情。（不服从石牌办事）[②]

民国二十九年（1940）庚广村石牌：一议遇事大家讲理，小理村老头人排解；大理鸣众起用（团），不得动武打架。[③]

金秀瑶族口头民间文学也体现了纠纷必须“请老”居间调解，大事化小、小事化了的原则。如金秀花篮瑶《争界歌》就描述了邀请头老来家公平调解水田边界纠纷的情形：“一潭舀一瓢，量是不完一村请一个，一潭舀瓢来做称。一村请个来做戥，是来做称同我定，是来做戥同我称，帮我称来做平称。帮我定来是平等，是做平称鱼去谈，是做平等水流田。”[④] 在石牌会议上，石牌头人共推一个头人出来当众“料话”，讲立石牌时就说：“官府朝廷，大理到官，小理到团，山下瑶民，大理请头请老，小理请邻请舍。”讲勉励石牌头人办事要公平时就说：“治老要正，治官要平，人不得乱做，粑不得乱捣，人乱做，粑乱捣，上犯天，下犯地，犯三十三天，犯九十九地，大事化为小，小事化为无，一条未了，百条未断，一条办了，百条办完。”[⑤]

金秀瑶民纠纷调解级别管辖的顺序是：先诉之于小石牌，小石牌不能解决的，便诉之于数村联合的石牌，倘若再还不能解决，那就只有诉之于大石牌了。[⑥] 如金秀盘村保存的一份清末光绪十九年（1893）的《收

① 广西壮族自治区编辑组编《广西瑶族社会历史调查》第1册，广西民族出版社，1984，第48页。

② 广西壮族自治区编辑组编《广西瑶族社会历史调查》第1册，广西民族出版社，1984，第67页。

③ 黄钰辑点《瑶族石刻录》，云南民族出版社，1993，第242页。庚广石牌是写在杉木皮压平的内皮层上，为木石牌，原张挂在金秀瑶族自治县双化乡耕广村赵文福家，1974年5月15日采集。

④ 广西壮族自治区编辑组编《广西瑶族社会历史调查》第7册，广西民族出版社，1986，第35～36页。原存广西金秀瑶族自治县六巷乡六巷村花篮瑶蓝公助家，1956年11月27日广西少数民族社会历史调查组瑶族分组收集。

⑤ 广西壮族自治区编辑组编《广西瑶族社会历史调查》第1册，广西民族出版社，1984，第37页。

⑥ 唐兆民：《瑶山散记》，文化供应社，1948，第19页。

山作押字契》记载："立字因陶道馨字人，为讲哥对山场事，赵才发不服，请地方人老处断不下，入请金秀石牌出来公断，道馨无理，愿赔银一十二圆吃用，赵才发送人老二家，听料明白了事。"[①] 从这张字契的内容来分析，双方当事人因山场发生争执，先请村里的老人调解，但赵才发不服，又请本地的小石牌头人调解，仍无结果，最后只好请金秀的总石牌头人来断案，双方最终服判，并立下字据，表示永不反悔。如果纠纷涉及不同的村寨，则要请涉事村寨的所有石牌头人共同参与调解。如1935年，盘村的黄文现到毗邻的古军屯锄地，因要锄好几天，便把刮子放在地里。不料数日之后，再到地里时，刮子不翼而飞。后来黄文现在某家寻找到了刮子，便向石牌头人起诉。因这事不仅是本村的事，而且涉及另一个村子，于是请了邻近的六拉村、昔地村、田村、旧村、六闭村的茶山瑶、盘瑶的石牌头人来处理。偷物者除把刮子赔还失主外，还得请各村来的石牌头人和乡邻吃肉喝酒。因石牌头人为断案而来，误了家里的工，偷物者还得赔偿损失，用现金支付，称为"草鞋钱"。[②]

（三）调解的程序[③]

石牌头人调解纠纷也采用口头方式，并形成了一整套的石牌料话，这些料话至今仍在当地流传，成为民族文化的重要遗产。按照石牌规定，某个石牌的居民与别人发生争端时，必须先请本石牌的头人来处理。例如，甲、乙二人因争山场界址，两不相下，甲要请老时，如果是本村的头人，就口头通知；请远道的头人，就用禾秆一节，穿入铜钱方孔，再行折回，合搓成小绳，作为凭证，着人携至头人家，请他到家里来调解纠纷。这种结绳穿钱的凭证，茶山瑶叫作 D'in ~ h'ai。争执小事情，请头人吃便饭就行了。如果是行凶、偷盗或这一家人与别人争执山林，那么必须杀猪请头人。吃完之后，事主甲就把桌子摆好，请老人坐在两旁，

---

① 胡起望、范宏贵：《盘村瑶族》，民族出版社，1983，第111页。

② 胡起望、范宏贵：《盘村瑶族》，民族出版社，1983，第126页。

③ 本部分内容主要参考杨光海编《中国少数民族社会历史科学纪录影片剧本选编》第1辑，中国社会科学院民族研究所民族学研究室，1981，第465~468页；广西壮族自治区编辑组编《广西瑶族社会历史调查》第1册，广西民族出版社，1984，第69~71页。

自己就把同乙如何争执山界的原委向其申诉。自己不善言辞的，也可请亲戚兄弟、伯叔代讲（代讲道理的人，必须是与当事人有密切关系的亲族，对方对他是敌视的，否则算作“包事”。“包事”是犯石牌法律的）。当事人向头人申诉理由时，一般先从盘古开天辟地、祖先从哪里迁来、住在哪一村、立何社、怎样号山号田等讲起，最后讲到这次争执的事。当事人讲话气愤时，往往将铜钱向桌面重敲示威，以壮己方声势，同时还要“喊讲话”。所谓“喊讲话”，就是带有固定腔调的唱词，它以以下三句开端：

我们这样讲唱哟　我们这样打比方哟　你们石牌头人——

喊了这三句开头话之后，接着由帮讲道理的亲族（选出一个熟悉石牌道理的人）代为申诉理由。这种讲词中常常夹有一些排比句，如请求石牌头人替他公道办事时，就说：

> 我们的脚未到，你们的脚去踏，我们的咀未到，你们的咀去讲，人度话，鸟度天，石头下水你莫忘记，话语下肚你莫保留，挑水要到河边，度话要到耳里。

当事人每讲一条理由、一件事，就折禾秆一节（约三寸长）放在桌上，每七条放在一处。讲完，当事人摘下一节猪尾巴和没有折完的禾秆一起扔到大门外，以示去邪气。道理讲完了，头人收起桌上的禾秆走出，再到乙方传话。头人判案子并不传齐对方，而是采取在双方之间轮流传话的方式。他按照甲方讲的道理，一句一句地向乙讲出，每讲完一句，也放下禾秆一节，直到把甲方带来的禾秆放完，也就是把甲方申诉的道理讲完。乙方听头人传完甲方的道理后，自己也申诉自己的道理，来驳斥对方，讲话时也同样摆禾秆。讲完后，头人又把乙方的话传给甲方。甲方又根据乙方的讲话，予以驳斥。如此往来数次，直到双方的道理讲定讲透，头人才根据双方提出的理由，有时也对双方的左邻右舍进行调查，然后才下判断。判案时，是分头向甲、乙两方讲的，并不传齐双方对审。如果这家听从头人的调解，让出一些山林，只要给头人送两个东毫的“草鞋钱”，争执就算结束。但如果头人去乙方家传话，乙方向头人驳斥甲方的理由，也向头人示威。他们这种表示，就是根本拒绝了对方提出的条件。判案之后，如有一方不服，他也可以另请较大的石牌头人再来讲道理，然后由他再判。只是另请头人时，按例须再请原来的小头人向大头人交代一次，把他们判案的经过叙述一遍，小头人才算把判案了结。

对大头人的判决，如果甲方仍然不服，他就要请大头人来吃一顿。吃后，甲方就要交“八文十六”给头人，表示决心要和乙方做大事了。所谓“八文十六”，即用禾秆两条，一条扎铜钱八文，另一条扎十六文。这“八文十六”交出后，头人就先要向他索取一个“码”，叫作“交码”。码或用禾秆扎铜钱一枚，或用手镯，均可，是要对方做大事的凭证。甲方交码后，就把不服判决的道理再讲一番。头人听了甲方的理由后，对甲方进行说服，希望大事化小事。甲方不接受头人调解，坚持要做大事，就是要用武。头人又把甲方的理由转达给乙方，别的头人也从旁劝说。乙方不服，也交戒指以示决心。头人往来于双方之间数次，经过劝告，仍有一方不服判决，调解无效，头人就要“退码”给双方，即把手镯、戒指分别退还给双方，任他们凭武力解决，让双方“开打”。头人在没有“退码”以前，谁乱打人、乱捆人，是犯石牌的，要受到重罚。他们一般是履行法定手续的。

三　上思县十万大山瑶族的调解制度

在上思县的十万大山地区，生活着大板瑶和山子瑶，历史上他们一直处于自治状态，也发展出了自己独具特色的调解制度。

（一）“老爷”调解制度

十万大山的大板瑶在解放前就存在“老爷”调解制度，如南桂乡瑶族有“老爷”作为自然领袖，有威信能说公正话的人，不经民众推选就可成为“老爷”。“米楼老爷”主要处理纠纷。山林的买卖如有“老爷”李明安的印，契约的效力就更大、更有约束力。一般的纠纷都由“老爷”处理。民国以前南屏乡主事人是各个自然屯里称为“老爷”的自然领袖。纠纷经“老爷”排解还处理不了时，他就带双方到县里去打官司。当地民众对这个自然领袖都很尊重。后来国民党政府在十万大山大板瑶村寨建立了保甲制度后，“老爷”被甲长、保长、村长代替。[①]

（二）山子瑶的村老调解制度

无论是封建官府还是土司衙门，对十万大山山子瑶社会内部组织及制度，并不予以干涉。这里的山子瑶存在一种村老制度。每个村社都有一个村老，瑶语称为“央谷”。村老即“管鬼公”，是由村民通过占卜推选出来的。他要管一村的鬼，通过“管鬼”处理一村的内部纠纷，因而权力较大。从前，村老的职权范围包括调解纠纷，如村寨里有人乱搞两性关系，由村老处理。原告到村老家伏在一张台桌的一角，表示受害者来申诉了。村老出来，叫当事人拿酒、菜挨家挨户地请村里人吃喝，以示洗罪。村里有人偷东西，村老出来说话，叫偷盗者偷什么还什么，并保证以后不再犯，否则加重处罚。此外，在对外交涉中，村老代表村寨处理涉及外村、外族的各种纠纷，出面与对方谈判，或代表村民到官府告状。村老虽然具有多方面的职权，但不能独断专行。有关村寨的大事，必须召集头人商量，有时还要召开村民会议进行协商。所谓“头人”，即上述村老的助手——“呔且”、“甲头”以及各家族的“香火头”。头人会议不一定所有头人都到齐，召集人也不固定。往往是谁有事谁提出召开，不过形式上先要通报村老，获得他同意。头人会议的一项内容就是处理寨内外纠纷等大事。瑶族民众在劳动休息时，老人还会给青年人讲各种各样的故事，教育子孙后代要和睦相处。如以前凤尾村有一户人家两兄弟分家时争家产，当哥哥的不让弟弟，弟弟也不让哥哥，结果打起架来，弟弟受不了，带着妻子逃入越南。后来村里的老人多次劝告哥哥，又把《分家》的故事讲给他听，哥哥听了深受感动，写了一封很长的信给弟弟，信中除了讲述兄弟离别后村中的长辈对自己进行了耐心的教育，使自己认识了以前的错误并向弟弟道歉外，还恳求弟弟、弟媳重返故乡。弟弟收到信后也深受感动，先独自回来探望兄嫂，当他见到兄嫂确实一片诚心，回去后不久便把全家迁回故乡与兄嫂同在一起。虽然解放前国民党对十万大山地区加强了统治，但效果有限，乡村甲长的权威仍没有

① 广西壮族自治区编辑组编《广西瑶族社会历史调查》第6册，广西民族出版社，1987，第28、54、620页。

村老大。[①]

四　百色地区瑶族的调解制度

百色地区也生活着大量瑶族，他们也创立了发达的民间调解制度。解放前，百色县洞好乡瑶族村屯或大家族中，为解决族内争端，就在本村或本族选定一个村老或者家老，其主要职责是对外交涉和调解纠纷。对内，各种争端都得请他来裁判，头目人死后，如果其子也是有能力的人，就由他继承，否则就改选别人。头目人在人们的心目中有一定的威信，在维护本村本民族的利益上是起了一定作用的。[②] 田林县渭标乡瑶族村出现乱搞男女关系问题时，多半由村老临时出面处理，找他们罚些酒肉，给全村和到场的人吃一顿就算了。有偷盗或别的大事时多由村长在场主持处理。[③] 凌云县红头瑶“每个村落有一瑶头人，系由全村瑶人选举其精明干练者充当之，主宰有关本村全体之事务，谈判村人间之是非曲直，并代表本村与各处接洽一切，其任期之长短与其人格有直接关系”。凌云县蓝靛瑶“各有瑶头，其所司之任务无异于红头瑶者”。[④]

百色地区的瑶族老人调解纠纷曾留下了不少佳话，也涌现出了一些优秀的民间村老，他们勇于出头说话，维护底层贫苦瑶民的利益。如那坡县下华乡规六村瑶族农民公文朝（又名盘文朝），对瑶民之间互不和睦的事，能帮助说服解决。1934 年，盘龙秀两兄弟闹分裂，甚至想互相残杀，影响很坏，公文朝知道后也帮忙讲理说服。1937 年，赵才先（瑶族）在壮族地主赵国林之祖先墓前挖土种地，事后地主刚巧死去两个小孩，赵国林便说其家死人之祸，乃赵才先动土所致，便强迫赵才先赔 240 元法光，否则要杀人填命。赵才先无法，正在难为，公文朝出头露面说要告赵国林的状，赵才先才免去此祸。1938 年，国民党禁止“铜仙”出境，

---

① 广西壮族自治区编辑组编《广西瑶族社会历史调查》第 6 册，广西民族出版社，1987，第 193～194、203、225 页。

② 广西壮族自治区编辑组编《广西瑶族社会历史调查》第 5 册，广西民族出版社，1985，第 217 页。

③ 广西壮族自治区编辑组编《广西瑶族社会历史调查》第 5 册，广西民族出版社，1985，第 119 页。

④ 颜复礼、尚承祖编《广西凌云瑶人调查报告》，载杨成志等《瑶族调查报告文集》，民族出版社，2007，第 142、146 页。

瑶民赵才先之父与风桂仁等20多人，为了生活，冒险越界出境，后被伪警追捕入狱。事发后，众瑶民非常害怕，不敢出村买卖。公文朝壮着胆子与政府说理，才解除瑶众之祸，并保回赵才先之父等。临近解放，那龙乡那苗屯瑶民邓陈贵因被人骗去做凶手，杀害了盘桂兴，盘家知道后，要杀邓陈贵报仇，公文朝进行调解后，盘家才服气。公文朝为人正直，大公无私，因此他不但在瑶民中有威信，壮族人民也尊敬他，人人对他都有好感。①

五　河池、桂北地区瑶族的调解制度

河池地区生活的布努瑶自古以来就保留了许多关于调解纠纷的制度。据都安瑶族自治县七百弄布努瑶地区的《密洛陀》抄唱本第八章“辨是非”记载，创世神密洛陀刚造好人类的时候，人类还无法耕种，于是密洛陀叫来猪和狗耙田犁地。猪使劲努力干活，狗却偷懒乘凉。狗不但欺讽猪愚蠢，还到密洛陀面前告状说猪偷懒，地都是狗犁的。密洛陀为了查明真相，先后问了蚯蚓、蚂蚁、蜘蛛，它们都证明是猪努力干活。最后密洛陀惩罚了狗，奖励了猪。② 这可以看作布努瑶民间诉讼制度的起源，说明布努瑶很早以前就有自我解决纠纷的机制。七百弄瑶族的习惯是夫妻有纠纷时，多由父老调解，在调解时要杀鸡宰羊酬谢父老。③ 费孝通也谈道：布努瑶说亲时，男方要请本宗族一位有名望的男歌手——“布商”做代表，到女家说亲，举行婚礼时代表男方唱“娶亲词”。婚后如果男女两家之间发生争执，他就有调解的责任。比如女方受到虐待，就可以找“布商”责问，“布商”有权主持公道，干涉夫妇间不正当的关系。④ 此外，南丹白裤瑶内部曾经有“瑶王”（也叫头人寨主），原来是讲公道话、调解事情的自然领袖。⑤ 如黎水保，距南丹城关二十余华里之

---

① 广西壮族自治区编辑组编《广西瑶族社会历史调查》第6册，广西民族出版社，1987，第77页。

② 广西壮族自治区编辑组编《广西瑶族社会历史调查》第7册，广西民族出版社，1986，第472～475页。

③ 广西壮族自治区编辑组编《广西瑶族社会历史调查》第5册，广西民族出版社，1985，第388页。

④ 费孝通、王同惠：《花篮瑶社会组织》，江苏人民出版社，1988，第112页。

⑤ 广西壮族自治区编辑组编《广西瑶族社会历史调查》第9册，广西民族出版社，1987，第100页。

牛栏关者葵大瑶寨人，聪明智慧，颖悟绝伦，性好结交，排难解纷，不遗余力。[①]

桂北一带瑶族也有自己的调解制度。嘉庆《广西通志》记载阳朔瑶人“有所争不决，则推其乡高年，众所严事者，往直之，谓之叫老。老人以为不直，则罚酒食，分飧谢罢。故瑶人之讼鲜至官府”。[②] 兴安两金地区红瑶未设团练局之前，当地的一切大小行政事务，全由村众推出有威望的老人来负责，瑶族称之为“头人”。一村中有一人的，也有三四人的。头人的任期没有年限，受人们欢迎的头人任期长些，不欢迎的人任期就短些，全由村民集会议定。头人主要负责村内事务，如调解纠纷等。[③] 解放前，贺县狮狭乡各个瑶族村寨，都有由瑶民推举的自然领袖——头人（也有人称他为“瑶王”），一般都选年龄较长、威望较高的人来担任。头人是没有薪俸的，但都有一定的权力，有权处理瑶族内部的各种事务，如偷盗和不正当的男女关系，他都有权过问，并可决定如何处理，处理的方式通常是按家庭经济情况请整个村寨的人吃喝。头人除了解决本村寨内部事情，村寨之间的一些纠纷，通常也是由各村寨的头人在一起商议解决。[④] 贺州沙田地区土瑶聚居地解放前有两个村公所，即鸭尾、白虎，均属狮洞乡。各村瑶胞都有自己推举的自然领袖——“瑶王”。他们多半是年长、有威望的人，没有薪俸，但有一定权力，比如处理瑶族内部纠纷、评判是非。除遇事除按乡规民约办理外，“瑶王”还有一定的裁判权。副村长一般均由“瑶王”担任，否则很难办事。[⑤]

这种制度保留至今。2011 年笔者在贺州狮东村调研时，该村女民政助理告诉笔者，当地土瑶有了纠纷，都是找村里有信誉的人来解决，一

---

① 广西壮族自治区编辑组编《广西壮族社会历史调查》第 2 册，广西民族出版社，1985，第 154 页。

② （清）纪昀编《四库全书·史部·地理类·都会郡县之属·广西通志》卷 93《诸蛮·蛮疆分隶》。

③ 广西壮族自治区编辑组编《广西瑶族社会历史调查》第 4 册，广西民族出版社，1986，第 80 页。

④ 广西壮族自治区编辑组编《广西瑶族社会历史调查》第 3 册，广西民族出版社，1985，第 230 页。

⑤ 黄淑娉、龚佩华：《广西壮族自治区贺县土瑶社会文化概况》，中山大学人类学民族学教研室调查小组，1988，第 19 ~ 20 页。平桂管理区沙田镇当年曾参与该调研的乡镇干部提供。

般是 40 ~ 50 岁的老人，有威望，他讲话别人也愿意听，一般纠纷能在本寨解决就在本寨解决。调解的时候，双方各自找一个调解说话人，双方坐在一起说，听两个调解人讲谁对谁错，看谁有道理。如果一方有道理，另一方没有道理，那么大家把各自的条件说出来，然后老人说服没道理的一方。老人的调解大家都要服从，尤其是没道理的一方一定要听从。比如不讲理的一方自己请了一个老人，老人来看了一下就走了，因为他不占理，老人无话可说。老人都是无偿帮你调解，至于吃饭，遇到的时候就吃一点，没遇到就不吃。山林纠纷就是看界线，老人很清楚界线，很明显的界线他就看得出，不明显的他也看得出。以前到村委会调解的有，现在到村委会的很少，都是老人调解的。老人都是懂得一定道理的人，按本心说话，不能因为是自己的亲戚、熟人就偏袒。一个村寨都有几个这样的老人，一两个、三四个不等，一般都是请本村的老人调解。寨里有个学校，调解纠纷都在学校门口，一般不去当事人家里。笔者还了解到，在富川瑶族地区存在一种现象：有的村里有一个大家推举的“村长”，另外还有国家任命的村干部，但大家推举的“村长”更有威望。灌阳的一位女律师说：这里的瑶民喜欢找在当地说得起话、有威望的人来调解纠纷，这种人不一定要大富大贵，家境一般的也会去找。

第四节　侗族的款首调解制度

一　历代文献关于侗族调解制度的记载

虽然官府典籍关于侗族的记载并不多，但仅有的一些资料都记载了侗族的民间调解制度。宋代范成大的《桂海虞衡志》记载了侗族酋长→寨老、提举→邕管→帅司的纠纷调解级别顺序：“峒丁有争，各讼诸酋；酋不能决，若酋自争，则讼诸寨或提举；又不能决，讼诸邕管，次至帅司而止。”① 明代田汝成的《行边纪闻》记载了侗族老人调解的情形：

① （宋）范成大撰，齐治平校补《桂海虞衡志校补》，广西民族出版社，1984，第 34 页。

“侗人争讼不入官府，以其长论决之，号曰乡公。”① 清代的《怀远县志》记载了侗族尽量在内部解决盗案的习惯：“怀远（今三江侗族自治县）夷人遒至盗禁甚严，凡获盗牛者，即时僇之水，遇日则请牙讲事，令数倍其价以偿。故其俗有大盗，无小盗。凡大盗，起于官差之扰，田土之争。每有仇，先击牛会众，但吃牛一块者，即为其禀。”② 刘介《苗荒小纪》记载了广西侗族由耆老调解离婚的习惯：“夫妇离婚，擂鼓集耆老议之。若意出于夫，男子须出相当之费；若出于妻，亦如之。”③ 鼓楼是侗族最重要的建筑，既是其民族精神文化的象征，也具有极其重要的司法功能，调解案件都在鼓楼进行。民国《三江县志》记载，三江侗族“惟遇事必先依其条款求解决，不得已始报官司，即今多半犹然也”。由于鼓楼断事非常公正，因此权威、效力都很高：“鼓楼断事悉秉公意，依条款，鲜有把持操纵之弊。决议后，虽赴汤蹈火，无敢违者。”④ 《龙胜县志》记载龙胜侗族还有“草结记案”的方式，与壮族、瑶族的“剪草为判”类似，即判案时裁判者根据原告诉讼被告罪行，逐条打草结累计，诉毕，容被告逐条反驳，每驳翻一条，裁判者解一个草结，最后以余下的草结定罪。⑤

二　侗款中关于款首调解的规定

侗族最重要的社会组织是“款”，其首领称为“款首”，也是一村的乡老与寨老，具有调解纠纷的职能。侗族谚语和侗族著名的习惯法《侗款》中，就有很多关于款首、寨老、头人调解纠纷的内容，其原则与壮族、瑶族一致，即争端纠纷必先经寨老、款首理论，解决不了，才能采取诉讼手段：

侗族谚语：乡有乡规，洞有洞理；吃到六十岁的粮食，懂得八

① （明）田汝成：《行边纪闻·蛮夷》，第94页上，台湾商务印书馆，1966，国立北平图书馆善本丛书第一集，据明嘉靖刻本影印，四部丛刊续编第68册。

② 《怀远县志》，载（清）汪森编辑，吴中任、梁超然校注《粤西丛载校注》（中），广西民族出版社，2007，第750页。

③ 刘介：《苗荒小纪》，商务印书馆，1928，第8页。

④ 魏任重修，姜玉笙纂《三江县志》（民国35年铅印本）卷2《社会风俗规约普通习惯》，成文出版社，1964，第158～159页。

⑤ 龙胜县志编纂委员会编《龙胜县志》，汉语大词典出版社，1992，第80页。

百岁的世事。①

《侗款》：老虎为王，头人理事。②

侗款《立约》：事事有人处理，防备村里出事。③

侗款《法规》九层九步：官家设衙门，侗人选乡老，从前十三做枷，十五理事。朝廷设官府，民间推头人，村有头人树有干，龙蛇无头不能行。村村有婆婆补烂衣，寨寨有头人理事情。④

龙胜平等《侗款》八层八步：村村有婆婆补烂衣（调解人），寨寨有头人理事情。⑤

侗款《款条》第十一款：向来不许谁人，飞天油火，耍白头光棍。不许谁人，欺弄官府，诬赖告状。寨里有事寨里判，村里杀牛村里断。不许谁人，日里是人，夜晚是鬼，暗中作梗；四村不许，六洞不容。⑥

光绪三十年（1904）三江浔溶两江集议条例：凡事宜当众解也，凡我款内，自此以后，无论大小事，须要先鸣团总理论，如理论不下，再鸣款公论，不许擅自告状，如有不遵，任凭众款将二比送官究治。⑦

三　侗族乡老调解的基本原则和程序⑧

侗族威望最高的乡老称为“头人”（Nyenc Douc）。过去，侗寨里发生纠纷一般找寨老、头人评理，由他们调停解决。头人在乡老中居于召集人的地位，本身没有特殊的权力。和乡老一样，头人对外可作为本寨的代表，如参加诉讼等；对内有权按照传统规约或款约调解寨内各种纠纷。寨老头人都是自然产生的，条件是辈分较高、年纪大，或虽系青壮

① 中央民族学院语言所第五研究室编《壮侗语族谚语》，中央民族学院出版社，1987，第68、72页。

② 湖南少数民族古籍办公室编《侗款》，岳麓书社，1988，第323页。

③ 湖南少数民族古籍办公室编《侗款》，岳麓书社，1988，第40页。

④ 湖南少数民族古籍办公室编《侗款》，岳麓书社，1988，第88~89页。

⑤ 陆德高：《平等侗寨史》，龙胜各族自治县印，2008，第23页。

⑥ 湖南少数民族古籍办公室编《侗款》，岳麓书社，1988，第112页。

⑦ 魏任重修，姜玉笙纂《三江县志（二）》（中国方志丛书第197号）卷10，第4页上，成文出版社，1975，第753页。

⑧ 本部分内容主要参考邓敏文、吴浩《没有国王的王国》，中国社会科学出版社，1995，第30~31、84页；杨权、郑国乔、龙耀宏：《侗族》，民族出版社，2003，第57~59页。

年，但能说会道，懂得本寨的历史和风俗典故，办事公平，热心地方公益事业，在人们中有一定威信。侗族没有世袭头人，也很少有终身头人。一个村寨往往不止一个头人。只要某人有能力办事，人们信得过他，听从他管，久而久之，他就是头人。侗族的头人没有固定的经济收入，仍然依靠耕田种地过日子。他们的经济生活水平并不比本寨同等家庭高。为村寨办事，对他们来说，只不过是公益之举。乡老的职责之一就是维护社会秩序、调解纠纷。

乡老调解纠纷的程序如下：一般小事，如夫妻吵架、婆媳不和、兄弟分家等，则由当事人备办酒菜请乡老到自己家中来调解，当事人愿请谁就请谁，愿请几个就请几个。乡老到来后，当事人热情款待，并各自申述自己的理由或提出自己的要求。乡老听了各方意见之后，根据不同情况，可当面说和，当面解决，也可事后分头劝解，使各方心服口服。侗族地区的民事纠纷，婚姻、偷盗、房产、地界等最多。寨老在处理这些问题时，主要是起调解作用，大事化小，小事化了。遇到大的纠纷，除了按规定处理外，还得集体处理，乡老不得独断专行。若纠纷比较复杂，如夫妻离异、打架伤人、奸污妇女、偷盗钱财等，乡老一般都要反复调查，分头听取各方面的意见，然后提出使各方面都能接受的解决方法，如赔偿钱财、洗面（即公开赔礼道歉）等。若纠纷涉及房族，经过乡老单独调解双方仍不肯妥协，就要由全寨乡老在鼓楼里召开村民大会进行评判。若仍然得不到解决或纠纷特别重大，且牵涉村寨与村寨之间的纠纷，那就要由款来解决了。乡老集合在款坪论理，一般即可解决纠纷。款的审判方法与乡老断案的方法基本相同，即一般纠纷由乡老单独调解，使双方满意或一方妥协。比较重大的纠纷须召开款会进行公开评判，评判时按少数服从多数的原则。如果对款的判决仍不服，也可上告当地官府。可是那样的话，全寨的人和各寨乡老就不给予道义上的支持，甚至完全孤立他。如果官府对案件的判决与众乡老的判决相背，就算是官府干涉民事，当事人则也会按款被定为“勾生吃熟”或“吃里扒外”罪。

四　侗款调解的典型案例

三江侗族自治县是广西侗族最为集中的地区，这里的侗族村寨，每寨必有寨老，小寨一人，大寨一至两人。寨老的条件有三：一是为人公道并且有社会经验；二是能讲会说，热心地方公益事业；三是能孚众望、让人们满意。寨老的职权之一就是调解和处理村民纠纷事件。[①] 三江高定村的款首吴公友义很善于断案，有一次，“伍苗”宗族的人因为砍树压碎了杨姓宗族一家人的瓦。瓦主与砍树人发生争执，一人说多，一人说少。其他款首去处理，均难断案。后来吴公友义去了，他拿一只箩筐和一把秤，将碎瓦称了重量，然后叫砍树人按同等重量将好瓦挑来赔给瓦主，双方都服了。[②]

龙胜各族自治县乐江乡和平等乡也是侗族聚居区。乐江乡地灵侗寨寨老及族长都是一村一寨公认的自然领袖，受村民信任，有威望，善于调解纠纷，为人公道正直又能言善辩。清末民初，地灵村吴玉兰（枫木人）、杨世荣（下寨人），以及吴连楼等老人是深受人们尊敬的寨老，当时不管寨上发生什么事情，都在“咱莽拜”公众石坪召开村民大会，村民静悄悄地听寨老讲“款”（村规民约），对事情有根、有据、有理、有节地分析和评判，最难的纠纷也能很快得到解决，使当事人心服口服，接受裁决，众人也满意。[③]

龙胜平等侗寨款师石含珠是“理款”的能手。所谓“理款”，就是按“款”评理，劝说解决民间纠纷。石含珠读过书，办事公道，为人解决纠纷，不取分文，常以“理款”顺利解决村际和人际纠纷，被誉为高明款师。他通过“理款”打动人心，使当事双方消除隔阂，重归于好，或使愁人忧伤顿除，怒人转怒为喜，坏人改恶从善。三江县独峒和下寨为山界纠纷上诉县官数次，都难以解决。后听说石含珠处事公允，派专人请石含珠去解决。石含珠应请去了，到了独峒，他不进寨，住在两寨中间一座风雨桥上。两寨的绅士端来美酒佳肴招待。酒席间，石含珠先是与双方绅士拉家常，对山界纠纷一字不提。散席后，仅交代双方明天早饭后同去勘查山界。第二天勘查山界时，他观察双方动静，双方去的人都是中、青年，争夺的是一条大山梁。此山梁只有极少耕地，大部分是荒

① 广西壮族自治区编辑组编《广西侗族社会历史调查》，广西民族出版社，1987，第148页。

② 邓敏文、吴浩：《没有国王的王国》，中国社会科学出版社，1995，第44~45页。

③ 《龙胜地灵侗寨史记》编委编《龙胜地灵侗寨史记》，2007，第57页。

山，可以开垦种植。他心中明白，他宣布明天设庭判决。第三天，在一条小河边的沙坪上设庭，双方男女老少分站两旁，靠近法庭的是昨天去勘查山场的那一伙，绅士、老人都站在远处。宣布开庭后，石含珠朗诵“款词”：“有理说得清，坏事不进官衙门……”说罢，拍起公案，狠狠批评双方青年挑起事端。随即宣布：“山梁种的庄稼谁种谁收。山梁定为公山，所有荒地，两寨人可以自由开垦，谁种谁收，土地不得私买私卖……”话未说完，双方欢呼：“合理呀！”当场定了款约。这样，下寨捐银百两，独峒寨捐侗布百尺，送给石含珠作为酬谢，他谢绝了，指着山边一块大石，说“我就要它”。后来村民称这块石头为“含珠岩”。[①]

融水县寨怀乡侗族有头老，又名“绅士”，是各个寨的主脑人，村民为了维持本寨的治安选他出来。成为头老的条件有三：一是能说会道；二是为人公道；三是年龄较长（一般在50岁以上），有丰富的生活和办事经验，在人们中享有较高的威望。头老的职责之一就是处理寨中居民纠纷。许多老农说，头老平时务农，有事就办事，没有规定给他们工资的制度，唯有在处理罚款性纠纷时，要当事人负担一切费用，不管事情延长多久。[②] 笔者2014年清明节在三江侗族自治县富禄苗族乡调研时，一名侗族男子说，本地有纠纷首先由懂理的老人家来处理。村里虽然有村规民约，但没有用文字写出来，而是由比较懂的、识字的老人用头脑去记。这样的老人不多，一般一个村子有3~5人，他们比较懂习惯法，我们出了事，大家讨论时，说这个人比较懂一点，就去找他调解。老人家扯平，不付报酬，这属于有事互相帮助，不用付什么费。

第五节　苗族的纠纷调解制度

一　历代文献关于苗族纠纷调解制度的记载

广西苗族也创造了发达的民间调解制度。历代文献关于苗族崇尚纠

① 陆德高：《平等侗寨史》，龙胜各族自治县印，2008，第22、23、201页。

② 广西壮族自治区编辑组编《广西侗族社会历史调查》，广西民族出版社，1987，第188页。

纷调解的记载也很多，如明代田汝成《行编纪闻》记载了苗族老人调解纠纷的情况："苗人争讼不入官府，即入亦不得以律例科之。推其属之公正善言语者，号曰行头，以讲曲直。行头以一事为一筹，多至百筹者，每举一筹，数之曰某事云云，汝负于某，其人服，则收之，又举一筹，数之曰某事云云，汝凌于某，某人不服，则置之，计所值多寡以报所为讲者曰某事某事，其人不服，所为讲者曰然则已，不然，则又往讲如前。必两人咸服乃决。若所收筹多，而度其人不能偿者，则劝所为讲者，掷一筹与天，一与地，一与和事之老，然后约其余者，责负者偿之。以牛马为算，凡杀人而报杀过者当者，算亦如之。"① 清代的文献则记载了苗族关于纠纷调解已经形成了一系列规范的用语和机制，如陆次云《峒谿纤志》记载："为苗人论判是非者，谓之乡公。"② 吴省兰《楚峝志略》记载了苗族关于纠纷调解的一些法律术语："苗稍有仇隙，即相杀无已时，必竭力排解，始可相安。其浼人排难，谓之讲歹，以财偿死者之家，谓之倒骨价。主盟者谓之背箭，和处者谓之牙郎，又谓之行人……谓和事曰跌掌，谓和事不成曰肘跌掌，谓公道曰若理，谓不公道曰乍腮。"③ 立于光绪七年（1881）的三江县同乐乡苗族条规第 8 条规定了先调解、再诉讼的制度："村中事务，先宜由团化解，再三解之不下，然后始行禀官分断。"④

二　融水苗族的埋岩调解制度

广西的苗族以融水苗族自治县最为典型。融水苗族以"埋岩"方式创造了独特的习惯法。融水各地早已存在的社会组织"埋岩会议"（苗语为"依直"），长期支配着社会生活的各个领域。甚至历代统治者在苗山也不得不采取"不用官法而用苗例"的方法来统治。"埋岩"古规的内容

① （明）田汝成：《行编纪闻·蛮夷》，第 86 页上、下，台湾商务印书馆，1966，国立北平图书馆善本丛书第一集，据明嘉靖刻本影印，四部丛刊续编第 68 册；（明）田汝成：《炎徼纪闻》卷 4，商务印书馆，1936，第 56 页。

② （清）陆次云：《峒谿纤志》中卷，中华书局，1985，第 22 页。

③ （清）吴省兰：《楚峝志略》，中华书局，1985，第 2、4 页。

④ 魏任重修，姜玉笙纂《三江县志（二）》（中国方志丛书第 197 号）卷 10，第 3 页下，成文出版社，1975，第 752 页。知县龚给示勒碑，碑立大步村四步屯寨面，同乐乡采辑委员会廖道明来稿。

很广泛，大至战争、械斗，小至偷盗，家庭纠纷等，从社会组织到治安管理，从民事到刑事，从诉讼到裁决，一应俱全。但“埋岩”并不一定要埋一块石头，凡是开会、议事和处理各种纠纷都叫“依直”。独特的埋岩裁决纠纷方式使苗族社会秩序井然，人民生活安定。1982 年融水全县发生 19 起重大纠纷械斗事件，其中没有一起是苗民挑起的。[①] “埋岩会议”形成的理词就包含了大量的关于纠纷调解的内容：

《埋岩理词》：一个地方一理老，一个村寨一头人，一个地方一族人，一个村寨一房人，大坪来相聚，旧坪来商量。[②]

《埋岩理词》：一处一个寨老，一村寨一个头人，芬理的到扎，霞吴的些样，鼓滔的学约，分党的妮卡，久东的根雄，培纪的独海，培叔的独叔，他们九个头人，八个寨老，上到整高村，来到汪欧寨，去分岩，去立岩。[③]

《埋岩头人》：专讲当个寨老，专讲当个头人，当寨老要管理地方，做头人要治理村寨。管众人事，管百姓事，管山场，管河流，管池塘，管田地，别让地方混乱，别让村寨衰落。[④]

历史上，融水苗族社会实行寨佬制，“依直”头人基本上都是寨佬。“依直”头人既是“依直”活动的组织者，又是“依直”法规的执行者，是苗族“依直”的骨干。“依直”头人不能自封，不能世袭，不经选举，不需任命；他们是在社会实践活动中逐步被公认的有生产生活经验、明事理、通晓“依直”古规、为人正直、办事公道、执法严明、热心于公益事业、在人们中有一定威信的自然领袖。在处理问题时，小案由地方头人自行解决，大案要通过“依直”各方头人集中讨论处理。“依直”头人在执行“依直”过程中地位与其他人平等，触犯法规，照样受到惩罚；

---

① 广西壮族自治区编辑组编《广西苗族社会历史调查》，广西民族出版社，1987，第 138 页；戴民强主编《融水苗族》，广西民族出版社，2009，第 86 页。

② 乔朝新、李文彬、贺明辉搜集整理《融水苗族埋岩古规》，广西民族出版社，1994，第 6 页。

③ 乔朝新、李文彬、贺明辉搜集整理《融水苗族埋岩古规》，广西民族出版社，1994，第 20 ~ 22 页。

④ 乔朝新、李文彬、贺明辉搜集整理《融水苗族埋岩古规》，广西民族出版社，1994，第 37 ~ 39 页。

“依直”头人没有薪俸报酬，没有“乐捐”资助，基本上是义务为民的。“依直”活动执法必严的另一个表现是头人和其他人一视同仁。[①] 融水苗族自治县博物馆馆长石磊告诉笔者，以前在当地苗族中有一个大头人，叫石衣锦，会唱苗族埋岩古词，1995 年过世，活了 93 岁，宗教、禁忌、叙事、司法调解的歌他都会唱。

三 龙胜苗族的纠纷调解制度

解放前，龙胜苗族的“坪”和“捆伙”组织均设有头人，头人由众人推举。头人必须为人公正，处事秉公无私，并须通晓法规民约，有生产经验，热心公益事业。其职责之一是处理违约及调处纠纷。头人如有受贿办事不公行为，众议另行推选贤人接替。龙胜马堤乡牛头寨“捆伙”之下，还以大户门为单位组成六伙，即上伙三十（户），下伙三十；上伙十八（户），下伙十八；上伙十一（户），下伙十一。伙内事务在伙内处理，如遇难以处理之事，方上报“捆伙”头人处理。[②] 龙胜太平乡伶人（苗族）过去的头人，一个重要的职能就是处理本村的公共事务，调解纷争，同时代表本村与别村接洽相互间的事务。比如村中一般纠纷，由挑起事端的一方请头人出来理断，按其轻重由头人予以斥责或罚款（罚款累积下来购买猪羊，每家派一人聚食），予以惩戒。伶人（苗族）买卖田、山、屋宇时须经头人凭中介绍，如遇与别的民族发生纠纷，一般多经由本村头人与对方头人共同据理论处。如果遇到重大的争端无法解决，则从本村中推选几个能说道理的代表（头人在内）出来帮助，向上打官司解决。[③]

第六节 其他少数民族的纠纷调解制度

一 仫佬族的纠纷调解制度

仫佬族也是注重民间调解的广西世居民族。解放前，都安瑶族自治

---

① 戴民强主编《融水苗族》，广西民族出版社，2009，第 87 页。

② 龙胜县志编纂委员会编纂《龙胜县志》，汉语大词典出版社，1992，第 66 页。

③ 广西壮族自治区编辑组编《广西苗族社会历史调查》，广西民族出版社，1987，第 82 页。

县的仫佬族村庄都有“村老”。凡夫妻、婆媳、邻里乃至土地山林纠纷，都请“村老”断解。[①] 仫佬族的碑刻文献也反映了其发达的民间调解制度。立于清道光元年（1821）的罗城仫佬族自治县大梧村《禁约碑记》规定：“一、村内所犯，即在甲长说息，村内及外人不得藉以私合妄禀；一、村内恐有挟嫌，借以甲长之势，捏指乱害，官查确实情，甲长不得妄从一面之词；即行送官，如有查确系挟仇，即以反坐论，送官究治。”[②] 罗城石门村村规民约第19条“邻里关系”规定：“应依靠村、屯调解组织解决邻里纠纷，有纠纷应及时向屯、村组织报告，由调解组织、双方当事人调解处理，做到小纠纷不出屯，一般纠纷不出村，就地调解，不得将矛盾上升。”第22条“婚姻家庭”规定：“对不尽赡养父母义务的子女、儿媳，由村调解会调解处理，对调解不服者，交司法部门处理。”[③] 正如仫佬族谚语所说：“老人的话可做药，老的葫芦可做瓢。”[④]

二 京族的纠纷调解制度

“翁村”是历史上京族民间存在的一种社会制度，“翁村”（京族音译）意为“乡正”或“村政”，即村长，主要负责执行村规民约、处理村内各种事务等。京族“翁村”在村中扮演“和事佬”的角色。调解村民纠纷总是好话相劝，大事化小，小事化了，息事宁人。在众村之中，“翁村”的权力并不是最高的，对于村中重大事件，都由“格古”（对村中长辈老人尤其是那些德高望重的老人的尊称）集团商议决策。翁村只是执行者，翁村处理不下的事情便请“格古”出面交涉。20世纪50年代以前，各村都有一些公有田产，如巫头众村有14亩水田、11亩旱地、数个渔箔和岛上全部山林，从中拨一二亩田或一所渔箔给“翁村”经营，

---

① 都安瑶族自治县志编纂委员会编纂《都安瑶族自治县志》，广西人民出版社，1993，第134页。

② 广西壮族自治区编辑组编《广西少数民族地区碑刻、契约资料集》，广西民族出版社，1987，第243页。

③ 章立明、俸代瑜编《仫佬族——广西罗城县石门村调查》，云南大学出版社，2004，第173～174页。

④ 中央民族学院语言所第五研究室编《壮侗语族谚语》，中央民族学院出版社，1987，第81页。

作为报酬。① 笔者在京族聚居的防城港澫尾渔村调研时，有幸见到了现任“翁村”，他正在主持一年一度的哈节祭祀仪式。《澫尾哈亭亭规二》第一条亭长（京族称翁村）的职责第三款明确规定：“组织哈亭民间事务委员会、顾问委员会、村老大（翁古）、民间村民代表会议、发扬民主，集思广益，出谋划策。”可见“翁村”在调解民间纠纷方面扮演着重要的角色。笔者发现在京族的喃语中，关于土地和房屋的词语很多，既有“房屋”，也有“住房”；既有“土地”，还有“田地”。可见京族对不动产等财产还是很重视的，也分得很清很细，这就需要发达的纠纷解决机制来维持财产关系。

三　水族、仫佬族的纠纷调解制度

据传说，大约在一百年前，水族地区很尊重一位自然领袖，水话叫 Pu^4戈 ai^2，就是会讲道理的老人。他们的威望很高，人们有什么纠纷，都请他们来调解。但他们并非世袭，也不是法定的必须服从者，他们调解纠纷，都是引用不成文法的格言来分析是非，把纠纷公平合理地解决。有时当事的两造，各请有各的 Pu^4戈 ai^2，那就由两位 Pu^4戈 ai^2来辩驳，辩到不能辩的就输。他们的处理，虽然不是强制服从，但因为他们都很公正，所以输得心服口服。② 仫佬族的族老（部分亦称寨老）与壮族的寨老有一些区别：族老有出面处理本族村寨与其他少数民族村寨之间问题的权力，还有实施本族“村规民约”的全权。③

由此可见，广西各少数民族都崇尚通过民间调解解决纠纷，并都发展出了各自的调解机制，但各少数民族坚持的一个共同原则是：纠纷必须先经内部和基层调解，实在迫不得已才到官府诉讼。民间调解在很大程度上取代和削弱了官府诉讼的职能（见图 2－1）。民国学者刘锡蕃对广西少数民族崇尚、注重、强调民间调解的观念做了生动的注解：

---

① 符达升、过竹、韦坚平等：《京族风俗志》，中央民族学院出版社，1993，第 109～110 页。

② 潘一志编著《水族社会历史资料稿》，三都水族自治县民族文史研究组，1981，第 424 页。

③ 隆林各族自治县地方志编纂委员会编《隆林各族自治县志》，广西人民出版社，2002，第 850～851 页。

图 2－1　广西少数民族注重民间调解示意

蛮人诉讼，其大部最初必须经过理论之阶级。理论者，即双方延请团甲头人，请其裁判曲直是也。此种办法，尤以苗山瑶山为最多。即命盗巨案，十九亦不经过官长，而由其头目保董理论裁判。故此等头目保董，形成县政府下无数之小政府。而其威权，实际则超越政府之上，而不受一切法律政令之拘束……即可以知蛮区之绅权，尤雄于内地专制时代之官权。著者以民国十五年道过宜北，监狱中只押军事犯匪徒五人。土人告予："该地之大小争执，由双方之当事者，各封银三元六角，并买酒肉十斤，报请团局或县党部为其处断，无论所判当否，无不服从，诉于官者，百无一见。"然此等诉讼，尚含有自治意味，所费甚俭约。[①]

① 刘锡蕃：《岭表纪蛮》，南天书局，1987，第 105～106 页。

第三章　广西民间强烈的诉讼正义观

广西民间虽然畏讼、简讼，但其对司法公正仍有着近乎执着的追求。当遇到不公正的待遇时，他们会勇敢地以诉讼为武器，为自己讨取公道。这种信念来自他们对诉讼中存在“公理”的坚定信念。无论是民间自然领袖的调解还是官方的诉讼，它们都自觉维护着二者在“理”的轨道上运行。

第一节　广西民间关于“理”的坚定信仰

一　广西民间关于“理”的概念

中国古代的官方司法一直以“理直行正”“天理人情”作为基本依据，其中的“理”一般理解为法官在审断案件时应遵循的公平正义的理念。在偏远的广西地区，也形成了关于“理”的信仰，而且这种信仰根深蒂固，历久弥坚。广西民间的“理”与官方的“理”有所不同，主要有两个方面的特点。

第一，“理”没有确切的定义和概念，却普遍存在于人们的头脑之中，作为他们日常判断是非善恶的标准。对于何谓“理”，贵港市覃塘区樟木乡黄龙村村主任做了精辟的解释：理就是大多数人认为是有道理的事情。从这一解释可以看出，少数民族心目中的“理”，实际上是他们公认或通行的做法、惯例和原则。这种“理”是不成文的，也无法成文，因为它是对无数长期活跃于民间习惯法的原则的提炼、精神的总结，只可意会不可言传，或者说是所有习惯法原则的集合，是隐藏在习惯法背后起作用的理念，支配着民间的所有司法活动。

第二，在人们看来，理大于法，理大于人情，不受亲情、金钱、地位、身份、势力、时间、地点等因素的左右，是凌驾于世间万物之上的最高准则。在解决纠纷时，理是唯一的依据。广西各地的民间谚语，就包含了大量关于“理”的内容，从这些谚语中可以看出，“理”就是他们关于公平正义的看法，是公正、公理的化身，他们对“理”的信仰，就是关于“正义”的信仰，这种信仰超越了所有其他信仰。

壮族谚语：真金不怕火，有理不怕屈。[①]

凌云谚语：有理不怕迟。能人难挡雨，名人难逃理。[②]

武鸣谚语：泉水最清，钢针最直；白狗偷糠，黑狗挨打（比喻冤枉）；真金不怕火，有理不怕驳。[③]

侗族谚语：有理不用高声喊叫；理有根，话有头；说根本的话，诉根本的理；人有须，树有根；讲话有理就好听，东西有柄就好拿；[④] 蛇怕火灯，人怕道理。[⑤]

瑶族拉伽话谚语：铜锣越敲越响，道理越讲越明；蛮人讲话，话压话；善者讲话，理顺通；快斧不怕木节多，有理不怕众口多。[⑥]

毛南族谚语：墨线不让弯木。（比喻坚持公理，不徇私情）[⑦]

隆林县民谚：一理通天下，话不同理同；路有千条，理只一个；大小一个理，长短一根棍；有理不怕势压；有棍打得蛇，有理骂得爷；有理迟也能讲得，铁匠冷的打不得；有理蹲下尿，无理狗尿墙；人正不怕影子歪，公道不怕得罪人；人怕理，马怕鞭，蚊虫怕火烟；弯木怕直线，人怕三口对六面；人横要理，马横要鞭；木弯要过墨，人横要过理；牛无力拖横耙，人无理说横话；人蛮不过理，水涨不满山；实话驳不倒，谎话怕追究；平不过水，直不过线；话丑理正，理上分明；煮饭要有米，说话要在理；人若办事不公平，死后也难

---

① 鄂嫩吉雅泰、陈铁红编《中国少数民族谚语选辑》，广西人民出版社，1981，第132页。

② 凌云县志编纂委员会编《凌云县志》，广西人民出版社，2007，第817页。

③ 中央民族学院语言所第五研究室编《壮侗语族谚语》，中央民族学院出版社，1987，第2、5页。

④ 中央民族学院语言所第五研究室编《壮侗语族谚语》，中央民族学院出版社，1987，第70、75页。

⑤ 鄂嫩吉雅泰、陈铁红编《中国少数民族谚语选辑》，广西人民出版社，1981，第183页。

⑥ 中央民族学院语言所第五研究室编《壮侗语族谚语》，中央民族学院出版社，1987，第127、133页。

⑦ 中央民族学院语言所第五研究室编《壮侗语族谚语》，中央民族学院出版社，1987，第109页。

变鬼神。①

田阳县民间谚语：上京用道理，见官用文章；有十分道理，见得主和官；坡陡敢种树，有理敢见官；有理压得泰山，无理骂不得小人；灯越点越亮，理越讲越明；有油灯才亮，有理话才响；软藤缠得树，理话服得人。马再烈也有人骑，人再恶也输给理；吃要明摆吃，理要明摆讲；有理讲顺口，无理话卡喉；硬钢见火会变软，恶人见理会低头；刀无钢不利，人无理难行。②

桂平县民间谚语：心清肚净，有理就赢。③

大新县民间谚语：人正不怕影斜，有理不怕声高。帮理不帮亲，帮亲打死人。④

荔浦县民谚：众人是杆秤，斤两秤得明。⑤

二 广西民间关于“理”的具体实施

“理”虽然是人们心目中关于正义的信仰，但并非虚无缥缈，不可触及，相反，它存在于纠纷处理的各个环节，无处不在，通过具体的案例体现出来。例如，雍正《广西通志》记载，尽管东兰地区的民众普遍畏讼、厌讼，但如果官府能公平断案，人们也愿意接受：“官长听断，合情中其罪款，即俯首帖服受迎，其机而导之，化以礼让，习俗宁遂难移乎?”⑥“帮理不帮亲”的理念，就在寨老、头人执行习惯法中体现出来。他们在按照习惯法处理纠纷时，不避亲疏，不别远近，公正廉明，严格执法。在侗族社会的执法中，这一点尤为突出。如三江高定村款首吴富良能秉公执法，其子吴信酉与杨浓信偷了同宗族吴贯每的鸡，他亲自叫

① 广西隆林各族自治县文化局、民族事务委员会编《中国民间文学三套集成·隆林民间谚语集》，广西隆林各族自治县文化局、民族事务委员会编印，1988，第2、4、9、10、11、12、16、17、34、38、41、48、55页。

② 广西田阳县民间文学集成编委会编《中国民间文学三套集成·田阳县谚语集》，1989，第2、4、6、9、10、14、16页。

③ 桂平县民间文学三套集成领导小组编《中国民间文学三套集成·桂平县谚语集》，1988，第5页。

④ 王战初主编《大新镇志》，广西人民出版社，1996，第214~215页。

⑤ 荔浦县地方志编纂委员会编《荔浦县志》，三联书店，1996，第803页。

⑥ （清）金鉷修，钱元昌、陆纶纂《广西通志》卷32《风俗》，桂林图书馆1964年抄本，第17页上。

本“卜腊”（宗族）里的人将其子活埋。[①] 还有龙胜平等村款首石成山（1874～1930），民国3年龙胜与城步接壤地界匪风猖獗，县府派兵剿伐失利，乃起用石成山为团练去征剿。石成山率兵出奇制胜，直捣城步黄沙江匪巢，平息匪患。石成山惩治匪犯极严，凡抓获抢劫惯匪，一律处决。一次在中步草坪枪毙8人，其中1人是他家隔壁房族。[②]

此外，“理大过天”的理念也在民间的执法活动中有所体现。金秀石牌条文规定，石牌头人在调解、处理各种纠纷、争端时，必须按“入理不入亲”的原则断处，即按是否有理来公正处理，不能因是亲戚朋友而偏袒一方。[③] 如《花篮瑶社会组织》中记载了一起头人因受贿判决离婚案不当而遭受“天谴”的案例，这说明在人们心目中，正义有超自然的力量：“以前有一对夫妇告到族长那里要求离婚，虽则他们所提出的理由是不能成立的，但是族长贪了他们的酬劳费，所以给他们离了。第二天族长屋前两棵树忽然好好的都枯死了。他明白这是因为误判了离婚才引起的，所以立刻把酬劳费退回，不许这对夫妇离婚。事后，那两棵树果然全都复活了。”[④] 这个案例虽然听上去有些玄妙，但无论是巧合还是迷信，都说明少数民族已将“理”神化，他们坚信正义的力量是非常强大的，如果不按照“理”来办事，必然会遭受惩罚。

第二节　广西民间对头人办案不公正的惩处

一　瑶族对不公正头人的惩处

由于对正义的坚定信仰，瑶族民众对不公正的行为非常痛恨。对掌握司法权的民间法官——头人和寨老的不公正行为，人们基本采取“零容忍”的态度。虽然头人作出的判决当事人必须服从，有的头人甚至掌握生杀予夺的大权，但前提是判决必须是公正的，如果头人办案不公正，同样面临习惯法的处罚，轻则罚款，重则处死。而监督他们公正执法的

① 邓敏文、吴浩：《没有国王的王国》，中国社会科学出版社，1995，第45页。

② 陆德高：《平等侗寨史》，龙胜各族自治县印，2008，第22、23、203页。

③ 胡起望、范宏贵：《盘村瑶族》，民族出版社，1983，第112页。

④ 费孝通、王同惠：《花篮瑶社会组织》，江苏人民出版社，1988，第11页。

就是村众。他们以“理”作为尺度和标杆，来衡量头人的办案水平。“理”成为悬在头人头顶上的“达摩克利斯之剑”。

头人办案不公正，不仅会丧失人们的信任，还会受到习惯法的处罚——罚款，显示出少数民族对公正的严格维护。事实上，相对于另一个严重的后果——失去头人地位，罚款已经算是较轻的处罚了。例如，龙脊地区出现头人吃“背手钱”办案不公的，会被处以罚款以示惩戒。民国初年时，龙脊毛呈寨有个叫萧鸿兴的，一天失了一头猪，他诬赖邻居廖景平、廖景风二人偷盗，请头人廖锦胜来排解，廖锦胜得了萧家的“背手钱”，要替萧家说话，强迫廖景平二人负责赔偿萧家的损失。但廖景平二人不服，便敲起锣来叫全村人给他们评理，经大家讨论，都认为这是无理的诬害，是头人判决得不公，并戳穿是头人吃了钱替萧家说话。人们一致指骂廖锦胜不义，又罚廖锦胜出两吊钱来赔偿廖景平、廖景风二家名誉的损失，事情才算了结。[①] 有的地方罚款数额巨大，甚至导致头人倾家荡产。如南丹土州罗富哨先是梁姓当哨总的，在约一百年前，由于办事不公被人控告，结果官司吃了败诉，被罚巨款，不得不把职位卖给官族莫殿忠家。[②] 金秀地区发现的一份独特的《石牌判书》就记载了人们对不公正判案的头人的惩处。从判书内容来看，有两个山丁租种山主山场时，因烧山不当烧着了树木。但处理这一案件的寨老苏扶友未能公正处理，引发众人不满，于是三村村众按照石牌律的规定，重新审理此案，最后判决苏扶友缴纳罚款三千六百钱整，并刻碑以诫后人。[③] 从这一案件看，金秀石牌律非常重视在案件审理过程中头人、寨老等秉公办事、不偏不倚。至今这种对石牌头人罚款的制度仍在发挥作用，如金秀镇六段村 1991 年石牌第 8 条规定：石牌执法人员若犯本条款，则加倍处罚。

二　侗款对头人公正性的要求

侗族对头人的公正性要求很高，侗族有这样的老话：“篱牢狗不进，

---

① 广西壮族自治区编辑组编《广西壮族社会历史调查》第 1 册，广西民族出版社，1984，第 98 页。

② 广西壮族自治区编辑组编《广西壮族社会历史调查》第 2 册，广西民族出版社，1985，第 44 页。

③ 黄钰辑点《瑶族石刻录》，云南民族出版社，1993，第 272 页。原存广西金秀瑶族自治县金秀村石牌头人全胜祝家，1957 年 4 月 25 日广西少数民族社会历史调查组收集。

寨牢事不出”“地方不好，老虎进寨；头人不好，祸事进村”。就是说，一个地方管理的好坏，全靠寨老、头人的能耐。[①] 头人、寨老、款首在调解纠纷时必须依照习惯法不偏不倚，公正执法，否则视为违反侗款，要受到严厉的处罚。如程阳大寨的会款寨老，就曾因办事不公并贪污会款，被村民革职。[②] 侗款中就有很多关于老人理事要公平的规定：

侗款《开款立法》：秉公正直讲理，不准徇私枉法。[③]

侗垒《寨规》：理老断事，不偏听偏信。评理象杆称，平平拿稳。四两就是四两，半斤就是半斤。凉风不用扇，细心调解内部纠纷。[④]

侗款《法规》九层九步：做事要在理，处事要公正，要象戥称两头平。不许谁人，佩刀偏右，挑担偏左，手捧上头，脚踩下面，柱正梁也正，人偏理不偏。如不公正，我们六村不用，六洞不容，村寨不要，让他自省良心。[⑤]

龙胜平等《侗款》八层八步：如做事不讲理，做中（人）不公允。依“款”惩处。不许谁人佩刀偏右，扛杆偏左（不公正）。贬低上边，袒护下边，我们六村不用，六洞不要。[⑥]

侗族大歌《头人不好》：寨上有事，别人家作乡老总想平息下去，他作乡老惟恐寨上不起祸端，讲些话完全不合正理，一条一条只有横蛮。别人有一点小事，他便暗中怂恿把官司打，他一旁得酒肉吃，却害了别人家相争不会完。侗家有事他不管，任随别人家跑去告官；你对着我，我向着你摆出付恶狠狠的嘴脸，就像那公鸡打架一般。……乡老们作坏事害尽穷苦的百姓，害大家卖光了田塘土地，像一个人没有火烤度过冬天又无一丝遮身。寨上评理一贯是随他们的高兴，这种人我们不要，挨家挨户搜尽他，让他夜晚死几个，

① 杨权、郑国乔、龙耀宏：《侗族》，民族出版社，2003，第57～59页。

② 广西壮族自治区编辑组、《中国少数民族社会历史调查资料丛刊》修订委员会编《广西侗族社会历史调查》，民族出版社，2009，第125页。

③ 湖南少数民族古籍办公室编《侗款》，岳麓书社，1988，第47页。

④ 湖南少数民族古籍办公室编《侗垒》，杨锡光、张家祯整理校注，岳麓书社，1989，第27～28页。

⑤ 湖南少数民族古籍办公室编《侗款》，岳麓书社，1988，第88～89页。

⑥ 陆德高：《平等侗寨史》，龙胜各族自治县印，2008，第26页。

白天绝几名。我们要的是那种清清白白的老人，他把是非分辨得一清二楚，就像那太阳在天上，永远看去光辉夺目；他审问事情，就像去河坝里找鱼虾是翻开每一块石头来看，讲的话条条合道理，没有哪一个人敢说不服，要是有哪一个招摇撞骗，无事生非，他就当面给堵住，不让他们做那硬脚爪的鹫鸟，故意来吃文鷂的肉！小偷你不要捉，路上也没有匪徒走过，禾把丢在田里也不会有哪个摘它一窝两窝，耕牛放进深山没有偷牛的来打转，田里面的草鱼，没有人敢挖沟放水来捉。地上打整得干干净净，大家结成一气，就像插上木楔那样紧，侗家怕做坏事，客家也不敢胡行；这样的头人乡亲们个个爱戴，把它当作铁的桶箍，紧紧箍住众人成一个心！他的声名高高的，像鼓楼一样，远远地盖过一乡、一村。那时寨上没有争端，也没有愁人的事情，大家吃得饱、过得富裕，个个肚子里壮壮的，地方上也安安宁宁。①

光绪元年（1874）三江县马胖乡《苗侗族会款规约》：头人受贿，公罚钱六千四百文；偏袒不公，六千四百文。②

三　苗族对头人不公的处罚

融水苗族禁止在办案过程中节外生枝，或者议而不决，拖长时间吃别人的酒肉，以致索取受贿，苗族叫“mou^2 ma^2 tcu^4, a^5 ma^2 $tcen^2$”（努马促，阿马井），意思是“吃不休，办不成”。例如，安太乡元宝村大寨屯的党后“松吉埋岩”规定：“严禁在办案过程中节外生枝，或议而不决，拖长时间吃别人的酒肉和索取受贿。”如果出现这样的情况会被罚款：“违者每人罚一两二银子。”安太地区的“别松埋岩”规定罚二两二或三两六银子。③ 有些地区的埋岩会议甚至和金秀一样会直接处死不公的头人。如旧时跨越贵州、广西两省界的松努“依直”，曾一次处死7名利

---

① 龙跃宏、龙宇晓编《侗族大歌琵琶歌》，贵州人民出版社，1997，第138～140页。

② 广西壮族自治区编辑组编《广西少数民族地区碑刻、契约资料集》，广西民族出版社，1987，第259页。该碑存三江侗族自治县马胖乡鼓楼附近，1958年广西少数民族社会历史调查组收集。

③ 乔朝新、李文彬、贺明辉搜集整理《融水苗族埋岩古规》，广西民族出版社，1994，第238页。

用办案之机徇私枉法、敲诈勒索民众钱财的“依直”头人。[①] 埋岩古规中也有许多规定头人必须公正判断案件的内容：

> 《埋岩头人》：当头要正直，当头要公道，当头莫蛮不讲理，当头莫欺软怕硬，办事依岩理，办事照岩规……劝众人相敬，劝村寨和睦……碗碟相碰，夫妻吵架，田头地里，我们同个地方生产，同个村寨居住，屋地和菜园，送一拃又一拃，火烛用水灭，别火上加扇，哄骗人闹架，唆使人相争，哄骗人告状，哄人打官司。[②]
>
> 《依直理词》：当中当老我们也要当，师公也要做。当中当老要正直，不要画符捉蛇，戽水进旱池。不要打主意坑人，嫁罪给清白人。……师公也要做，师公要正直。不要歪指甲害人，吃人家楼底鸡，哄人家吃牛酱。做少鬼才领，做多鬼不领，爬到火塘边。……做秤莫歪把，换秤砣吃人。[③]

① 戴民强主编《融水苗族》，广西民族出版社，2009，第 87 页。

② 乔朝新、李文彬、贺明辉搜集整理《融水苗族埋岩古规》，广西民族出版社，1994，第 39～42 页。

③ 戴民强主编《融水苗族》，广西民族出版社，2009，第 88～89 页。

第四章　广西民间传统诉讼观念的成因

广西民间传统诉讼观念的形成，是历史文化因素、制度因素以及心理因素等各种因素综合作用的结果。从历史的根源来看，广西一直处于封建专制司法的严酷压迫之下，封建司法的残酷性和不公正性使人们对诉讼产生了极大的畏惧和抵触情绪。历代官员利用司法权盘剥欺压、从中渔利的斑斑劣迹对民众诉讼观念产生了极大的影响。这种黑暗的官方司法主要有两个方面：一是残酷的土官司法；二是腐败的流官司法。文化成因则为语言文字上的障碍等。

第一节　残酷的土官司法

土官，又称土司，是中国古代中央政府为了对边疆地区进行羁縻统治而设立的世袭官职，他们在自己的辖区内享有较大的司法权。土官有的是本地土著，被朝廷赐予土官的身份，也有的是从内地迁移而来，因作战有功被就地册封为土官，世世代代镇守其土。历史上广西先后被南越等割据政权统治，唐宋以来，广泛实行土司制度。唐玄宗时天下“羁縻之州八百……南抚蛮僚，治益州、岭南五府，经略绥静夷僚，治广州”。[①] 元明时期，广西的土官制度达到鼎盛，广西成为中国边疆少数民族地区土官最多的区域：“广西地方，外接交南，内杂瑶壮，所以保藩篱而备征剿者，皆在土司。”[②] 清代以降，虽实行了改土归流，但广西大部分少数民族直至民国仍生活在世袭土官的暴虐统治之下，长期的土官统治压制了民众诉讼的欲望和对正义的追求。

---

① （明）冯琦编纂《经济类编（十四）》卷70《边塞类三·论边》，第18页，成文出版社，1968，第7959～7960页。

② （明）吴文华：《粤西奏议》卷3，全国图书馆文献缩微复制中心，2006，第445页。

一 名目繁多的土司司法例规

土官为了更彻底地剥削民众，还利用司法权设置名目繁多的例规，把司法完全变成了剥削民众的手段。“各属苗人旧均有土司管束，土司借威官府，往往因而科索之。历来苗乱，半由土司激愤而成。”① 土司利用自己手中掌握的听讼权，在诉讼的每一个环节都收取各种规费，层层盘剥，人们无论输赢，都因诉讼被掠夺得身无分文。“土司听讼，其规费之多，尤甚于流官。”② 而其下属的胥吏，也纷纷利用陋规肥己：“咸丰间土属叠遭寇氛，财物散失，土官贫苦过半，其代理人员只顾目前之利，往往私卖陋规以肥囊橐。”③ 土司司法例规除了收钱之外，还包括各种物资、佚役、徭役。例如，《天下郡国利病书》就记载了彝族土官的各项例规：“土官其诛求无厌，每酋长有庆事，令头目入村寨，计丁而派之，游行所至，阖寨为供张，无少长皆出罗拜马前，邻寨在数十里内者，皆以鸡黍馈。无以应诛求，往往潜出他境劫掠，所得酋长头目私分之，官府檄下督责，则缚数人应命，旧志云：为盗贼皆土官有以致，官廉则盗自息，信然也。”④ 广西土官司法规费之多，尤以大新、天等、百色地区为甚。

（一）大新地区土官司法例规

大新地区号称“土司之乡”，古代曾被太平、全茗、安平等多个土司政权分割，这些土司设置了名目繁多的司法例规，虽然有时会因民怨太大而免除一部分，但过后会设置更多的例规。例如，太平土州农民有事诉讼于土官时，首先请讼师代写状纸，每次要用去毫银 200 ~ 300 个。讼师往往要两面手段，两边状纸有时由一人包办，是非全由他搞，钱多理就多。在递状纸时，给二爷每百个字银一元（改土归流后改为四毛），作为抄写费，另交印花费一毛（改土归流后改为 5 仙）。传票之后，要交通堂钱和开堂钱各 500 钱，才能升堂审理。被告在差役送传票到家时，除杀

① （清）徐家幹：《苗疆闻见录》卷下，吴一文校注，贵州人民出版社，1997，第 215 页。

② 刘锡蕃：《岭表纪蛮》，南天书局，1987，第 108 页。

③ （清）戴焕南修，张粲奎纂《新宁州志（二）》（中国方志丛书第 200 号）卷 4，第 4 页下，成文出版社，1975，第 354 页。

④ （明）顾炎武：《天下郡国利病书》卷 32《云贵交趾》，第 14 页下，台湾商务印书馆，1966，上海涵芬楼影印自昆山图书馆藏稿本，四部丛刊续编第 81 册。

鸡备酒款待外，还须给点钱讨好他们，否则开堂时要挨顿打。另外，给草鞋费 50 文或 100 文，倘被关后释放，还要给开锁银一元。若判有罪，需罚银几百毫甚至 1000 毫以上。如偷牛案，依照被偷的牛价加罚 10 倍（弹压时改为 2 倍）。强奸案，囚禁半年罚银 200 毫（弹压时改为 100 毫）。抗租抗粮则用木板夹颈游行示众，直到纳清为止。土官时代，设有守狱，监牢分黑牢和亮牢两种。黑牢内非常黑臭，倘关到里面去几个月必定会死掉；亮牢稍微有点亮，臭气较少。牢卒守犯人时，贪污舞弊，要收洗手钱、看守灯油钱以及探监、松闸、解链、除锈等费。倘勒索不到，虽轻犯也受到笞刑之苦。①

大新地区保存的自乾隆至清末的例规碑刻揭示了土官征收的累累例规。太平乡立于乾隆四十九年（1784）的碑文记载，人们诉讼要承担审事通堂钱、报案票取钱、调查鞋钱、原告通堂鞋钱、递送钱等，即仅报案、起诉阶段当事人就要缴纳一笔又一笔例费，还要支付衙役下乡调查的差旅费、食宿费，可谓步步见血、层层要钱，由此可见当时土司利用司法权压榨人民的残酷性。

> 一件审事通堂钱免。
>
> 一件乡民有盗窃争斗报验来公回复，毋得需索票取钱。
>
> 一件衙役奉票往村，不许索取鞋钱。准告状系一月讯夺不许过月。
>
> 一件告状原告通堂鞋钱一切免。
>
> 一件递送不论大小事钱五十文。
>
> 一件通堂钱四百文，鞋钱一百文。
>
> 一件衙门差役乱上村私索取钱准斩。②

嘉庆七年（1802）的《太平土州五哨新旧蠲免条例碑记（摘要）》分别记载了乾隆和嘉庆年间土官办案的收费情况，土官对壮族人民在司法方面的敲诈勒索项目达 70 多条，民不堪其苦。碑文一开始即列明乾隆

---

① 广西壮族自治区编辑组、《中国少数民族社会历史调查资料丛刊》修订编辑委员会编《广西壮族社会历史调查》第 4 册，民族出版社，2009，第 78 页。

② 广西壮族自治区编辑组、《中国少数民族社会历史调查资料丛刊》修订编辑委员会编《广西壮族社会历史调查》第 4 册，民族出版社，2009，第 78 页。

四十九年已免除 7 项例规，之后又列出了 12 项当年需要免除的例规，可谓旧例未去，又添新例。

> 一件审事通堂钱免。
>
> 一件乡民有窃盗争斗，报验秉公回复，毋得需票取钱。
>
> 一件头目与差，广行害民，即除革永世不用。
>
> 一件衙役奉票往村，不许索取鞋钱。
>
> 一件生员不许出入衙门办事。
>
> 一件头人三年一换，年中作三印每年钱数给完票预收免。
>
> 一件告状系一月讯夺，不许过月。[以上乾隆四十九年（1784）免]
>
> 一件告状原告通堂鞋钱一切免。
>
> 一件被告通堂钱四百文，鞋钱一百文。
>
> 一件官田近民田，不得霸占。
>
> 一件递送不论大小事钱五十文。
>
> 一件沿村路途官役司差，不得抬轿。
>
> 一件告状是非发乡封同乡保□人秉公。
>
> 一件衙门差役乱上村私索取钱，准斩。
>
> 一件盗贼拿获送官究治，不问乡保其人本村。
>
> 一件监禁钱免。
>
> 一件门子内丁，亦宜革出减用。
>
> 一件每遇案件，原系与民忧，乞望随到随断，□免两造□困之苦。如不法之徒不在此例。革出门房书办差黄相、黄驷、黄才及册中所革。
>
> 一件革出书办有名在案，不许私害民，见即扣禀究办。门□门子凌祥、容祥，差役林长，买办内丁外差。①

此后，太平乡安平大队立于光绪五年（1879）的《广西巡抚禁革土司地方科派告示碑》记载，土官向土民苛索例规钱，而汉官及土官的上

① 广西民族研究所编《广西少数民族地区石刻碑文集》，广西人民出版社，1982，第 31 ~ 34 页。

级部门又向土官苛索例规钱，土官便变本加厉，将其转嫁到土民身上，土民被迫承受三重盘剥："查各土司地方，政治不修，民生尤为凋敝。推其原故，多因土官遇事科派，不恤民艰；而汉属文武衙门，又因土司有科派之习，遇上官因公进见，纵容丁胥兵役需索使费，视为例规之当然。更有每年承审之牧令，武营之员弁，赴土属巡查，辄藉边规名色，任意苛求。该土官费无所出，遂明目张胆，敛之土民而无忌。"① 太平乡立于光绪六年（1880）的《广西巡抚禁部院严禁土汉官员藉端需索土民碑》内容完全一样。② 太平土州立于光绪十二年（1886）的《永远禁止碑》记载，广西巡抚、布政使联合下发太平土州官民，专门针对土司在命盗案件中推行连带责任和无限责任借以苛索例规钱的行为进行禁饬。"该郡属土司地方每遇命案，动辄勒附近村庄帮贴殓费。盗案则令赔偿失赃，尸亲事主，往往置杀盗于不问，故准村人辜（禀）控，缠讼不休。而不肖土官，亦藉故以苛索分肥，乐于其事，虽经屡禁，此风休（犹）未稍息，以致游棍汉奸，视为利薮"，认为"此等恶胥，亟应永禁革除，以苏民困"。③ 太平乡光绪十四年（1888）所立的《太平州永革每遇人命案勒附近村庄帮贴殓费碑》，除个别文字外，内容与前碑完全一样。④ 太平公社清光绪三十二年（1906）批准、宣统元年（1909）所立的《安平土州批准五处向定规例碑》明文规定了土司差役下乡办理大案、小案时当事人应承担的例规："一、遇大案，所有奉差委人等下乡，办应规例钱1200文。一、遇小案，所有奉差委人等下乡，办应规例钱200文。一、差役下乡，有票，应规例钱100文。"⑤ 大新县芦山岩清光绪三十二年（1906）批准、民国4年（1915）所立的《龙州军民府酌订安平州各项土例告示

① 广西民族研究所编《广西少数民族地区石刻碑文集》，广西人民出版社，1982，第58页。

② 广西民族研究所编《广西少数民族地区石刻碑文集》，广西人民出版社，1982，第59页。

③ 广西壮族自治区编辑组编《广西少数民族地区碑刻、契约资料集》，广西民族出版社，1987，第4~5页。碑在大新县太平公社，原碑无题，加题"永远禁止"。内容叙述土官借案勒索、贪赃枉法，汉官出示禁止等，对研究土司制度之最后崩溃、壮族社会历史的发展，有参考价值。

④ 广西民族研究所编《广西少数民族地区石刻碑文集》，广西人民出版社，1982，第62页。

⑤ 广西民族研究所编《广西少数民族地区石刻碑文集》，广西人民出版社，1982，第78页。

碑》命令减免一些基层小吏的例费："应减各项：官□□□□、隘目、甲目□□（钱谷）均减□□。"① 这说明，从清朝灭亡直到民国初年，土官的各种司法例规钱依然照收不误。

（二）天等地区土官司法例规

南宁地区的天等土官也是征收司法例规较多的典型。乾隆十八年（1753）礼部就曾议复："南宁府四十八属土司，俗多靡费。"② 这条史料记载的内容可以从目前留存的一批南宁地区天等县镇结土官文稿中得到证实。这批文稿中有多项司法票照，主要内容是命令衙役凭此票照向百姓征收各种物资、伕役、钱粮以及传讯当事人到案聆讯等，虽然年代不详，却充分反映了当地土官盘剥的情况。可以说，这每一张票照，都是收取例规的许可证（见表4－1）。

表4－1　天等土官差委票照一览

序号	票照名称	内容
1	差役催缴沙糖传票	本役立刻前去各处蔗园，查照票内合开应缴沙糖斤数，逐一收齐，缴赴衙门应用。毋得短少迟误
2	差役催收粮款传票	持票前去□承头督催各目，赶紧速催各粮户，立刻齐备十足纹银，上衙缴纳，立等扫数批解赴府
3	州知事出巡传牌	本州择于□年□月□日佳吉出行，除悬示外，合行牌传。为此牌仰传号□立即飞传各坡村陇头目各行人役老郎头人等，逐一传齐，至期赴衙门伺候
4	委用差役须照	正堂□为给委事，照得□村□人，为人年力青壮，堪可给委用，合行票给，为此票委□□名役。自委之后，务宜小心赴衙伺候，如遇本州出入，以及红白事宜，毋得临期有误
5	提讯传票	为某事本年□月□日，据□村民□告状，前事到州，据此合行票提。为票差本役即便前查照，票内后开原被两造有名人等，逐一提齐带赴衙门，听候本州以凭审讯

① 广西民族研究所编《广西少数民族地区石刻碑文集》，广西人民出版社，1982，第87页。

② 《清高宗实录》卷436，第17页。

续表

序号	票照名称	内容
6	添差提拘传票	为再行添差协拿事，本年□月□日，据村民□□呈禀，前事到州，据此当即票差本役拘提在案，尚未提到，藐玩已极，合再行添差协同该管□，速即照票逐一提齐，带赴衙门，听候本州以凭审讯
7	添差提解传票	为添差提解事，本年□月□日，奉□□宪札开，有案不录外，致州据此，合行票提。为此票差该役协同□差，即便前去，后开有名人等，逐一提齐解赴□□承审衙门投审

资料来源：广西壮族自治区编辑组编《广西少数民族地区碑刻、契约资料集》，广西民族出版社，1987，第134～138页；南宁地区天等县镇结土官文稿。

（三）百色地区土官司法例规

立于嘉庆十八年三月的百色西林县《严禁积弊告示》碑称当地自改土归流后仍存在大量司法陋规——亭差名目："遇有民间细事，多方索诈，扰累边民，实为闾阎之害，应行严禁。……所有亭差名目，永行革除，毋除土棍奸民复行私设，扰累闾阎。"[①] 立于光绪十八年（1892）的果化州土官《陋规蠲免碑刻》规定了百姓应当缴纳的规费和可以免除的例规，包括钱粮、伕役。应当缴纳的包括土官养廉钱（极具讽刺意味）、官差过境钱、土官承袭例钱、土官红白喜事例钱、柴火一百担、司法案件差役费等，可以免除的劳役和物资包括割水沟、玉米、修马房、邻村红白喜事人伕等：

> 一项养廉钱照例缴纳
>
> 一项官差过境照例应征
>
> 一项承袭阖州照旧帮项
>
> 一项若遇正堂红白喜事仍旧照帮项
>
> 一项柴火到年晚三乡共柴火一百担
>
> 一项二三官外一切不准妄派乡伕
>
> 一项割水沟准免

---

① 广西壮族自治区编辑组编《广西少数民族地区碑刻、契约资料集》，广西民族出版社，1987，第228页。碑在定安（原西林县城，今归田林），今已无存，南盘江红水河流域民族考察组在西林县志办收集校核。

一项玉米俱准免

一项修马房准免

一项票提案婚姻田土以及偷窃等件，准差二名，每名奉钱二百文

一项命、盗、奸、拐、忤逆、不孝等事，准差四名，每名奉钱四百文

一项邻村红白喜事，来往一切小用人伕，一概通行蠲免①

光绪二十九年两广总督、广西巡抚岑柯《奏鸣免伕告文》碑规定："嗣后泗城府属凌云、西林、西隆三州县，永不许有派用乡伕名色。"② 民国《那马县志草略》记载了田林土官办案过程中向百姓收取的各项例规："土巡检世厥职，犹是小封建之遗孽，作威作福，无或顾忌。凡有民事到署，除差役开牌草鞋费外，须有一条常伕礼（一条长伕礼折制钱一十二千文），或数条长伕礼。有刑事到署，除膳食及开牌草鞋费外，须有红袍过山礼（红袍过山礼折制钱二十四千文），站堂捕案费（站堂捕案费，全案折制钱十二千文，半案折制钱六千文）。收管待质人，则有入笼出笼钱方准受理，其数不一。陋规则虽满满索，假造胜诉，假造败诉，不以情理为判断，仅以金钱或情面为转移。若夫刑具行法，则有铁索者，有皮鞭者，有夹棍者，有枷号者，有站笼者，有手拷脚镣者，名目繁多，不可尽述。是故不惟案情重要之囚人，不准剃发、洗澡、接见亲属，即寻寻常。田土婚姻之当事人，一经收管，亦概不以平民看待。"③

二　不公正的土司案件审理

土官既然只是将司法权看作牟利和索取的工具，自然不会秉公审案。金钱成为土司判案的唯一标准，草菅人命、侵夺财产、颠倒黑白、翻云覆雨、唯利是图的不公正现象比比皆是。刘彬《土司论》曰："彼之官，

① 广西壮族自治区编辑组编《广西少数民族地区碑刻、契约资料集》，广西民族出版社，1987，第239页。碑立于平果县果化公社布尧屯能岁老木庙内，1954年中南民族委员会及广西民族委员会民族工作组调查记录的资料。

② 广西壮族自治区编辑组编《广西少数民族地区碑刻、契约资料集》，广西民族出版社，1987，第234页。碑原竖于田林旧州，十年动乱中已毁。

③ 《马山县志》办公室印《那马县志草略》（民国22年印本），1984，第10～11页。

世官也；彼之民，世民业。田产子女，惟其所欲；苦乐安危，唯其所主。草菅人命，若儿戏然，莫敢有咨嗟太息于其侧者。”[①] 民国 7 年（1918）《南丹土州改县建署碑》也指出了土司制度的积弊：“民之生命，思摧残之。民之脂膏，思剥削之。民之诉讼，思贿赂之。民之公款，思侵饱之。民之实业，思占夺之。民之冤抑，思利埋之。”[②]

（一）不公正的控诉制度

土官由于素质低下，司法多依赖贪赃枉法的胥吏，而胥吏多武断，因此审案基本无公正可言，土民只能奔赴流官衙门控告：“土官多不谙文理，凡地方公事，该幕友、家丁及劣绅等每从中把持官讼，无分原告被告，第较财之轻重以定曲直，故土人视之畏途，凡讼事多赴承审衙门控告。”[③] 尽管中央朝廷对土官侵民的行为一再三令五申，如康熙十一年题准“土官吓诈部民，恣意侵害者革职”，[④] 并规定如果土官判案不公，准许百姓到上级流官处控告，如康熙四十三年赵申乔《题苗办定例九款疏》提出“至苗有冤抑之事，亦许赴道厅控告审理，即为伸雪则命盗杜而民怨释矣”，[⑤] 但事实是，“凡土官之于土民，其主仆之分最严，盖自祖宗千百年以来，官常为主，民常为仆，故其视土官，休戚相关，直如发乎天性而无可解免者……有事控于本官，本官或判不公，负冤者惟私向老土官墓上痛哭，虽有流官辖土司，不敢上诉也。”[⑥]

土官不仅自己判案不公，而且即使有土民控告到上司或流官那里，他们也会设法诬陷或反控土民，如乾隆九年（1744）署广西巡抚托庸奏：“查土忠州（今属扶绥县）土牧黄鉴滥征苛派，土民纷纷控告。该土牧同

---

① 刘锡蕃：《岭表纪蛮》，南天书局，1987，第 203 页。

② 广西民族研究所编《广西少数民族地区石刻碑文集》，广西人民出版社，1982，第 182 页。

③ （清）戴焕南修，张粲奎纂《新宁州志（二）》（中国方志丛书第 200 号）卷 4，第 5 页上、下，成文出版社，1975，第 355～356 页。

④ 《清会典事例》第 7 册，卷 589《兵部四十八・土司・议处》，中华书局，1991，第 622 页。

⑤ （清）赵申乔：《赵恭毅公自治官书类集》卷 2《奏疏・题苗边定例九款疏》，第 69～70 页，转引自《续修四库全书》编纂委员会编《续修四库全书》第 880 册，上海古籍出版社，1995，第 533～534 页。

⑥ （清）赵翼：《簷曝杂记》，中华书局，1982，第 68～69 页。

土幕梁奕卿，捏造红字告示文书，语多狂悖，希图诬陷土民。”① 更可怕的是，上级流官与土官相互勾结，共同迫害土民，使土民走投无路，如道光三年（1823）上谕军机大臣等：“本日刑部奏，广西土民黄添保等呈控土司勒折浮收，两广总督委员不为公断一案。……此案前经土民黄文行等，各以该管土司浮收勒索等情，赴京呈控，交广西巡抚并两广总督，先后审系虚诬奏结。今土民黄添保等复远涉来京，以前情翻控，并以现在土官黄河源勒索科派比前更甚，及制用非刑，凌虐土民等情控诉。现在呈控之人，并非前次坐诬亲属，若非被害迫切，何以屡结屡翻，不远数千里来京控告不休？恐原审之官，竟有回护偏断情事。且黄添保等所控该土司黄河源纵令官族黄琯、黄璠，土役黄富玉，沿乡勒索，并非刑虐民，均前次呈控所无。案关边省土司扰累土民，自应彻底根究，据实平反，将原审之员参办。”② 铁打的土官流水的朝官，朝廷对土官的宽纵堵绝了土民控诉之路：“今历数百载，以夷制夷，即以盗制盗，苗、倮无追赃抵命之忧，土司无革职削地之罚。直至事上闻，行贿详结，上司亦不深求，以为镇静，边民无所控诉。”③ 大新县龙门公社立于清代光绪十六年（1890）的《严禁土民赴州县衙门越诉告示碑》还特别禁止土民越过土官径直向上级控告或申诉：

> 兵部侍郎兼都察院右副都御史巡抚广西等处地方马为严禁事。照得粤西各土司地方，遇有寻常案件，往往不服土官传问，辄赴州县衙门控告，该州县即派官亲丁役前往提案，任意向土官需索供应差钱，土官遂转取偿于民，其扰害不可胜言，除饬该管知府随时查参外，合行出示严禁，为此示仰汉土各官知悉。自示之后，凡有土官所属田土户婚等细故，遵照定例，由该土司审理，若非审断不公，及未到土官呈告，即赴州县衙门越诉者，不得轻准传提，如有必须提审之案，只许派差协同土役提解，不准派官亲家人前往，致滋骚扰，其派去之差，应与土役赴原告家传唤，不得安坐土署需索，该土官亦不得藉端科敛钱文，倘敢玩违，一经查出，或被告发，定即

① 《清高宗实录》卷 225，第 31 页。

② 《清宣宗实录》卷 53，第 19～20 页。

③ 赵尔巽等撰《清史稿》第 34 册，卷 288《鄂尔泰传》，中华书局，1977，第 10231 页。

严参究办不贷，各宜凛遵。[①]

正如社会历史调查工作者的记述，极端不公正的压制申诉的制度使得土民投告无门："数百年来，（南丹）土官封锁文教极为周致，人民文化极为低落。土官所行所为无文记载。父老口头相授，日久而湮没。查其统治方法，依然以愚民政策为首要。……纵有冤抑，呈诉达到土官衙署，已为登峰造极；河池承审，及庆远府署，少有到过。其所管辖州内，人民呈诉案件，初由团总调解，无效；次到哨目办理。哨目为土官剥削人民之工具，其威力不为小；间有私设刑具，如押床、锁链、刑杖等施于人民。倘有认为事受委屈，顽强不服哨目调理，始到土官衙署控告，虽侥幸得到公平之解决，亦难免受到需索。经过此三度的剥削，破产倾家，已体无完肤。"[②]

（二）利用司法权肆意侵夺土民财产

利用手中的强大司法权，土官肆意强占强夺土民财产。例如，大新县龙门公社土官立于清乾隆三年（1738）的《太平府批准万承土官强占张姓鱼塘碑》记载了太平府批准土官的坟地以及霸占农民张某的祖置鱼塘事例，反映了土官仗势侵占民田的实况："据张居□□□□□本州祖坟明堂，冒认伊分祖塘一案缘由，奉州据详张□□架词捏控，希图冒占，殊属□□□□□□□以儆。其官坟前塘，既□筑坟取土所致，□□□□□祖置鱼塘，仍留为官坟明堂□式□□□□□不得再生觊觎，致于重究。"[③] 道光二年（1822）上谕军机大臣等："承袭土知州李庆荣，盗卖祀产，骗借公项，控经太平府断令仍照旧例收管。乃李庆荣翻案不遵，带领家丁民佃百余人，抢割抢耕，殴伤李耀祖等三人。本府偏徇滥刑，勒令遵依。"[④]

民国时期，虽然土官制度已经被废除，但土官依然在广西部分地区

① 广西民族研究所编《广西少数民族地区石刻碑文集》，广西人民出版社，1982，第62～63页。

② 广西壮族自治区编辑组编《广西壮族社会历史调查》第2册，广西民族出版社，1985，第151页。

③ 广西民族研究所编《广西少数民族地区石刻碑文集》，广西人民出版社，1982，第20页。

④ 《清宣宗实录》卷39，第1～2页。

行使司法权并侵夺民众财产。如西林县那劳岑氏土官就利用审理土地纠纷的机会没收土地。岑毓英的儿子当上两广总督后，当地人有事打官司，要赢就必须赠送荒山和好田给他。不管谁家土地纠纷，闹到岑家，这些土地就休想再要回来。民国 14 年，顶蚌乡黄家和周家争一片椿树林，告到岑毓琪那里，岑发一下牢骚："别闹，统统归我，这样你们就不用闹了。"随即将树林抢了过去。民国 15 年，八区木顶村何某和他的二婶争夺三十多斤谷种的水田，告到岑宫保那里，也被岑毓琪大骂一顿，"你们不必闹啦，归我，免得再吵"，就将水田抢去。[①] 南丹土司官族强夺民田之事，指不胜屈。例如，罗富乡莫国全（非官族）有水田一丘，夹在官族莫元业的水田中间，向来自耕自种，毫无异议。民国 37 年，莫元业突然提出这田是他的，所持的"理由"是四周都是他的田，别人就不会有田夹杂在中间。莫国全因田被夺不服。莫元业便和他打官司。莫元业有钱有势，贫穷的农民怎是他的对手呢？官司打了两场之后，已弄得莫国全精疲力竭，再也无法与之相争，只好眼睁睁地看着自己借以谋生的祖业——七挑谷田，白白给莫元业夺去。以这种强横手段掠夺民田的事例比比皆是，不仅莫元业如此，其他官族如此，土官亦复如此。[②] 光绪二十年左右，南丹巴峨乡下甲河村陈赖家养有一对黑鹅，被化良官族莫天星看见，便强硬夺去，迫得下甲河村在光绪末年全村搬走别处。[③]

这种毫无人权的诉讼，让人们心生厌恶、仇恨和畏惧，也不愿意相信其公正性。论述至此，也可明白第一章所言的百姓的畏讼、愁讼、蔑讼、仇讼等情绪从何而来。广西民众在长期的土官统治之下，已丧失了对司法的兴趣与信心。广西土司"此辈生于骄奢淫佚之家，蛮烟瘴雨之地，既无师傅以为辅导，又无邻国以资观摩，其才具与道德，皆不足以言政治，于是乃采用单纯之'愚民'与'威吓'主义，以统驭其杂而不驯之蛮民。结果，遂造成'恐怖'、'叛离'种种险恶之现象。故蛮区自国家政治崩坍，转入土司政治而后，实为其最黑暗之时期。所谓土司，

① 广西壮族自治区编辑组编《广西壮族社会历史调查》第 2 册，广西民族出版社，1985，第 179、187 页。

② 广西壮族自治区编辑组编《广西壮族社会历史调查》第 2 册，广西民族出版社，1985，第 10 页。

③ 广西壮族自治区编辑组编《广西壮族社会历史调查》第 2 册，广西民族出版社，1985，第 47 页。

实即以贪残无知之‘专制官长’，生杀自擅之‘土皇帝’，而蛮民即寄名于其刀俎之下，以度其地狱生活！”①

第二节　腐败的古代流官司法

一　素质低劣的广西古代司法官员

除了土官司法外，历代统治者逐渐向广西渗透势力，也形成了一定范围的流官司法，但是广西地处边荒，环境艰苦，属于烟瘴地区，内地官员大都不愿到广西任职，因此造成广西历年缺员甚多，只能采取从中原贬谪或就地择官的方式任命司法官，以这种两种途径任命的官员，大都素质低劣，贪残横暴，徇私舞弊，难以公正规范地司法，也造成了广西民间厌讼、畏讼的情绪。

（一）明代以前广西司法官员状况

“自汉唐以来，郡县无司法专官，以讼狱寄之于守令。”② 由于中国古代实行司法与行政一体化，地方官既是一个地方的最高行政长官，也是一个地方的司法长官，所以地方官员的素质直接决定了当地的司法水平。自古以来，到广西任职的中央官员，贪婪狡诈之徒、凶残冷酷之辈居多，大都以索取广西珍奇物产及搜刮民财为能事，加之中央的监督与管理难以覆及，司法腐败黑暗：“汉魏以还，守官广南者，多以贪墨坐，激吏民之叛，启蛮僚之寇，实由于此。盖古今之同患也。抑尝考其故，嬴秦以来，以守令为治，台省铨除，莫不以内地为重，以边远为轻。而广南之地，去京华为尤远，瘴疠蛊毒，种种秽恶，内地之人，南辕越岭，不啻斥逐。必罪戾孱庸，不得已，然后膺其选，既百舍登途，往返重费，不过厚取于民耳。而又地产珍奇，掌握之物，足富数世，疆域旷邈，按察稀临，京畿万里，赴诉莫及，则无聊汩没之人，何惮而不为贿乎？历古

① 刘锡蕃：《岭表纪蛮》，南天书局，1987，第202页。

② 佚名：《贺县志》（民国23年铅印本，中国方志丛书第20号）卷3，第29页，成文出版社，1967，第194页。

交广之间，民僚多叛，致骚扰江淮，震骇朝省，职由此也。”[①] 隋唐时期，虽然广西已整体纳入中央管理体制，但到广西任职的官员大多素质低下，贪暴不法。如《隋书》记载：“时朝廷以岭南刺史、县令多贪鄙，蛮夷怨叛。”[②] 唐大中年间，李琢担任安南经略使，“贪于货贿，虐赋夷僚，人多怨叛”，[③] “苛墨自私，以斗盐易一牛，夷人不堪”。[④] 唐乾符年间，李瓒任广西桂州管内观察使，“为政骄横，多敛贿以曲奉执政，百姓苦之”。[⑤]

宋代为解决广西官员短缺问题，实行奏辟制度，即由广西地方长官自行任用属吏而只向朝廷报备的人事制度。这种制度由于过于简易随性，难以规范官员的任职资格：“不限资格，唯材是求。自守阙、副尉、下班之类，一经奏辟，皆得领兵民之寄。大率初辟巡尉、知寨，次辟沿边知县、都监，次可辟左、右江提举，等而上之，沿边知州、军，皆可辟也。守、倅，旧许帅司奏辟，今多与监司联衔具奏。帅司又可专辟沿边州、军主兵官。前官将替，半年便许量才选辟。辟书一上，便可就权，往往非注补官之人，皆由之而并进。俟成命之下，就权年月，皆理为在任；不成，则不过解职而去耳。诚仕宦速化之地，比之吏部格法，何啻霄壤也！”[⑥] 这导致广西基层官员集体徇私枉法、营私舞弊：“寨官非惟惰不举职，且日走洞官之门，握手为市，提举官亦不复威重，与之交关通贿。其间有自爱稍欲振举，诸洞必共污染之，使以罪去，甚则酖焉。原其始，皆边吏冒法徇利致然，此弊固未易悉数也。”[⑦] 到广西任职的官员更是残酷已极，如北宋景德年间知宜州的刘永规，“严行征催，动辄以法绳之，

---

① （明）顾炎武：《天下郡国利病书（十一）》（上海涵芬楼影印自昆山图书馆藏稿本，四部丛刊续编第 80 册）卷 27《广东上》，第 1 页，台湾商务印书馆，1966。

② （唐）魏征、颜师古、孔颖达：《隋书》第 5 册，卷 55，第 1381 ~ 1382 页，转引自广西壮族自治区通志馆编《二十四史广西资料辑录》（二），广西人民出版社，1989，第 25 页。

③ （五代·后晋）刘昫、赵莹撰修《旧唐书》第 14 册，卷 182《高骈传》，第 4703 页，转引自广西壮族自治区通志馆编《二十四史广西资料辑录》（二），广西人民出版社，1989，第 201 页。

④ （宋）欧阳修：《新唐书》第 20 册，卷 222《南蛮南诏传》，第 6282 页，转引自广西壮族自治区通志馆《二十四史 广西资料辑录》（二），广西人民出版社，1989，第 385 页。

⑤ 《唐史》，转引自（清）汪森编辑，吴中任、梁超然校注《粤西丛载校注》（中），广西民族出版社，2007，第 412 页。

⑥ （宋）周去非撰，杨武泉校注《岭外代答校注》，中华书局，1999，第 163 ~ 164 页。

⑦ （宋）范成大撰齐治平校补《桂海虞衡志》，广西民族出版社，1984，第 36 页。

驭下最残酷”。[①] 桂林市七星岩口刻于南宋端平三年（1236）的《秦祥发赵郎中德政碑》记载：“吾邦之人，比遭前守之虐，俱不聊生。”[②]

（二）明代广西司法官员状况

明政府对边疆的调控能力本就不足，到广西任职的官员才干、品行堪忧，难以治御少数民族。“边方之官，非有为不足以戡乱，非有守不足以服人，非久任不能谙土俗。”[③] 然而，“今之仕者，率乐中原而厌远方。一阅除书有远方之命，即索然沮丧，无复用世之志。秉钧者因而循之。远方之吏，半出迁谪之科。不然，则朴懦无援者也。夫迁谪者，抱愤躁之怀，朴懦者，无统御之略，措钝器于盘错之交，难乎其解矣。譬诸一身，中原，心腹也；远方，四肢也。四肢有疾而委之庸医，善摄生者，固如是乎?”[④] 嘉靖七年，湖广巡抚朱廷声上奏：“各处土夷构讼求直者，多连年不决，开奸人讵索之门，辜远夷赴诉之念，而不才将官及勘事人员往往贪嗜夷人财物，要求无已，至于激变。今当通行云、贵、川、广镇巡官，将土官远近狱词分督所属，克期勘报。其将吏索取土官、夷人、瑶、僮财，犯该徒三年以上者，发边充军，俱照禁例施行。”[⑤] 广西各族民众对这样的贪官污吏也是痛恨至极，如《征服怀远始末记》记载隆庆五年（1571）知县马希武“兴版筑，计佣作，日夜督责甚严，有怠者辄鞭之。瑶以不平诉者尽罚不贷。民瑶毙于杖下者二人，诸瑶情大拂，怨詈”。[⑥] 其他文献中也有类似记载。万历时期永淳知县赵某“为令多秽迹，而善结士民之机黠者，阴使市胥保之，当道令适病死，遂许立祠，民怨之者曰：祠成必毁之”。[⑦]

万历时期担任广西巡抚的吴文华曾目睹广西贪官横行、蠹吏霸道的

---

① （元）脱脱：《宋史》，转引自（清）汪森编辑，吴中任、梁超然校注《粤西丛载校注》（中），广西民族出版社，2007，第418页。

② 广西民族研究所编《广西少数民族地区石刻碑文集》，广西人民出版社，1982，第141页。

③ （明）魏濬：《峤南琐记》，中华书局，1985，第42页。

④ （明）田汝成：《炎徼纪闻》，商务印书馆，1936，“原序”，第1页。

⑤ 《明世宗实录》卷94，第6页上。

⑥ 广西壮族自治区编辑组编《广西侗族社会历史调查》，广西民族出版社，1987，第25页。

⑦ （明）魏濬：《峤南琐记》，中华书局，1985，第46页。

局面，多次向朝廷参劾才力、官声、人品均难称职的恶官，并记录在其《粤西奏议》一书中，而且对每个被参劾的官员不仅对其劣行进行控诉，还附上了具体的案例和证据，从中可见明代广西官员贪赃枉法、索贿任情的严重程度。这些官员无论是省级的，还是州县一级的，都有一个共同特点，即与自己的幕僚和衙役狼狈为奸，办案以敛财为唯一目的，司法的公正荡然无存，人民的冤抑无处可伸，可谓“以金钱为依据，以贿赂为准绳”，读之劣行败绩，令人发指，无怪乎诉讼会变成广西民众深为恐惧的龙潭虎穴（见表4－2）。

明代的有识之士早已洞察，广西作为边疆要地，但历年来社会不稳定，就是因为朝廷委任的广西官员不得其人，司法不公正。如明代编修的《广西通志》对广西恶劣的司法状况多有论及。如王翱的《边情》认为，广西民众被素质低劣的官员、腐败黑暗的司法逼迫：“皆缘将臣所司不得其人。德不足以绥怀，威不足以慑服，甚至欺其远方无告，掊克残忍，使不得安其生。谓其蠢尔无知，颠倒是非，俾不得顺其性，既害其生，又拂其性，虽良善懦弱之人，尤不免于动作。”[①] 杨道会的《论瑶夷》也持同样的观点：“凡夷人之乱有原而其来者有召，盖墨吏之剥削而加以豪举之蛆蠹，彼其摇撼窒缩而无所于控也，而夷始愤愤而无以为之解，则开出于草窃攘劫以泄其不能平之怨。而计事者不问其由，不治其魁，概而欲芟蕴之以为功。”[②] 顾璘在《初至全州》一诗中也指出了官吏的贪横不法：“闵兹丰俭故，所罪吏非良。噬肤遂及髓，割肉救疮疡。天高不能诉，仰失日月光。”[③] 顾炎武在《天下郡国利病书》中进一步论述了这一观点。在他看来，中央政府重中原而轻岭南，导致此地官员长期用人不当，实在是本末倒置：“然则岭南历世多乱，岂皆蛮僚之罪，抑当时朝廷制置失宜耳。嗟乎！监司守令，九重之指臂也，所以抚育斯民，

① （明）戴耀主修，苏濬编纂，杨芳刊行《广西通志》卷38《艺文志三》，第8页，转引自吴相湘主编《中国史学丛书·明代方志选》（六），学生书局，1965，第781页。据明万历二十七年刊刻本影印。

② （明）戴耀主修，苏濬编纂，杨芳刊行《广西通志》卷39《艺文志四》，第31～32页，转引自吴相湘主编《中国史学丛书·明代方志选》（六），学生书局，1965，第816页。据明万历二十七年刊刻本影印。

③ （清）汪森编辑，桂苑书林编辑委员会校注《粤西诗载校注》（一），广西人民出版社，1988，第233页。

表 4－2　明代吴文华《粤西奏议》所记载广西官员劣行一览

<table>
<tr><th>职务</th><th>姓名</th><th>劣迹</th><th>具体案例</th></tr>
<tr><td rowspan="5">融县知县</td><td rowspan="5">邓仁</td><td rowspan="5">收支索例，听断受财，物议沸腾，诸所不职；不守官箴，专一贪肆；滥受贿赂；故纵亲男邓林乔出外寻事索财，带来里人何竹池衙内主文，每日跟随出堂指麾吓骗，贿赂公行，邑民有事到县者，名为人虎口，又为落火坑，恶迹多端；又任户吏曾国椿，兵吏熊俊思，千长王善教，哨官李廷俊，皂吏李文粹、曾积便、李襄等说事过钱</td><td>有本县民覃保光被诬人命事情，告县拘审，邓仁欲行曲断重罪，覃保光惧怕，将银二十两，凭工房吏覃祯过送不究。邓林乔亦索得银八两，何竹池索得钱四千文，折银五两</td></tr>
<tr><td>民欧进禄被诬奸情，差皂吏李襄拘审，邓仁重加刑责，欧进禄畏怕，将银十两，凭李襄过送入衙。何竹池索得银二两</td></tr>
<tr><td>壮民莫金安殴打覃三弟，因病身故，告发到县，莫金安畏怕出官，将银十五两凭哨官李廷俊过送邓仁买免。后李廷俊串同何竹池乘机诓骗莫金安银四两，各分二两入己</td></tr>
<tr><td>里长覃佛政甲下人户覃屋兴被告人命，凭皂吏李文粹将银十五两过与邓仁接受，不行究报。邓林乔索得银五两，何竹池得银二两，李文粹又与皂吏李协乘机吓骗，李文粹得杉木板一副，值银五两，李协得银一两五钱</td></tr>
<tr><td>民人葛汝俊因奸唐汝广媳妇，事露拘审，将银五两送与邓仁，遂不查究。何竹池亦索得银一两</td></tr>
<tr><td rowspan="4">左江兵备兼分巡道广西按察司副使</td><td rowspan="4">徐某</td><td rowspan="4">性醇笃而明察欠周，志谦冲而振刷未力，驭下疏于防闲，左右恒投机以射利，任人偏于听信，邪佞每抵隙以营私。书手何述，积猾也，道务任从禀复，起家至数百金，而把总廖世荣复与表里为奸，大张指诓之局；同知周易，憸人也，宪度听由播弄，获利以数千计，而推官叶蒸且因桑梓求媚，共逞吓骗之谋；流属土属，馈遗多不拒却</td><td>为交趾竖碑，禁革开关常例，本以植纪，周易索夷财三百，指为送道称谢，行迹终属可疑</td></tr>
<tr><td>为思明委官，查勘府州疆界，本欲息争，周易受府贿千金，称为解道打点，议论今犹未白</td></tr>
<tr><td>下雷峒许宗元，桀骜恶酋，拿监南宁是矣，听刘南金巧禀，顿释不治，而四百两之馈，何述从中阴分，全然委心弗察</td></tr>
<tr><td>思明州黄恩隆，谲诈计袭，印贮太平久矣，信何述奸言，议文请给，而五百金之贿，陈大全通同共骗，岂是塞耳无闻</td></tr>
</table>

续表

职务	姓名	劣迹	具体案例
隆安县知县		偏拗多欲，残刻寡恩，外工粉饰以猎名，内实恣横而播恶，征收勒耗；派里甲以諂事府官，馈送岁无宁日；括土货以装卖原籍，舟楫运无休期	总甲林德俸等可查，奸书黄万兴飞诡问革，馈银五十，复充总书，县民怨入骨髓
			猾门陆万贤致富纳吏，送银三十，准参兵房邑事，任从禀嘱
			四乡良民苦遭财狼之毒，书手林时茂等七名丈册稽迟，各罚银三两五钱，又将手钉亭柱一日，邑人目为桀纣之刑，陆父益被攀罚银比并监死矣
			黎朝冻、陈元保良商无犯，登时毙之杖下者，则以林德俸妄禀之冤
			凌端偷牛，行贿从轻免究矣
			马子昂、马子金同盗杀人，取结释之狱中者，则以黄马四十之馈
			骗土州逃住之民东兰韦子舜、田州郑子琼等，各有厚贿，俱欧实为之过送
			受图赖人命之贿，凌道清五十两，陆志三十两，另有罪银，皆陆万佳为之度入。宠门子陆万魁纳吏管库，受厚贿纵加秤头，又将分司后地给造私居，全然不顾公法
			恨乡官马一新讥刺毒刑，诬重情开单访拿，及至到院道解审皆无实迹，哄然大失士心
			周清以夺排送五十两
			陆紫兴以占坟送三十两
			林正庭被诬人命，罚金又加访（妨）害，人共称冤
			马尚贤因威逼索五十两
			陈活因乱伦索二十两
			范景麟育女服毒，骗银复罚修学
			因原任典史谢克仁应朝去官，匿其盘费，任从禀揭无还
			怪升任典史杜应业奉承不周，阴报废疾，若非补考验明，几遭毒手

续表

职务	姓名	劣迹	具体案例
太平府通判		胸藏鳞甲，性恋苞苴，逢人辄生机械，到处便肆诛求；审词讼概拟有力，追呼急如绞绳，虽卖男鬻女而不顾；假访察累及无辜，逮系燥如束湿，必输金纳贿而始休	征粮每石取旧规一钱，又罚土目违限罪银自五两以至八两，许清等科纳可据
			督册每州取坐堂五两，又勒土书羊酒常例自八两以至十两，苏盈等敛送有凭
			署左州半年，每日派马价银六钱，供应银六钱，而村落贽仪更多方以遍括
			署永康八月，每月扣轿夫银二两，皂吏银三两，而炯灶常例恒峻法以取盈
			养利一州，每里索见面五两，其初署之馈乎，而粮耗每两加五，缺薪侵费五十，不思明例之有违
			思恩九司，每司取贽银五十，其初摄之规乎，而供应日折二两，茶果日收五钱，罔恤民膏之已竭
			母舅强奸甥女，下旺黄峨已拿监矣，得银三百两即行释放，是法可以贿骫也
			叔父强奸侄女，左州赵权已告发矣，入贿二百金，仅拟不应，是狱可以利鬻也
			侵匿崇善之柴薪，径充私囊，致程知县捐俸代赔，能不腼颜于属吏
			谋署本府之堂印，暗揭推官，非王知府加意调解，几致毒螫于寅僚
庆远府推官		智猾心贪，色厉行鄙，寓柳州已著淫声，勘田州尤彰秽行	富宦张松故绝，搜掘千金以散族众，而乾没其半，伊妾蔡氏又被骗八十两，痛恨不胜，族人张迪求继，罚银五百
			张师善奸占吴氏家财，吓欲报院访拿，骗银二百，竟置不闻
			张成之招集荡子赌博，声言拆毁摊场，受贿六十，乃从轻释
			韦廷印诬告照提已拿责监矣，复禁二子以勒贿百金，无措而三命同夜缢死，阖郡称冤
			彭垅土司承袭已经详允矣，责令多仪以称谢八十，既投而尺符登时照给，诸酋嗤笑
			宋锯谋弟夺妻，送银四十两而张禄李氏各以行贿开释，过付者纸户高尚也
			蒋用中、王钦皆因纳贿免罪，度入者门子梁宋也

续表

职务	姓名	劣迹	具体案例
南宁府知府		志匪高明，行实秽浊；每月准词状六次，概差千长下乡亲提，岁赎甚多而登报有几？每日定牛判二两，惟任屠户沿村索骗，岁收甚厚而正支几何	李尚弼殴人至死，凭兵吏谢掌纶送银百两便从轻罚，后知巡道访查，复拟掌纶徒罪，是谓欲盖弥彰
			江一鲤被诬人命，纵杨州殷妾父索银三百欲为开释，旋因奏办不敷，反拟一鲤重刑，见在审录驳问
			受土官之财，则忠州馈白银二百两，迁隆馈黄金二十两，皆得抗差免提，何由行法？
			纳武弁之赂，则王指挥送二百，赵指挥送一百两，皆得寝案免究，作何伸冤
			张希尹以管库送四十两，雷春鸣以争田送八十两，而莫汝南、陈伸之各因事行财不等，曾许皆为过付
			梁有銮以冒籍送三十两，雷一贯以人命送六十两，而余重美、程养胜各构讼纳贿有差，鲁许且多私索
			长男次男出奸民家子女，皆马世伦为之通引
思恩军民府知府		专任狱官李香审词纳贿，致起李二府之名；始用仓吏劳与爵，继又兼用千长曾明通事过钱，遂招打猎狗之号	王如枪新袭巡检，印当给与也，谎追贮库，凭劳与爵索银三百始给，谁不闻知
			黄旦被诬杀人，情尚未的也，重责收监，央劳与爵送银六百始释，人所共恨
			商人李二欺奸叔母，得银一百两而从轻发落，何以端风
			民人蒙本胜通奸族妇，受赌二十金而反责亲夫，何以正俗
			覃文显与黄正告争土村，其理虽直，然非文显百金之馈，案终又悬
			曾礼重与蒙厚告争山地，其情未判，既得蒙厚三十之金，词遂偏断
			里民潘想告领绝户田过多，听从县断可矣，纳重贿而准状翻案，是何孔兄之有神
			典吏林舜化攒造保甲册甚迟，欲行责究似矣，受厚馈而徇情免提，是何法体之易挠
			周于峰强奸人妻，入百金仅得杖发
			骆朝周放债被告，非得六十两为馈，何能脱身于虎口
			刘土舍殴妻致死，馈六十两故从轻释
			黄肇兴被取黄金，送银二十不受，竟毙家人于狱中

续表

职务	姓名	劣迹	具体案例
左州知州		佞口柔肠，险心浊行，用门子张及祖为腹心，纳苞苴多由过付，人有张二爷之谣；任吏书罗一举、金成积为手足，受贽礼纵令横行，境有三知州之号；民词不问曲直，每名概坐三两六钱赴诉	受富商何伦之嘱，代追远年私债，以五钱而监死一命，于心何忍
			拟屯军苏邦政之盗，严併有力赎银，以一罪而缢死一男，于法何峻
			何国泰捏告零显红刁拐人口，本为债负也，倍追利钱，又罚有力之赎，以致赴府诉辩，能不汗颜
			曾于翰诬指彭永恒家奴盗主，原属虚情也，重拟罪赎，又追给主之赃，若非诉府剖明，何由雪枉
武缘县知县		才竦耳且重听，景暮志惟私图。任门子张九衢过付，广开贿赂之门；用皂隶李连等寻事，肆张诛求之局	潘邦道以人命送银二十两，唐祖依以诬告送银三十两，皆张九衢为之过送，而衙墙开窦，银连状以并入者，有难悉陈
			李仲华以私和罚银八十两，李天性以人命罚银三十两，皆危继仕为之送入，而村落良民，事无干以滥罚者，不可胜记
			黄体要盗杀邻人一狗，甚小事也，访拿问徒追赎，又连邻佑十四名概追五十余两，则恶书陈富禀害，是遵何法耶
			梁村民打死邻人一猪，甚细故也，坐访私和盗情，通将同村二十余人总罚八十余金，亦门子张九衢敛送，是惩何罪耶
			张谧告争田土，骗银三十两而逼致远逃，又将六亲黄文明、李蓁等索凑二十两，民情何以能平
			李登逐妻告奸，得银四十两而枉断离异，又将耳氏、阮氏各罚三两六钱，物议莫不称屈
武宣县知县		才本昏庸，志复污下；审断论贿不论理，每件二十三十有差，厢民庾时隆过付可证；里甲责令日供吏胥，任从舞智处躬，寡廉鲜耻	韦长远年人命已经结明，又搜前事取银十两，过付者门子贾德绍也
			赵聚周打死族人自应相验，指办什物索银二十两，交进者门子黎祖也
			黄公主欧召以斗殴杀人而各送三十金，遂为轻豁，老人陈朝禄经手甚明
			梁钱平、钱凤以被人图赖而共送四十八两，方得了息，田主黎德宏潜通不爽

续表

职务	姓名	劣迹	具体案例
恭城县知县		政体多迷，利心且重，公事凭吏书以指画，民词见贿赂以低昂	库吏莫宗相侵盗官银已收监矣，受贿十五金遂免申究，是曰纵奸
			恶瑶俸百五扰掠民命已拿禁矣，得银二十两空自释回，实为长乱
			常显裕等既苦前官加赋，因夫马少迟而再增四十石，何怪告诉之纷纭
			滥受壮村词讼已违正法，又纵百户许可立之横为，夺于县门而再问，何以禁掊克之奸
兴业县知县		以暗弱承积弊之政，丛挫益滋；以疏纵驭久恋之奸，横扰四出	纵典史冯尚文受词科罚，致死非命，曷称约束于幕官
			任千长梁赵活等下乡勾摄，打诈平民，何以制钤于积棍
			审瑶编轻重已失伦矣，又匿榜不挂以愚人乡村之多纳者，欺匿无算
			听词讼是非已莫辨矣，又纵吏受贿以改审原被之之质成者，冤抑奚伸
			相验人命，则委老人林子悦，以致欧毒不分，原告梁伯用之被骗数十金，孰任其咎
			亲检死伤，则畏帮恶霍如孟，遂将审词两可，被告莫愠等之多费三十两，谁遣之辜
永福县知县		剖断弗决，邑务之废弛日滋，瑶壮忿争，不能谕解，徒置仇杀于罔闻；因循极多，废事姑息，徒以惠奸	受瑶银一百五十遂将村壮周监道田亩给种，以致壮逃出境焚劫民舍而罔闻，地方何由得靖
			署临桂夹毙无辜，岂云用刑明慎
容县知县		内凭吏胥之愚弄，外信厢老之媚承；词讼多投机以巧索	老人李应芳诈骗良瑶，既问赎锾，又罚修理银二十两
			则有猾吏周绍殷左禀，皂隶萧奇逢迎利口，因其任用，私索上班银十三两
			则有里长莫朝清可凭检验，全由仵作贿报，若非苍梧复检，则张应赖等谋杀大憝何由伏辜

续表

职务	姓名	劣迹	具体案例
柳城县知县		事任猾胥主持，人有吏书县丞之诮；讼凭班头禀嘱，邑有皂隶主簿之谣；而私家派分打点，虽抱枉难以理伸；任民户告诉纷纭，事体全然不达	刑吏陶逵搀夺词状，并不究正，而多拘牵连人证，致私下请求该吏，肆行索贿，有钱登时拘审，无钱终岁寝阁，其陶逵之舞法为奸乎
			而外县移关提人，虽屡催竟被财歇，县官未审人犯，皂隶先定罪名，其梁以让之纳贿招权乎
分守柳庆地方游击将军管参将事	金丹		用土舍韦志隆为膺犬，扰壮索财，延及数十村，而私柬公移，无不曲为庇护
			受徐监生嘱银四十两，诬良壮徐胜保为盗，遂夺田庐转给，非得诉道辩明，变将安极
			得张指挥赂金三十两，指村壮潘仁接行劫，搜掠财物一空，非赖真盗拿获，冤将何伸
			莲花等村听抚多年，目为恶贼而妄杀以报功，劳知县之力争，竟遭揭害
			水南村民娶妇夜行，诬为犯夜而责监以罚赎，萧哨官之妄禀，遽尔曲徇
			壮人韦扶戏偷取蓝种，小事也，榜禁欲勒厚财
			韦仲晓等之挖坟被获，又得牛五十释放，公然敢于卖贼
			民人甘德稳与兵争竞，细故也，箠楚几致丧命
			吕朝华之明买人口，径杖夹二百收监，悍然故行殃民
守备兴安	拱时	凭家人拱定等用事，而书手张黑儿、班头陈劳咸得指画以滋奸，统成三略弗闲；任牢子朱明九等招权，而缉事刘双塘、千长陈福明均能交通以纳贿；各乡瑶民或大事中事小事，闻官各有罪赎，视家贫富以为差	故纵驿骚杨进勇以争婚送银十五两，杨清保以偷禾送银十两，有陈永器、杨盛亮过付
			韦正之劫财不究者，非以十两买免耶
			韦振道以劫杀馈银二十两，杨氏以偷盗馈银伍两，有唐子美、王景三见证
			杨朝二之人命幸免者，非以三十两入衙耶
梧州府管粮通判		多重罚而虐民；任奸胥狐媚招权，礼吏徐谏之舞法尤甚	刘宗彬以人命馈银二十两，莫迟叙以私宰馈银十二两，皆恶皂禤旺之过送，而指官私索者尤多
			纵隶卒鸱张为毒，保长莫居澄之自尽何辜

续表

职务	姓名	劣迹	具体案例
富川县知县		年方壮而性气则偏，才粗通而民情弗识。书手李伦，东省积猾也，因迎接任为总书，而牌子陈福，共滋指骗之奸；老人毛闰辉，一方巨蠹也，喜逢迎时批审状，而民壮张德同，张吓索之局	指修理以私科，富瑶盘天真之生事重罚，夷方曷自辑宁
			查牛判以苛取，顽民周宗泰之拒捕脱逃，汉法何由振饬
			锡坑何汝贤等初以犯禁拟罪矣，未几阴纵私开，则李伦之送例有凭
			钟山陈厚四等既以领银买禾矣，又复沿门敛费，则钟朝实之吓财弗禁
			何琏二十致馈情因人命，而何祥保之奸婶，李伦诈银三十，迹尚可疑
			蒋养姑首饰度入事缘奸情，而卢体贵之盗马，陈富吓钱十串，奸终莫察
天河县知县	丁时桢	政尚刻深，行恣贪污，寄腹心于门皂，而李海、罗文锦无籍之徒，皆得肆志以需求；讬爪牙于吏书，而梁瑞、吴明旺经配之恶，咸获舞奸以科骗；土狼之怨恨已深，监追纸赎，则一方罪犯每鬻子女以偿官。村民之逃移甚众，此一臣者计锱铢于瘠土之区，行峻法于杂夷之民	厢民施扶环，妻本误药致死也，藉服毒之禁，罚银一十五两，即李海等各索酒钱，岂云罚当其罪
			罢吏何世科，罪已批赎监追也，受保放之属，又复拘监二女，致何世科夺门放出，真谓贪而畏人
			审徭差，惟视贿以为重轻，竟致改编于邻邑
			理词讼，恒听奸以行唆属，何以折服于游词
永淳县知县	谢鲲化	衰颓备见，老态庸腐，全非吏才，酣狂药而一味糊涂，尽凭吏书之播弄；惑奸言而百事废弛，坐视案牍之积堆；受伺接之贽，则库吏苏绍曾、黄龙以油绢台盏得点官库，而皂款黎三受等四十二名各有叩头一两，民款万邦实之敛送可据；纳见面之礼，则总书王三接、梁一渠以馈银二十得滋奸弊，而冬头周大赉等六十名亦有常例一两，书手陈松冈之领进有凭；此一臣者疏庸徒以滋弊暗，弱奚堪长民	举人万俸为家仆缢死人命，声言检验，罚取衣物银三十两，遂得领尸以烧化，是遵何法耶
			老人苏亚阳因木匠交口病死，具告验明，复送谢礼银二十两，且馈十金于松岗，是罚何罪耶
			公费支用已有条编，犹责里甲以供应，见年之苦累奚堪
			私衙买办自有正值，犹凭奸胥以克减，铺行之亏损无诉
			纵童仆出街饮戏，虽贻笑于士民而不羞，任群小指官诓骗，每移情于讼狱而无禁

资料来源：（明）吴文华：《粤西奏议》卷3，全国图书馆文献缩微复制中心，2006，第468～479、500～502、504～539、547～551、792～796页；卷1，第151～156页。

全赖良吏，其休息安危，莫不由之，又可易其选耶。内地人民伊通阙廷，监司往来如织，号令所宣，阎闾必达，借使守令或非其人，冤抑易诉，诣监司而不获，则里粮走阙下耳，是内地亲民之吏，犹可非其人也。至岭表则不然，远者去京华万里，终岁道途仅能一诣阙廷，而又荒陬绝域，程驿邈焉，监攃不能周及，守令苟非其人，则冤民无由申诉屈抑。既甚，则其势必将为乱，是远地亲民之吏，不可非其人也。而历代铨荫，反以内地为重，以边方为轻，是何倒置之甚哉！”[①]

（三）清代广西司法官员状况

清代虽然加强了对边疆地区的司法控制，尤其是对苗疆的渗透，乃前代之冠，但广西官员的任命情况并无多大改观，大部分官员的素质依然不尽如人意，难以与内地相比。“有清之世，一仍前制，相沿未变。守令政繁则聘刑幕以佐理，是以刑法之当否视守令之贤不肖以为衡。守令明察，狱讼或不至失当，即昏庸之辈，亦不过失之于听断不明，害尤未甚也。不幸而遇刚愎成性、残酷横暴之守令，不惜草菅人命以酿成民怨沸腾，铤而走险，其为害可胜言哉？”[②] 许多官员都把到广西上任视为畏途，认为是自己仕途不顺，因而挑肥拣瘦，如沈日霖《粤西琐记》就记载：“广西地瘠民贫，俱属苦缺，故选人以为命运低。选广西，然亦间有善地，选人复编为口号云：莫要怕，选宣化，莫要急，选怀集，莫要怨，选贺县，莫要慌，选永康，莫要愁，选北流。呜呼！既作显官，复求美缺，但欲肥其身家，竟民社之罔顾，官方之不可问，抑亦甚矣。”[③] 事实上，如果官员一心为民做事，是根本不在乎任职地域的，如果对任职地点挑挑拣拣，那只有一个原因，就是任职地点是否能给自己带来最大的利益。

广西的官员，即使是一、二品的督抚大员也多才具平庸，贪肆嗜利，公然需索，如嘉庆十九年（1814）上谕军机大臣等：“成林在（广西）

---

① （明）顾炎武：《天下郡国利病书（十一）》卷27《广东上》，第1页下~第2页上，台湾商务印书馆，1966，上海涵芬楼影印自昆山图书馆藏稿本，四部丛刊续编第80册。

② 佚名：《贺县志》（民国二十三年铅印本，中国方志丛书第20号）卷3，第29页，成文出版社，1967，第194页。

③ （清）沈日霖：《粤西琐记》，转引自劳亦安编《古今游记丛钞（四）》卷36《广西省》，台湾中华书局，1961，第97页。

巡抚任内，声名平常，其恣意贪侈，必有实在劣迹，自应彻底查办……成林于首县置办铺垫等项，并不发价，并家人裴兴等索要门包，每逢年节开送众家人名单，即在所给门包内分别赏给，以致家人益肆无忌惮。"[①]清末以后更是如此，尤以光绪年间为最。光绪十二年（1886）上谕："现署广西藩司、本任臬司庆爱，在粤多年，毫无表见。自升任臬司，兼摄藩篆，需索陋规，吸食鸦片，倚门丁项姓为心腹，遇事招摇，潜通贿赂。"[②]光绪二十三年（1897）上谕军机大臣等："有人奏（广西）疆臣徇私殃民，蒙奏酿乱，署臬司等朋比为奸，县令浮收虐民各折片。"[③]光绪二十九年闰五月（1903年6月）上谕军机大臣等："有人参奏广西糜烂日甚，巡抚王之春欺罔不职，请派大员查办。"[④]光绪二十九年七月（1903年8月）上谕内阁："广西游勇、土匪蔓延滋扰，皆由营伍废弛，吏治因循，历任巡抚漫无觉察，以致酿成祸患。现在地方糜烂，民困益深，全在文武官吏，加意拊循，力除壅蔽。"[⑤]光绪三十三年（1908）上谕："有人奏广西守令昏谬贪残，罔恤民艰，请饬查办严惩。"[⑥]

道、府一级官员亦是如此，同治八年（1869）上谕："广西候补道李均，贪鄙险诈，善于钻营，向有凶人之目。"[⑦]光绪二十八年（1902）上谕军机大臣等："广西桂林府知府孙钦晃等，均有执法营私情弊……署臬司黄仁济，欺罔险诈；右江道瑞林，庇贼殃民。"[⑧]州、县等基层的官员更是乘机蜂起贪污，肆虐害民。如乾隆二十七年（1762）上谕军机大臣等："苏昌题参贺县知县朱三元，贪婪不职，致毙民命一本。朱三元身为县令，不能廉洁自持，乃以借欠京债，屡次勒索商埠绅士银两，致令何朝相畏刑毙命。此等情罪，非寻常贪婪可比。"[⑨]道光十六年（1836）上谕军机大臣等："新升广西西隆州（今隆林各族自治县）知州赵铭彝，贪酷性成，肆行无忌，莅任以来，声名狼藉，远近咸知。该县士民，编其

---

① 《清仁宗实录》卷292，第5~6页。
② 《清德宗实录》卷229，第2页。
③ 《清德宗实录》卷404，第3页。
④ 《清德宗实录》卷517，第3~4页。
⑤ 《清德宗实录》卷519，第5页。
⑥ 《清德宗实录》卷584，第9页。
⑦ 《清穆宗实录》卷257，第11~12页。
⑧ 《清德宗实录》卷508，第8页。
⑨ 《清高宗实录》卷664，第19页。

劣迹十条，赴河北道衙门呈控。”[①] 光绪九年（1884）上谕：“署广西全州知州陈亲宗，前署岑溪县，信任门丁刘菊轩，诈扰闾阎。迨署任全州，仍倚任该丁勾通痞衿，遇事讹诈，命盗等案，必索规费，或反将事主羁押拖累，以致怨毒四塞。”[②] 光绪二十九年（1903）两广总督岑春煊奏：“已革贵县知县陈景华，残忍异常，行同盗贼，请加重惩。得旨：陈景华着即行正法。”[③]

事实上，以上记载并不是个案，而是清代广西官员整体素质的写照。最有支撑力的证据是，清政府每年都会对各地官员进行考核，基本上是每隔三年一次，但有时时间也不定，考核的表现分为卓异、疲软、年老、有疾、才力不及、贪官、不谨、浮躁 8 个等级，其中除了卓异是正面的评价，相关官员可以留任和升迁外，其余均为负面评价，相关官员将被降职、革职、免职或查办，分别视情况予以处分。根据《清实录》的记载，对广西官员的考核，最早自雍正四年开始，最后一次是在光绪三十四年。从每年考核的情况（见表 4 – 3）看，获得卓异的官员是极少数，其数量远远低于获得各种负面评价的官员，许多年份还是零，而考评为疲软、年老、有疾、才力不及、贪腐、不谨、浮躁的官员年年都有，这足以说明广西官员整体素质和任职水平不高。

表 4 – 3　清代历年广西官员考核表现一览

单位：人

颁谕时间	疲软	年老	有疾	才力不及	贪腐	不谨	浮躁	卓异	资料来源
雍正四年（1726）	4	7	3	3		6	5	9	《清世宗实录》卷 41，第 14 ~ 15 页
雍正十二年（1735）江南、江西、云南、贵州、广西五省合计	1	8	4	17	4	3	3	3	《清世宗实录》卷 150，第 9 页
乾隆三年（1738）		3	3	1		4	2	27（福建、山东、广西、贵州总计）	《清高宗实录》卷 63，第 4 页

① 《清宣宗实录》卷 285，第 20 ~ 22 页。
② 《清德宗实录》卷 175，第 13 页。
③ 《清德宗实录》卷 519，第 5 页。

续表

颁谕时间	疲软	年老	有疾	才力不及	贪腐	不谨	浮躁	卓异	资料来源
乾隆八年（1743）	1	2	1	4		2	1		《清高宗实录》卷185，第4～5页
乾隆十二年（1747）	1		1			4	2		《清高宗实录》卷285，第1页
乾隆十五年（1750）	1	1		1		5	1	4	《清高宗实录》卷363，第11页
乾隆十六年（1751）			1			1			《清高宗实录》卷384，第17页
乾隆十八年（1753）（广东、广西、湖北、河南四省合计）	3	22	11	10		12	3		《清高宗实录》卷435，第7页
乾隆二十年（1755）		3	1			2	1		《清高宗实录》卷503，第11页
乾隆二十三年（1758）	1	1	1	1		1			《清高宗实录》卷577，第11页
乾隆二十七年（1762）		1						1	《清高宗实录》卷677，第8～9页
乾隆三十七年（1772）	2	2					1		《清高宗实录》卷922，第33～34页
乾隆四十一年（1776）	2	3		2					《清高宗实录》卷1003，第12～14页
乾隆四十二年（1777）	3	1						4	《清高宗实录》卷1046，第23～25页
乾隆四十四年（1779）	1	3	2	1				5	《清高宗实录》卷1077，第8～10页

续表

颁谕时间	疲软	年老	有疾	才力不及	贪腐	不谨	浮躁	卓异	资料来源
乾隆四十六年（1781）		5	2				2		《清高宗实录》卷1151，第12～13页
乾隆四十七年（1782）	2	1						3	《清高宗实录》卷1171，第5～6页
乾隆五十二年（1787）	2	2						5	《清高宗实录》卷1295，第12～13页
乾隆五十三年（1788）	1	3	2	2		1		7	《清高宗实录》卷1310，第19页
乾隆五十六年（1791）	2	5	2	3					《清高宗实录》卷1380，第22页
乾隆五十七年（1792）		1	1	2				5	《清高宗实录》卷1418，第33～34页
乾隆五十九年（1794）	2	6	1	3					《清高宗实录》卷1449，第4～5页
乾隆六十年（1795）	1							1	《清高宗实录》卷1481，第5～6页
嘉庆二年（1797）	2	5	2	1		2		5	《清仁宗实录》卷18，第11～12页
嘉庆七年（1802）		1	2					1	《清仁宗实录》卷106，第25～26页
嘉庆十三年（1808）	1	2	1					1	《清仁宗实录》卷197，第26页

续表

颁谕时间	疲软	年老	有疾	才力不及	贪腐	不谨	浮躁	卓异	资料来源
嘉庆十七年十二月初五日（1812年1月7日）	2	3	1	2			1	7	《清仁宗实录》卷264，第6页
嘉庆十七年十二月十九日（1812年1月21日）	1		2						《清仁宗实录》卷264，第20~21页
嘉庆二十年（1815）	1	3		1	3		2	7	《清仁宗实录》卷305，第24~26页
嘉庆二十二年（1817）	2		1					3	《清仁宗实录》卷337，第20~21页
嘉庆二十三年（1818）	3		2	3			1	8	《清仁宗实录》卷341，第28~29页
道光元年（1821）	2	5	1	1			1	7	《清宣宗实录》卷13，第23~24页
道光四年（1824）	1	3	1	1	1		3	7	《清宣宗实录》卷65，第29~31页
道光七年（1827）	1	1	1	2	1		1	6	《清宣宗实录》卷114，第24~26页
道光十年（1830）	2	2	1				2	8	《清宣宗实录》卷170，第16页
道光十六年（1836）		1	2	3	2			7	《清宣宗实录》卷279，第9~10页
道光十七年（1837）	2	1						2	《清宣宗实录》卷303，第21页

续表

颁谕时间	疲软	年老	有疾	才力不及	贪腐	不谨	浮躁	卓异	资料来源
道光十九年（1839）	1	2	3	3				8	《清宣宗实录》卷 319，第 30 ~ 32 页
道光二十五年（1845）	1	3		1		1		8	《清宣宗实录》卷 414，第 12 ~ 14 页
道光二十八年（1848）	4					2		8	《清宣宗实录》卷 452，第 46 ~ 47 页
咸丰四年（1854）		4	1	2		3		9	《清文宗实录》卷 121，第 21 ~ 22 页
咸丰七年（1857）		4	1	1		2		5	《清文宗实录》卷 220，第 8 ~ 9 页
同治二年（1863）	2		2	3		2	2	9	《清穆宗实录》卷 88，第 35 ~ 36 页
同治六年（1867）	2	3	2	1		1		7	《清穆宗实录》卷 208，第 12 ~ 13 页
同治八年（1869）	1	2	1	1		2		8	《清穆宗实录》卷 256，第 17 ~ 18 页
同治十一年（1872）	1		2			6	1	6	《清穆宗实录》卷 335，第 11 ~ 12 页
光绪三十一年（1905）		1		1		3		2	《清德宗实录》卷 541，第 11 页
光绪三十四年（1908）		1	2	1		3		2	《清德宗实录》卷 587，第 21 页

注：广西及河南副总河属员。

此外，自同治二年起，清政府开始实行奏参制度，即由各省督抚对当地基层官员的表现进行鉴定后报奏朝廷，然后由朝廷根据鉴定意见分别给予升迁、嘉奖或降职、革职、查办等处分。从《清实录》中的记载看，清代末年广西基层官员腐败日益加深，大部分素质低劣，贪横成性，且邪诈虐民。从对这些官员的评价可以体会到广西人民遭受的司法压迫（见表4－4）。

表4－4　清代历年被参革广西官员一览

<table>
<tr><th>颁谕时间</th><th>官职</th><th>姓名</th><th>评价</th><th>处分</th><th>资料来源</th></tr>
<tr><td rowspan="2">同治二年（1863）</td><td>卸署合浦县知县</td><td>毛仁麟</td><td>心术不端，行为巧诈</td><td rowspan="2">革职</td><td rowspan="2">《清穆宗实录》卷65，第40～41页</td></tr>
<tr><td>卸署合浦县知县</td><td>沈骏选</td><td>不知检束，声名狼藉</td></tr>
<tr><td rowspan="9">同治五年（1866）</td><td>泗城府知府</td><td>邹峄杰</td><td>年逾七旬，两耳重听</td><td>以原品休致</td><td rowspan="9">《清穆宗实录》卷170，第4页</td></tr>
<tr><td>岑溪县知县</td><td>景星</td><td>体弱多病，性涉因循</td><td rowspan="2">以教职降补，归部铨选</td></tr>
<tr><td>平乐县知县</td><td>施治鋆</td><td>识见浅狭</td></tr>
<tr><td>罗城县知县</td><td>袁昕</td><td>才具平庸，难膺民社</td><td>以县丞留于广西降补</td></tr>
<tr><td>兴业县知县</td><td>钟声</td><td>果于自用，文过饰非</td><td rowspan="5">革职</td></tr>
<tr><td>候补知县</td><td>江汝霖</td><td>性情粗率，不惬舆情</td></tr>
<tr><td rowspan="2">典史</td><td>朱秀棣</td><td>严行谬妄，挟制印官</td></tr>
<tr><td>何廉敬</td><td>延不赴任，潜回原籍</td></tr>
<tr><td>典史</td><td>周芝恩</td><td>行同无赖，不守官箴</td></tr>
</table>

续表

颁谕时间	官职	姓名	评价	处分	资料来源
同治七年（1868）	署河池州知州、试用通判	谭应祥	才具庸劣，声名狼藉	革职	《清穆宗实录》卷227，第26～27页
	代理天河县知县、藩库大使	郑金鉴	任性乖张，不知检束		
	补用同知	陈峥嵘	猥鄙性成，不知自爱	勒令休致	
	试用知府	胡尚濠	心地糊涂，举止乖谬		
	龙胜通判	高作梅	粗鄙近利，不惬舆情，曾经被控有案	以教职归部铨选	
	拣发知县	杨维城	才具平庸，难膺民社	勒令休致	
		珠拉杭阿			
	融县教谕	蒋承玠	年力衰迈	革职	
	从九品	盛时昌	性情轻浮		
		顾绳武	行止卑污		
同治十一年（1872）	道衔、候补知府……复署太平府事	陈秉彝	习染渐深，殊无忌惮，钻营包揽，无所不为，实属行止卑鄙	革职，并不准投效军营	《清穆宗实录》卷327，第8页；卷343，第2页
	平乐府钟山通判，前署平南县事	胡昶暄	任性妄为，贪婪无艺，撤任后犹复挟资谋缺，殊属贪鄙无耻		
	候补知府	朱腾伟	才识庸暗，嗜利妄为	革职	
	浔州府通判	韩镇岳	贪鄙性成，工于欺诈		
	左州知州	孙源	任性贪婪，绅民怨憾		
	凌云县知县	刘兴让	萎靡不振，操守平常		

续表

颁谕时间	官职	姓名	评价	处分	资料来源
同治十二年（1873）	藤县知县	李湘南	人甚昏谬，办事颟顸	革职	《清穆宗实录》卷353，第20页
同治十二年（1873）	委用知县	程绅	操守不洁，士论哗然	革职	《清穆宗实录》卷353，第20页
同治十二年（1873）	泗城府经历	郑三珠	险诈不驯，声名恶劣	革职	《清穆宗实录》卷353，第20页
同治十二年（1873）	西隆州州判	徐俊	举止乖谬，不洽舆情	革职	《清穆宗实录》卷353，第20页
同治十二年（1873）	试用州同	林廷选	人本平庸，且好滋事	革职	《清穆宗实录》卷353，第20页
同治十二年（1873）	试用州同	王宏熹	巧于钻干，声名平常	革职	《清穆宗实录》卷353，第20页
同治十二年（1873）	怀远县梅寨巡检	张鸿逵	藉事需索，扰累地方	革职	《清穆宗实录》卷353，第20页
同治十二年（1873）	委用典吏	邹衍贵	心术诈伪，办事荒唐	革职	《清穆宗实录》卷353，第20页
光绪二年（1876）	候补知府	况逢春	利心甚重，颇遭物议	革职	《清德宗实录》卷41，第15～16页
光绪二年（1876）	试用同知	刁秉钧	心地糊涂，办事荒谬	革职	《清德宗实录》卷41，第15～16页
光绪二年（1876）	补用知县	朱炳	操守品行，均欠端谨	革职	《清德宗实录》卷41，第15～16页
光绪二年（1876）	补用知县	王大均	行为卑鄙，办事颟顸	革职	《清德宗实录》卷41，第15～16页
光绪二年（1876）	补用知县	何焨	嗜利任性，立身不谨	革职	《清德宗实录》卷41，第15～16页
光绪二年（1876）	补用知县	杨世任	才识昏庸，利心過重	革职	《清德宗实录》卷41，第15～16页
光绪二年（1876）	候补知县	孙为埻	嗜好太重，精神短少	勒令休致	《清德宗实录》卷41，第15～16页
光绪二年（1876）	试用同知	杨培芳	操守平常，声名甚劣	革职，永不叙用	《清德宗实录》卷41，第15～16页
光绪二年（1876）	平乐府通判	罗建威	操守平常，行为乖谬	革职，永不叙用	《清德宗实录》卷41，第15～16页
光绪二年（1876）	试用同知	徐光吁	居心凉薄，专事夤缘	革职，永不叙用	《清德宗实录》卷41，第15～16页
光绪二年（1876）	平南县知县	王朱馥	性情贪鄙，不洽舆情	革职，永不叙用	《清德宗实录》卷41，第15～16页
光绪二年（1876）	泗城府知府	梁炳汉	褊心少客，难胜表率	以通判谬补	《清德宗实录》卷41，第15～16页
光绪二年（1876）	补用州判	姚体渥	行为不谨	分缺先用	《清德宗实录》卷41，第15～16页
光绪二年（1876）	试用县丞	王汝鼎	行为荒谬	分缺先用	《清德宗实录》卷41，第15～16页
光绪二年（1876）	补用县丞	肖逢泽	行止不端	分缺先用	《清德宗实录》卷41，第15～16页
光绪二年（1876）	补用县丞	周进墀	操守不洁	分缺先用	《清德宗实录》卷41，第15～16页
光绪二年（1876）	试用主簿	王继青	贪婪夤缘	分缺先用	《清德宗实录》卷41，第15～16页
光绪二年（1876）	巡检	俞肇恒	行为卑鄙	革职	《清德宗实录》卷41，第15～16页
光绪二年（1876）	补用巡检	杨文焕	任性妄为	革职	《清德宗实录》卷41，第15～16页
光绪二年（1876）	候补从九品	蔡赞尧	遇事招摇	革职	《清德宗实录》卷41，第15～16页
光绪二年（1876）	永宁州吏目	张国柱	贪鄙谬妄	革职，永不叙用	《清德宗实录》卷41，第15～16页
光绪二年（1876）	候补府经历	吴煦	贪鄙钻营	革职，永不叙用	《清德宗实录》卷41，第15～16页
光绪二年（1876）	补用县丞	杨锡华	行止有亏	革职，永不叙用	《清德宗实录》卷41，第15～16页
光绪二年（1876）	试用从九品	王爵华	贪鄙无耻	革职，永不叙用	《清德宗实录》卷41，第15～16页

续表

<table>
<tr><th>颁谕时间</th><th>官职</th><th>姓名</th><th>评价</th><th>处分</th><th>资料来源</th></tr>
<tr><td rowspan="2">光绪三年（1877）</td><td>试用通判</td><td>沈用济</td><td>负气任性，办事乖谬</td><td rowspan="2">革职</td><td rowspan="2">《清德宗实录》卷64，第4页</td></tr>
<tr><td>委用知州</td><td>濮尚暄</td><td>迂谬糊涂，难膺民社</td></tr>
<tr><td rowspan="20">光绪五年（1879）</td><td>署崇善县、升用知县</td><td>陶家泰</td><td>志趣卑靡，声名平常</td><td rowspan="2">以府经历县丞降补</td><td rowspan="20">《清德宗实录》卷85，第7～8页；卷100，第8～9页</td></tr>
<tr><td>署临（灵）川县事、试用知县</td><td>程堃</td><td>办事颟顸，不知振作</td></tr>
<tr><td>桂林府司狱</td><td>周师尚</td><td rowspan="2">举动多乖，行为卑鄙</td><td rowspan="2">革职</td></tr>
<tr><td rowspan="2">县丞</td><td>吴林焱</td></tr>
<tr><td>蒋锡熊</td><td rowspan="4">不知检束，有玷官箴</td><td rowspan="2">革职</td></tr>
<tr><td>巡检</td><td>尹鋆一</td></tr>
<tr><td rowspan="2">从九品</td><td>史葛森</td><td rowspan="10">革职，永不叙用</td></tr>
<tr><td>徐溥</td></tr>
<tr><td>龙胜通判</td><td>陈绍奎</td><td>办事荒谬，众论哗然</td></tr>
<tr><td>署凌云县知县、补用同知</td><td>陈泰裕</td><td>性情浮躁，纵差虐民</td></tr>
<tr><td>补用通判</td><td>李可权</td><td>居心险诈，罔顾法纪</td></tr>
<tr><td>补用知县</td><td>张海平</td><td>行为不端，迹类市井</td></tr>
<tr><td>新宁州学正</td><td>张灿奎</td><td>嗜利无耻，物议沸腾</td></tr>
<tr><td>陆川县温水巡检</td><td>马中骏</td><td>违例执押，借端勒索</td></tr>
<tr><td>前署灌阳县崇顺巡检、试用从九品</td><td>窦尔树</td><td>行事荒谬</td></tr>
<tr><td>浔州善后局委员、试用从九品</td><td>雷献廷</td><td>昏庸躁妄</td></tr>
<tr><td>前署贵县知县、归顺川知州</td><td>何应祥</td><td>措置乖方，群情怨忿</td><td rowspan="4"></td></tr>
<tr><td>卸任凌云县知县、试用同知</td><td>罗长华</td><td>信任门丁，滥押无辜</td></tr>
<tr><td>署富川县知县、试用同知</td><td>崔桐</td><td>钻营取巧，言不顾行</td></tr>
<tr><td>署灵川县知县、试用知州</td><td>方功濬</td><td>任役舞弊，罔恤民艰</td></tr>
</table>

续表

颁谕时间	官职	姓名	评价	处分	资料来源
	补用同知、前在全州署任	梁学义	官声平常，承办仓谷，尤不核实	革职	《清德宗实录》卷85，第7~8页；卷100，第8~9页
	候补通判	程铣	办理厘务，操守不谨		
	柳州府学训导	周发春	违例擅更，藉案勒罚		
	永福县教谕	邱静观	贪鄙近利，不堪师表		
	候补布政司经历	刘楷	任性妄为，不知检束		
	试用巡检	罗福亮	天性残刻，操守平常		
	宁明州吏目	王汝植	性情躁妄，不洽舆情		
	候补县丞	李宗浩	举止乖戾		
	候补典吏	刘承澄	不安本分		
	卸署陆川县知县、补用知县	王瑞霖	屡审要案，草率糊涂	改为教职铨选	
	崇善县知县	陈荣洙	习气太重，难期振作		
光绪六年（1880）	候补知府	陈景奎	利心太重，办事欺蒙	革职	《清德宗实录》卷123，第8页；卷125，第8~9页
	补用知州	张发祥	性情乖僻，操守平常		
	前署西隆州知州、柳城县知县	刘德馨	操守不谨，声名甚劣		
	前署怀远县知县	杨自明	居心巧诈，办事颟顸		
	义宁县典吏	黄承德	擅受民词，纵差讹诈		
	桂平县穆乐圩巡检	缪昂	任意妄为，不守官箴		
	前署西隆州吏目、太平府知事	吴世仁	性情乖谬，心地糊涂		
	左州知州	张相臣	办事迂拘，舆情不洽	以府经历县丞降补	
	调署龙门协左营中军都司、本协左营守备	郑国胜	办事糊涂，质弱多病	勒令休致	
光绪七年（1881）	广西西隆州知州	龚启藩	罔恤民艰	革职	《清德宗实录》卷139，第19页

续表

<table>
<tr><th>颁谕时间</th><th>官职</th><th>姓名</th><th>评价</th><th>处分</th><th>资料来源</th></tr>
<tr><td rowspan="14">光绪八年（1882）</td><td>署合浦县知县</td><td>毓麟</td><td>听断颟顸，玩视民命</td><td rowspan="6">革职</td><td rowspan="14">《清德宗实录》卷 142，第 5 页；卷 151，第 10～12 页</td></tr>
<tr><td>全州知州</td><td>贵蒸</td><td>昏聩糊涂，玩视民瘼</td></tr>
<tr><td>隆安县知县</td><td>陈彝</td><td>性耽暇逸，嗜好太深</td></tr>
<tr><td>前署天保县事候补知县</td><td>江盛业</td><td>居心阴险，唯利是图</td></tr>
<tr><td>候补知县</td><td>薛文光</td><td>谲诈倾邪，利心尤重</td></tr>
<tr><td>卸署马平县事候补知县</td><td>冯元润</td><td>一味贪婪，不谙公事</td></tr>
<tr><td>候补通判</td><td>邹琳</td><td>素行卑污，不齿士类</td><td rowspan="4">革职，永不叙用</td></tr>
<tr><td>试用县丞</td><td>邓朝枢</td><td>声名最劣，有玷官方</td></tr>
<tr><td>试用从九品</td><td>金灿然</td><td>贪鄙妄为，藉端索诈</td></tr>
<tr><td>上思州训导</td><td>李挺芳</td><td>嗜利喜事，物议沸腾</td></tr>
<tr><td>镇安府事补用知府</td><td>尹锡纶</td><td>识暗才疏，难资表率</td><td>以同知降补</td></tr>
<tr><td>卸署龙胜通判、候补同知</td><td>蔡达卿</td><td>贪纵自由，罔恤民困</td><td>以州同选用</td></tr>
<tr><td>荔浦县知县</td><td>许叔僖</td><td>乖戾任性，不辨是非</td><td rowspan="2">以府经历县丞选用</td></tr>
<tr><td>候补知县</td><td>江贻规</td><td>庸懦颟顸，不胜民社</td></tr>
<tr><td rowspan="8">光绪十年（1884）</td><td>广西臬司</td><td>国英</td><td>情形竭蹶，入秋以来，精神恍惚，公事迟延，时复桀谬</td><td>开缺来京，另候简用</td><td rowspan="8">《清德宗实录》卷 177，第 2～3 页</td></tr>
<tr><td>试用同知</td><td>陈鼎年</td><td>行同市侩，有玷官箴</td><td rowspan="4">革职</td></tr>
<tr><td>试用通判</td><td>高先辰</td><td>荡检逾闲，罔顾名节</td></tr>
<tr><td>候补知县</td><td>陈茂圆</td><td>品行卑污，心地刻薄</td></tr>
<tr><td>周安镇巡检</td><td>杨惠孚</td><td>擅受民词，不安本分</td></tr>
<tr><td>前署思恩县知县</td><td>李树猷</td><td>听断颟顸，办事竭蹶</td><td rowspan="2">以府经历县丞降补</td></tr>
<tr><td>前署西林县知县</td><td>叶松涛</td><td>性情偏执，不恰舆情</td></tr>
<tr><td>修仁县知县</td><td>陈毓麟</td><td>才具平庸，难膺民社</td><td>以教授归部铨选</td></tr>
<tr><td rowspan="5">光绪十二年（1886）</td><td>贺县知县</td><td>孙浤泽</td><td>当地方灾祲之后，并不加意抚循，任意妄为，苛派勒索</td><td>革职</td><td rowspan="5">《清德宗实录》卷 232，第 1～3 页；卷 233，第 13 页</td></tr>
<tr><td>试用知县</td><td>王金钊</td><td>委买平粜谷米，购远迟延，玩视要公</td><td>以县丞降补</td></tr>
<tr><td>藤县知县</td><td>古魁芳</td><td>专庇势恶土棍，纵盗纵差，操守声名，均不可问</td><td>革职</td></tr>
<tr><td>苍梧县知县、署融县知县</td><td>文星照</td><td>办公竭蹶，未能振作</td><td>开缺另补</td></tr>
<tr><td>补用通判</td><td>王绍祖</td><td>委办厘金，擅自增添名目，并经商控有案</td><td>以县丞降补</td></tr>
</table>

续表

<table>
<tr><th>颁谕时间</th><th>官职</th><th>姓名</th><th>评价</th><th>处分</th><th>资料来源</th></tr>
<tr><td rowspan="2">光绪十三年（1887）</td><td>同知</td><td>丁焘</td><td>徇私纵放案犯</td><td rowspan="2">革职</td><td rowspan="2">《清德宗实录》卷 242，第 10 页</td></tr>
<tr><td>知县</td><td>徐芝</td><td>巧于钻营</td></tr>
<tr><td rowspan="16">光绪十五年（1889）</td><td>试用同知</td><td>胡廷培</td><td>不知检束，有玷官箴</td><td rowspan="6">革职</td><td rowspan="16">《清德宗实录》卷 274，第 7 ~ 8 页</td></tr>
<tr><td>署怀集县知县、补用同知</td><td>倪燊</td><td>居心贪诈，狡猾钻营</td></tr>
<tr><td>试用同知</td><td>景澄清</td><td>心地谲邪，言语荒诞</td></tr>
<tr><td>隆安县知县</td><td>刘应桢</td><td>任用门丁，声名狼藉</td></tr>
<tr><td>补用知县</td><td>陈铎</td><td>巧滑营求，嗜好太重</td></tr>
<tr><td>前署灌阳县知县、试用知县</td><td>吴墀</td><td>徇纵丁役，扰累闾阎</td></tr>
<tr><td>梧州府知府</td><td>陈善均</td><td>嗜利营私，规模狭隘</td><td rowspan="2">以通判降补</td></tr>
<tr><td>补用知府</td><td>林苑生</td><td>唯利是图，罔知大体</td></tr>
<tr><td rowspan="3">补用知县</td><td>伍世寿</td><td>遇事颟顸，难膺民社</td><td rowspan="3">以县丞降补</td></tr>
<tr><td>刘铎镇</td><td>才庸识陋，猥鄙性成</td></tr>
<tr><td>周世昌</td><td>办公不力，操守难信</td></tr>
<tr><td>补用知府</td><td>朱锦洲</td><td>老悖糊涂，难资表率</td><td rowspan="3">勒令休致</td></tr>
<tr><td>藤县知县</td><td>宋英</td><td>年力就衰，难期振作</td></tr>
<tr><td>补用知县</td><td>李延生</td><td>年老昏庸，难理民事</td></tr>
<tr><td>荔浦县知县</td><td>杨忠祐</td><td>精神不振，人地未宜</td><td rowspan="2">开缺另补</td></tr>
<tr><td>平南县知县</td><td>裘彬</td><td>考试草率，声名平常</td></tr>
<tr><td rowspan="4">光绪十六年（1890）</td><td>陆川县知县</td><td>刘诒曾</td><td>才力浅弱，不能胜任</td><td>开缺留省另补</td><td rowspan="4">《清德宗实录》卷 282，第 1 ~ 6 页</td></tr>
<tr><td>署天河县事、永福县知县</td><td>黄运春</td><td>性情迂执，不达政体</td><td>开缺以教职选用</td></tr>
<tr><td>署河池州事、柳城县知县</td><td>张景星</td><td>怠于政事，不洽舆情</td><td rowspan="2">以教职归部选用</td></tr>
<tr><td>合浦县知县</td><td>林兆禧</td><td>识见浅陋，听断无才</td></tr>
</table>

续表

颁谕时间	官职	姓名	评价	处分	资料来源
光绪十七年（1891）	宾州知州	刘凤纪	嗜酒任性，粗率乖张，苛虐士民，物怨沸腾	革职永不叙用	《清德宗实录》卷293，第4页；卷299，第16页；卷305，第3～4页
	前署宾州知州、试用同知	徐渤	声名狼藉，民有余恨	革职	
	署永康州知州、试用知州	曾绍班	纵容官亲，致扰闾阎		
	前署恭城县知县、试用通判	沈冀周	听断草率，官声平常		
	郁林直隶州知州	杨椿	习气太重，不洽舆情	撤回另补	
	代理防城县知县	孙鸿勋	乖张任性，并短交代	革职	
	恩隆县知县	陈敬诗	贪婪巧滑，催科烦扰	革职	
	代理修仁县事、试用知县	彭邦杰	多方渔利，民怨沸腾		
光绪十九年（1893）	试用通判、署龙胜厅通判	李光城	利心甚重，罔恤民艰	革职	《清德宗实录》卷328，第3页
	试用知县	黄体政	天性凉薄，声名平常		
	阳朔县知县	廖如鹏	才识迂拘，难膺民社	以教职归部铨选	
	试用知县	张师仲	性情固执，听断无能	以府经历县丞降补	
	柳城县知县	赵镛	才具开展，人地未宜	开缺另补	
光绪二十年（1894）	融县知县	李德新	捕务废弛，办案草率	革职	《清德宗实录》卷342，第2页
	雒容县知县	龚钦	饮酒读书，不理民事	以教职归部铨选	
	横州知州	萧宗幹	精神稍短，人地未宜	开缺另补	
光绪二十二年（1896）	桂林城营守备	祥麟	违误公事	革职	《清德宗实录》卷392，第7页
	奉议州知州	顾景璐	讳盗殃民		
光绪二十三年（1897）	合浦县珠场司巡检	张麟	办事粗率，操守平常	革职	《清德宗实录》卷400，第3～4页；卷412，第3页
	试用道	谢光绮	居心巧诈，招摇唆事，并有自拟札稿求委要差情事	革职，驱逐回籍，不准逗留	

续表

颁谕时间	官职	姓名	评价	处分	资料来源
光绪二十五年（1899）	署南宁府知府	魏绶先	营私近利，措置乖方	革职	《清德宗实录》卷454，第8～9页
	宾州知州	殷谦	遇事张惶，不恤民隐		
	富川县典史	潘鹤年	藉端需索，嗜利妄为		
	桂平县典史	翟钧	不知检束，控案累累		
	宣化县典史	李德馨	藉案谋利，遇事招摇		
	三官司巡检	魏润昌	倚势讹索，唯利是图		
	八尺司巡检	黄章烈	乖僻性成，捕务废弛		
	平乐县教谕	于朝弁	物议沸腾，不堪司铎		
	郁林州训导	钟德彰	行同无赖，不顾声名		
	桂平县知县	王仁钟	性情执拗，舆论未孚	开缺另补	
	兴安县知县	刘乃赓	办事疏忽，不洽舆情		
光绪二十七年（1901）	北海镇总兵	刘邦盛	办事颟顸，措置无方	开缺送部引见	《清德宗实录》卷483，第7页；卷489，第2～3页；卷495，第11～12页
	平乐府知府	吴其珍	老迈昏庸，公事废弛	勒令休致	
	补用知府	全文炳	带勇缉匪，约束不严	以通判降补	
	署西隆州知州、候补直隶州知州	杨际康	嗜酒任性，民怨沸腾	革职	
	候补直隶州知州	傅恩荣	粗俗鄙秽，有玷官箴		
	候补同知	孙澜	谬妄卑污，人所不齿		
	前署阳朔县知县、候补通判	余铭勋	心地糊涂，不理公事		
	卸署凌云县知县	彭光辅	貌似有才，声名狼藉		
	马平县知县	丁恒光	纵容索贿，擅放要犯		
	前署永康州知州、候补知县	吕德鳌	苟且图全，居心狠鸷		
	卸署江州土州同、试用府经历	陈祖谦	轻浮佻达		
	思管巡检	彭垚	劣迹多端		
	卸署怀远县知县	区渐逵	识闇才庸，难膺民社	以教职归部铨选	
	署隆安县知县、苍梧县知县	陈占书	捕务懈驰，人地不宜	开缺另补	

续表

颁谕时间	官职	姓名	评价	处分	资料来源
光绪二十八年（1902）	平乐协副将	庄镇藩	办事不公，操守难信	革职	
	请补宾州营参将	文成榜	嗜好甚深，心术巧滑		
	义宁协中军都司	庞熙政	年老糊涂，性复贪横		
	管带福军后营、广东试用知县	刘运文	纵勇滋事，纪律毫无		
	补用游击	陶梓彰	藉案勒诈，几酿事端		
光绪二十九年（1903）	候补知府	绶麟	精力就衰，难资表率	勒令休致	《清德宗实录》卷511，第17～18页；卷513，第18页；卷517，第17～18页；卷521，第8～11页；卷523，第15页；卷524，第8～9页
	平乐府麦岭同知	哈齐香阿	年老颓唐，不能佐治		
	河池州知州	张铭诚	讳匿匪情，饰词蒙蔽	革职	
	补用知县	高世澄	营私罔利，有玷官箴		
	安平土州州判	周应宣	苛虐土民，贪婪不职		
	横州学正	邓文泰	品行卑污，士林不齿		
	宜山县典史	颜贵钟	捕务废弛，颇招物议		
	贵县典史	张琴	身体多病，难膺缉捕		
	署桂平县典史	孙文海	遇事多欲，不知检束		
	龙胜通判	郭建中	信任家丁，罔知自爱	以府经历县丞降补	
	署东兰州另补知县	刘贻曾	怯懦无能，难膺民社		
	藤县知县	翁成琪	不通民情，才难胜任	以教职归部铨选	
	永宁州知州	李鸿宾	性耽安逸，人地不宜	开缺另补	
	北流县知县	梁骝藻	缉捕不力，难膺繁剧		
	桂平梧盐法道	黄仁济	居心险诈，取巧钻营，随办营务，几误大局	革职	
	桂林府知府	孙钦晃	不知检束，举动荒谬		
	平乐县知县	徐步瀛	衰庸刚愎，民怨沸腾		
	四川补用知府、前署广西北流县知县	袁宝璐	贪婪苛派，庇绅病民		
	北流县知县	梁骝藻	信任劣幕，恇怯纵盗		
	劣幕，现已捐分省通判	朱香溪（朱文炜）	屡被弹劾，恋栈无耻	革职，驱逐回籍	
	左江道	瑞霖	才具平庸，难胜重任	以同知降补	
	候补道	张堂荫	性进严刻，措施失当		

续表

颁谕时间	官职	姓名	评价	处分	资料来源
	知县	潘继鏐	同恶相济，朋比为奸	革职	
	捐升通判、前北流县典史	赵培			
	守备	邹世臣			
	记名提督	邱显铭	调度乖方，请假规避		
	记名总兵	廖长春	性懦无能，治军不严		
	补用游击	唐有德	纪律太坏，遗失枪械		
	罗城县知县	马振江	行止荒谬，勒派规费		
	署河池州知州、试用直隶州州判	唐登岱	声名甚劣，被控有案	先行革职，归案研讯	
	天河县知县	赵镇清	任用私人，操守难信	以府经历降补	
	兴隆土巡检	韦国器	违例擅杀，挪动军粮	革职，永不叙用	
	前署右江道、候补道	沈世培	措置乖方，讳饰贻祸		
	前署浔州府知府、候补知府	蒋志持	贪谬昏庸，罔知表率		
	署宾州知州、兴业县知县	沈祥麟	丁役索诈，民怨沸腾		
	前署柳城县知县、试用知县	薛治	纵容丁役，罔恤民艰		
	前署上林县知县、恭城县知县	孙焯	纵庇兵役，玩视民瘼		
	前署来宾县知县、候补知县	郁家珍	妄拿无辜，肆意虐民		
	署龙州厅同知、请补南宁府同知	罗家劝	办事昏庸，行同木偶		
	前署苍梧县知县、候补知县	宋彦成	纵役需索		
	前办绥远军营务处、广东候补知府	李宗道	狡诈贪妄，激变军心，致有营勇逃溃之事		
	兼带绥远军左营、广西候补知县	潘成秀	驾驭失宜		
	管带绥远军左营、分省补用知县	谢允中	有意纵延		
	庆远协副将	尚那泰	营伍废弛		
	庆远协都司	余觐光	巧滑性成		

续表

颁谕时间	官职	姓名	评价	处分	资料来源
	浔州协副将	松秀	疲软无能	革职	
	柳州府知府	赵涞彦	办理防剿，诸多乖谬	勒令休致	
	已革罗城县知县	马振江	纵兵奸掠，仅予革职，不足蔽辜	革职，发往新疆效力赎罪	
	前代理雒容县知县、试用府经历	刘华照	诬良为匪，到处勒索		
	前忻城土县委员、候补巡检	倪孝先			
	前署庆远府知府、候补知府	濮贤恒	调度乖方	革职，留营效力赎罪，以观后效	
	署南宁府知府、候补知府	黄英采	藉端需索，民怨沸腾	革职，发往新疆效力	
	前署广西提督	黄呈祥	营私侵饷	革职，永不叙用	
	广西拔贡、知县	赵荣章	抗团通匪	革职讯办	
	署桂平县知县	王元鼎	疏防重要犯	革职逮问	
	前署武宣县知县、补用知县	翁炳南	藉办团练，肆行勒索	革职，永不叙用	
	富川县知县	张文林	信任丁役，罔恤民艰	革职	
	前署武缘县知县、截取知县	魏达文	设局重抽，商民交怨		
	候补知州	傅沛然	性情嚣张，唯利是图		
	选用直隶州州判	张鼎星	朋比为奸		
	试用县丞	王猷	贪利营私		
	候选县丞	蒋裕光	胆大妄为		
	升补西隆州吏目、宜山县巡检	洪浩	擅受民词		
	试用巡检	方鑅	肆行无忌		
	昭平县知县	何庆辅	才具平庸，昧于治道	以教职归部铨选	
	署西隆州候补同知、直隶州	陈谟	性情贪鄙，与劣绅狼狈为奸	革职，永不叙用，华照发往军台效力赎罪	
	署龙州同知、试用知州	俞绍保	声名狼藉		
	署桂平县补用知县	华照	行同无赖，藉案勒索，呈控有据		
	候补知县	方丹阳	办理厘金，纵容丁役，留难需索		
	试用知县	姚肇枢	善于钻营，操守难信		
	横州知州	吴玉堂	猥琐不堪，难胜剧要	开缺另补	
	前南宁府知府	惠荣	勒财滥杀，纵容幕友	革职，永不叙用	

续表

颁谕时间	官职	姓名	评价	处分	资料来源
光绪三十年（1904）	调署太平思顺道、本任右江道	易顺鼎	自便私图，不顾大局	革职	《清德宗实录》卷529，第5～7页；卷533，第13～15页
	代理象州知州、候选通判	周朋寿	遇案苛罚，妄拿无辜，办匪恇怯，肆行虐民	革职发往军台效力赎罪	
	合浦县教谕	陈锦封	久病旷官，难图振作	革职	
	试用训导	庞历周	唯利是图，士林不齿		
	署广西思恩县知县、补用知县	吴莹泽	当匪徒阑入县街，事前既未防备，失事后又捏词欺饰	革职	
	署思恩汛外委、东兰营老棚汛外委	罗家丰	扶同隐饰		
	该管守备	龙金宝			
	北海镇右营都司	谭廷瑞	性好钻营，尤嗜小利	革职，永不叙用，并不准投效他省军营	
	廉州常乐汛千总	吴澄章	苟且营私，贪诈最著		
	准补容县知县	周绍濂	贪庸巧滑，纵匪殃民	革职，永不叙用	
	署归顺直隶州知州、候补知州	柳籛	贪黩性成，专事苛罚		
	升补龙州同知	郑国桢	终日醉乡，不理民事	革职	
	署上思直隶厅试用通判	周汉正	性情庸懦，办事糊涂		
	前署龙胜通判、试用直隶州州判	戴嘉善	纵容家丁，听断失当		
	现署龙胜通判、试用通判	高藩	贪劣无能，遇事敷衍		
	署罗城县知县、试用知县	栗彝	才具平庸，政事废弛		
	署灵川县知县、试用通判	陈为翰	志气昏惰，暗于治理		
	署上林县知县、补用知县	陈奎堂	办事因循，难期振作		
	署凌云县知县、候补州同	马树勋	差异浮征，毫无觉察		
	准补阳朔县知县	薛维均	性情颟顸，粉饰为能	开缺另补	
	思恩县知县	定保	质性凡庸，不知治体		
	丁忧广盈库大使	王嘉樾	玩法误公，行同无赖	革职，永不叙用	
	融县教谕	李桂荣	干预公事，无耻已极		
	岑溪县教谕	吴锡荣	司教无方，被控有案		
	撤任西隆州训导	许庆慈	图充讲席，阻扰兴学		
	候选教谕	文汉	包揽词讼，无恶不作		
	上林县三里营县丞	席克刚	荒谬绝伦		
	苍梧县东安司巡检	邓维清	缉捕不力		

续表

颁谕时间	官职	姓名	评价	处分	资料来源
	准补宣化县三官堡巡检	萧国煦	收厘扰累	革职，永不叙用	
	署怀集县慈乐寨巡检、补用典史	毛敬熙	贪鄙异常		
	署武缘县高井寨巡检、试用巡检	罗天琛	操守难信		
	署融县思管巡检、试用巡检	李炯	胆大妄为		
	平乐县典史	蓝国钧	昏庸老悖		
	富川县典史	冯家骅	擅理民词		
	忻城土县典史	许希衡	擅离职守		
	试用州吏目	谢绩懋	收厘不实		
	补用知府	黄凤岐	治军无方，布置亦未合宜	以同通降补	
光绪三十一年（1905）	候补知府	沈绍祺	放利而行，且有嗜好	革职，张屏、李兆周贪劣尤甚，并着永不叙用	《清德宗实录》卷542，第6～8页；卷544，第9～11页；卷549，第5～6页；卷550，第5～9页；卷552，第11～13页
		张屏	承商受贿，为数颇巨		
	前署宜山县知县、山西候补知县	李兆周	唯利是图，罔知廉耻		
	候补知县	李鸿勋	声名甚劣，民怨沸腾		
		张成濂	办事糊涂，似有心疾		
	东兰州知州	石家鉴	性情疲玩，不宜要地	开缺归部选用	
	北海镇左营守备	黎玉麟	贪利营私，纵容匪类	革职，永不叙用，并不准投效他营	
	合浦县知县	邹兰生	办事乖方，操守难信	革职，拔去翎枝	
	宣化县知县	李景骧	信任劣绅，怠理民事		
	开缺宾州知州	曾纪寿	行同市侩，唯利是图		
	上林县知县	邹铭恩	藉案勒罚，纵子营私		
	柳州府通判	贾春泽	罔知廉耻，官场败类		
	候补知县	滕代选	办理清乡，按名勒诈		
	候补知县	林鹤年	声名甚劣，行为可鄙		
	管带钦州团营补用守备	梁善新	取巧畏事，庸劣无能		
	广西尽先补用守备	罗秋华	罔知大体，惟利是视		
	天河县知县	王锡侯	办事迂执，不洽士论	开缺以府经历县丞归部铨选	
	前广西巡抚	柯逢时	任用非人	下部议处	

续表

颁谕时间	官职	姓名	评价	处分	资料来源
	广西拣发知府	书通	纵丁苛商，劣声昭著	革职，永不叙用。陈天爵潜逃回籍，着缉拿归案严审；赵楷并着归案讯办	
	下雷土司吏目	刘忠海	受贿纵匪		
	宜山县白土巡检	林显文	声名贪劣		
	试用巡检	陈天爵	索分匪赃		
	试用从九品	赵楷	苛敛索诈		
		全国梁	贪婪狡猾		
	天保县典史	吴启	贪诈虐民		
	试用未入流	刘璧美	行为贪鄙		
	拣发知府	润懋	昏庸鄙悖，败坏榷政	革职，周琦并着勒交门丁归案讯办	
	补用同知	李祥麟	弊坐私肥，习溺朋比		
	试用通判	张祺	疲玩废弛，短缺兵额		
	江州土州州同	范锡瀛	蒙领兵饷，见利忘义		
	候补知县	周琦	纵庇门丁，藉案索赃		
	补用知县	岑夑夔	滋弊困商，利心颇重		
	试用知县	甘祖翰	纵差奸虏，不恤凋残		
	试用县丞	余学浚	纵子为非		
	奉议州学正	阳国楷	声名平常		
	试用典史	王大猷	疲软无能		
	试用通判	吴靖	丁役滋弊，失于觉察	以府经历县丞降补	
	拣发知县	叶兰芳	奉公不慎，检束多疏		
	试用知县	向淦	办事浮华，巧于趋避		
		许炳煦	办公怠玩，约束不严		
	太平府训导	伍建邦	年力衰颓	勒令休致	
	武宣县知县	杨和埙	识暗才庸，难期振作	开缺查看	
	宾州知州	万昌	愿谨有余，才力不足	开缺另补	
	平南县知县	陈思悌	人尚笃实，繁剧非宜		
	天保县知县	续曾	才欠开展，办事迂缓		
	拣发知县	赵邦泽	性情粗率，惟平日办事尚勤	摘去顶戴，随时查看	
	试用知县	王道澄	办事任情，惟年富力强，尚勘训策		
	署灵山县候补知县	潘志裘	办乡滋扰，民怨沸腾	革职，翁璜永不叙用；卢栋云有控案未结，着归案讯办；俞征着严拿归案讯办	
	署广西平南县试用知县	王道澄	巧诈欺蒙，诸多弊混		
	署灵山县训导	陈经	行止轻佻，难资训迪		
	候补县丞	翁璜	带勇骚扰，恣肆妄为		
	试用县丞	陈德明	性近轻浮，言多躁妄		
	思恩县训导	刘家馨	不理人口，有玷厥职		
	署苍梧县长行乡司巡检	卢栋云	肆意横索，几酿事端		
	崇善县驮卢巡检	陈谦乐	性情粗鄙，难于造就		
	凤山土州同	韦述勋	事多敷衍，操守平常		

续表

颁谕时间	官职	姓名	评价	处分	资料来源
	署宜山县白土司巡检	杨继善	阘茸无能，罔知振作		
	试用典史	俞征	好弄刀笔，包揽词讼		
	候补知府	刘锡珍	声名平常，难资表率	以府经历县丞降补	
	灵山营千总	申福保	奸险狡猾，营利玩公	革职，刘仕元永不叙用，并不准投资军营	
	抚标候补千总	刘仕元	言语不清，精神萎靡		
	归顺直隶州知州	张杲	滥保匪人，簠簋不饬	革职，永不余用，易汝恒着归案讯案	
	怀集县知县	陈礼	虐驭巧取，以术济贪		
	试用县丞	易汝恒	侵吞土税，私售印花		
	试用巡检	叶再兴	假公婪索，吓诈良民		
	代理思恩府那马通判、分省补用同知	沈瑞麟	招摇舞弊，毫不远嫌	革职	
	思隆县知县	王宗沂	纵丁滋弊，藉匪苛罚		
	试用州判	欧阳文静	嗜赌好利，有玷官箴		
	试用县丞	范家祜	才庸信鄙，操守难信		
	临桂县典史	刁炳荣	需索囚费，声名素劣		
	前署凌云县知县、分省试用知州	杨湛华	性情浮滑，沾染习气	以府经历县丞降补	
	前署罗城县知县、候补知县	张绍元	貌诚内诈，治理多乖		
	准补宁明州知州	李肇均	庸朽无能，形同木偶	勒令休致	
	富川县知县	李恒春	性情柔软，才具短绌	开缺查看	
	荔浦县知县	陈修	才力竭蹶，难胜繁剧		
	藤县知县	吕笃	迂拘自囿，展布无才		
光绪三十二年（1906）	署思恩府知府、平乐县知县	楼守愚	物议沸腾，操守难信	革职	《清德宗实录》卷562，第6～7页；卷566，第8～9页
	开缺龙川同知	黄赞枢	断案草率，办事乖方		
	前署崇善知县、候选通判	杨象堃	嗜好甚深，昏庸贪劣		
	前署宜山县知县、试用知县	罗仰昀	任用非人，纵兵酿事		
	补用参将	李吉	性好钻营，罔知法纪		
	补用守备	卢奏勋	纵容逃勇，任意欺蒙		
	陆川县教谕	李文诰	品行不端		
	永福县训导	蒋士谨	干预讼事		
	上思厅照磨	王兴邦	胆大妄为		
	容县典史	周黼堂	声名恶劣		
	陆川县典史	吴振山	不知检束		
	试用巡检	肖汉章	嗜赌昏庸		

续表

颁谕时间	官职	姓名	评价	处分	资料来源
	试用从九品	曹本煜	贪婪无耻		
		方国钧	遇案勒索		
	平乐府麦岭同知	赵鹏举	才具稍短，人地未宜	开缺另补	
	河池州知州	李本诚	年少轻浮，不知检束		
	凌云县知县	熊光瓒	失察亲兵，聚赌滋事		
	候补道	倪懋礼	年已及耄	勒令回籍	
		邓辅绵	识见卑污		
	试用知府	李长禄	躁率干求		
	柳州府知府	贺源清	惮于去邪，不堪表率	以通判降补	
	候补知府	潘泰谦	溺爱过深，颇滋物议		
	开缺河池州知州	李本诚	轻佻浮荡	革职	
	怀远县知县	徐冲宵	约束不严		
	卸署来宾县知县、请补永福县知县	廖萱荣	违例科罚		
	按察司经历	陈纪奏	惟薄不修		
	卸署左江镇中军游击	陈新炳	巧于营私		
	候补都司	马汉	术工蒙蔽		
	补用守备	陈兆林	收受赌规		
	已革土州判	范钊	纵匪殃民	发往军台效力	
光绪三十三年（1907）	拣发委用知府	贵印	人地未宜，难资得力	回原衙门行走	《清德宗实录》卷569，第11页；卷570，第9页；卷571，第6~8页
		海康			
	那马通判	欧銮	纵任家丁，夺占民妇	革职	
	试用通判	梁葆谟	猥琐庸陋，旧染已深		
	试用知县	杨懿藻	行止多亏，声名极劣		
		林开荣	操守难信，识解太卑		
	试用州同	陈恩湛	貌似有才，居心巧滑		
	署全州山角司巡检、补用县丞	张三祝	失察诈赃		
	梧州府经历	林昌龄	操守不谨		
	太平思顺道库大使	房世恩	龌龊无耻		
	崇善县典史	王华国	贪婪猥鄙		
	署西林潞城司巡检试用从九品	刘振桐	胆大嗜利		
	试用巡检	罗昂	不孝昭著，捐案不确	革职，永不叙用	
	前广西右江镇守备	江鸿波	横行乡里，招摇生事	革职并讯办	
	署灵山县知县	阎梦谷	措置失当，人地不宜	开缺另补	

续表

颁谕时间	官职	姓名	评价	处分	资料来源
光绪三十四年（1908）	候补知县	倪光熊	侵挪学款，屡追不缴	革职，仍勒追缴款	《清德宗实录》卷587，第18～20页
	补用知府	石德芬	文学尚优，心不在事	勒令休致	
	前上林县知县	彭家桐	识字无多，吏治废弛	革职，易振兴情节较重，并着发往新疆效力赎罪	
	试用知县	罗锡章	貌似有才，利心极重		
	试用知州	陶家瑞	识见卑庸，老而愈滑		
	平南县知县	吴宝书	性情乖张，缉捕废弛		
	署新宁州知州、试用知县	金作鏞	兴学禁烟，诸多粉饰		
	天河县知县	杨家珍	听断糊涂，因循不振		
	署永淳县知县、试用知县	张广瀛	事多敷衍，声名平常		
	前署桂平县知县、试用知县	吴宝球	才具平庸，缉捕不力		
	前办浔州统税、准补明江同知	黄庆誉	失察司巡，困商舞弊		
	前办思隆统税、补用知县	吴邠	纵庇司巡，人言啧啧		
	藤县知县	刘绾道	治事疲软，嗜好甚深		
	阳朔县知县	丁棨庆	玩忽学务，泄沓性成		
	岑溪县知县	丁梦松			
	前署东兰州知州、试用知县	易振兴	苛罚滥刑，既贪且酷		
	南丹土州同	谌文翰	利心甚重，声名极劣		
	前署向武土州州判、试用府经历	谭永干	藉名募练，私收牛规		
	武宣县廊镇巡检	李鸿钧	办事粗率		
	候补巡检	黎锦沩	钻营取巧		
	试用巡检	陈道济	被控有案		
	试用典史	朱维新	心术狡诈		
	藤县训导	刘朝翰	卑鄙固陋		
	兼带庆防营、试用通判	雷文锐	缺额冒饷，玩忽防务	革职，永不叙用，胡敬宗、孙光斗并着交原籍地方官管束	
	前署宜山县知县、候补知县	王懋修	操守难信，物议沸腾		
	桂平县大黄江巡检	刘濬元	胆大嗜利		
	试用从九品	胡敬宗	嗜赌牟利		
	试用典史	孙光斗	行止有亏		
	容县知县	练毓璋	子侄用事，不洽舆情	开缺勒令休致	
	贵县知县	李彝坤	体弱多病，久旷职守		
	永淳县知县	陈品全	阅历太深，遇事取巧		
	署天保县知县、试用知县	梁骏猷	出身营伍，不谙吏治	勒令休致	
	前署昭平县知县、拣发知县	周尚端	弛于约束，惮于巡缉		
	署龙英土州州同、候补知县	李辉台	习染已深，难期向上		

续表

颁谕时间	官职	姓名	评价	处分	资料来源
宣统元年（1910）	准补象州知州	赵宗海	学务废弛，尚明例案	留省察看，开缺另补	《宣统政纪》卷8，第4~5、35页；卷12，第23~24页；卷28，第27~30页
	桂平县知县	曾广致	缉捕不力，才尚可造		
	武缘县知县、前在容县署任	倪育万	巧猾性成，讳匿盗案多起	革职	
	陆川县知县、前在试署任	梁祖训	工于钻营，议罚违章，用人不当		
	试用知县、前署平南县	刘祖恩	学务甚为废弛，捕务亦极玩视		
	向武土州州判、前在代理天保县	鲁厚堃	条理不清，办事竭蹶，并有违章加收税契之事		
	试用知州、委充土思州弹压委员	方中	胸少条理,办事因循……并有玩视要案之事		
	试用通判	黄荫福	貌似有才，心术险诈		
	试用通判、署来宾县	易祥麟	苛罚婪赃，查明实据		
	周罗司巡检	赵志远	违例擅受，被控有案		
	署下雷土州吏目、候选巡检	戴式潜	把持公款，藉学渔利		
	署五山司巡检、试用典史	袁文焕	沾濡嗜好，不堪造就		
	藤县典史	陶寿熊	巧饰戒烟，诸多不谨		
	灌阳县知县	魏志良	才具平庸，难资造就	开缺，咨送回籍	
	试用道	陈鸣惠			
	补用直隶州知州	汪文畬		咨送回籍	
	即用知县	李肇律			
	候补知县	周翰			
	试用知县	谢国南			
		谢宝森			
		区应庚			
		沈秉惠			
	补用知县	何宝符			
	另补知县	续曾			
		熊光瓒			
	广西融县知县	殷有鉴	玩视要政	革职	
	前署庆远府候补知府兼统庆军	阮志观	昏谬贪残，纵容勇丁，滋扰酿事	交部议处	
	苍梧县知县	庄炎	于委员翁璜收受赌商谢银，明知不究，并招用革役承充船行		
	前署阳朔县候补知县	钱振荣	于书差兵役人等弊混不法情事，毫无觉察		
	前署融县、正任思恩县知县	赵邦泽	纵容哨弁在署开赌		
	郁林直隶州州判	吴炳荣	代讯匪供，用刑严酷		
	准补钦州直隶州知州、番禺县知县	周汝敦	缉捕不力，承审命案，玩疲模糊	革职	
	龙门协副将	李庆云	约兵不严，操守难信		

从表4－4中可知，自同治二年（1864）至宣统元年（1910），广西共有约480名官员被参革，年均10.43名，其中光绪二十九年参革最多，全年广西共有72名官员被参革；其次是光绪三十一年，共76名；光绪三十年共37名；光绪三十四年共34名。被参革的广西地方约100个，几乎涉及广西所有少数民族地区，其中仅广西省级官员如提督等就被参革4人次，府级官员如柳州府知府被参革4人次，桂林府知府被参革3人次；在基层的县镇中，归顺直隶州、平乐、桂平三个地方官员被参革的人次最多，达到10人次；其次是西隆州和藤县，达8人次；龙胜、思恩、宜山、凌云、融县、合浦、宾州，均被参革7人次；河池、陆川、苍梧，均被参革6人次；太平府、罗城、天河、上林、天保、浔州、崇善、平南、阳朔，均被参革5人次。上述地区都是广西少数民族较为集中的地区，这说明在这些地区任职的官员接连违规犯罪，而且有些官员被降职后依然贪酷异常，被再次参劾，可见其体制已然败坏，再换人也无济于事，正如民间谚语所云："逃蚤进鸡窝，逃官进衙门。"① 对这些被参革官员的评语中，最常见的是"贪鄙性成""嗜利好贿""行为乖谬""操守难信""才具平庸""不知检束""声名狼藉""心术险诈""玩忽懈怠""任性妄为""唯利是图""行同盗贼"等，足见清末广西吏治败坏到何种程度。

二　助纣为虐的典胥差役

胥役是中国社会中一个特殊的群体，他们虽然不由中央任命，却是司法体制的一个重要组成部分。他们犹如寄生于官僚身上的虱子或病菌，既损害司法体制的公正性，又侵害民众的司法权益。广西官员的素质本就不高，其下属的幕僚、差役更是助纣为虐、为虎作伥、狐假虎威，进一步加深了官场的糜烂和腐败。这些赖官府为生的师爷、书办、衙役、差班、门子等反映了官府的诸多陋规和弊端。一方面，官员由于依赖他们办案敛财，所以往往对他们的恶行纵容宽息甚至直接指使；另一方面，这些胥吏为了中饱私囊，分肥渔利，往往怂恿、教唆官员做出种种徇私

① 广西田阳县民间文学集成编委会编《中国民间文学三套集成·田阳县谚语集》，1989，第1页。

枉法的勾当，他们相互勾结，狼狈为奸，陷民于水火之中。

（一）主要的司法胥役

“蛮人一入诉讼之途径，无论所讼为输为赢，即皆走入厄煞境地！”若走诉讼之路，要面对的胥役种类繁多，刘介《苗荒小纪》详细描述了各类司法胥役在办案过程中对少数民族的恐吓盘剥：

> 苗民以官能生杀人，畏之如虎。然尚气斗狠，动罹刑辟，讼案未起，苗头团总之不肖者，辄把持之，借以渔利。故此辈俨然操官府之权，地方官以形格势禁之故，无从查知。其中有桀黠者，不服听断，则鸣于官，第言语不通，情事不习，事必仰赖讼师，而讼师乃得射利居奇，以售其欺骗之计。交结隶役，表里为奸，计诱威胁，无所不至。故逊清之际，以三江蕞尔一县，差役竟达四百十余人，衙门不发工食，彼等亦乐为之。传案之日，差役造讼者门，怒掷锁链于地，锵然有声，苗人相顾失色，所索无不承也矣。苗民状词，虽倩讼师捉刀，然讼师程度甚劣，非有如刀之笔也。苟听讼者，对于所讼事案，留心审查，不待面鞫，而曲直之形，可以预决。盖苗民初非鬼祟之民，所讼自无鬼祟之事，欲得其情，甚易钩校，不待龙图包公，然后始为明也。惟苗民不谙汉语，凭差役为舌人，差役之黠者，每每因缘为弊，略变其语，即足以颠倒是非，审判官苟不察言观色，未有不为其所欺者。①

1. 典史、主簿、师爷、书役、讼师

这些人主要是官府中操文字工作、掌握实际办案权的人员，属于文职人员。“习文移，持刀笔，为官府书吏，仰机利而食，遍于郡邑。”② 他们一般熟悉法律，也最懂得钻法律的空子，营私舞弊，官员一般都依靠他们解决民众起诉到衙门的民刑事案件，他们可谓官员的“智囊”或“顾问”，因此师爷的品行直接决定了官员的办案水平，正如武鸣壮族谚

① 刘介：《苗荒小纪》，商务印书馆，1928，第22～23页。

② 《梧州府志》，转引自（清）汪森编辑，吴中任、梁超然校注《粤西丛载校注》（中），广西民族出版社，2007，第748页。

语所说："师爷不好坏官。"[①] 广西书吏的整体素质并不比官员高多少。明代魏濬在《峤南琐记》中记载了广西官府书役素质低下的程度："浔州大逐客，凡粤东人从事官府者，尽逐去，以土人应之，土人蠢拙，事不能办，而玩法实过之，官不能制。行部时，尝欲刻一记，可千言，遍索工刻者不得，土人遂强取雕，十余日方就，而涂墁不成字，为之一笑，毁之。"他因此感叹："此种胥椽阍隶之属，多苞愚不谙事，语之通不了了，虽纤细亦须自检。"[②]

正是这些素质低下的书役把持了广西基层的官府诉讼，导致冤假错案迭生，百姓屡遭荼毒却无处申冤，如乾隆四十六年（1781），"本年九月内，有不识姓名人赴辕递呈，经役阻拦，即用刀自刎。查验身怀呈词一纸，系广西（平乐府修仁县）壮民覃老贵，为伊父覃必俊因代写饬禁佚役碑文，书役挟仇怂恿，叠受该县杖责身死，赴总督衙门申诉等情一折。看来此案覃老贵之父覃必俊，实有被诬冤抑，受伤身死情事。覃老贵因伊父受屈杖毙，赴辕控告，又被衙役拦阻，含冤莫诉，是以情急自戕。"[③] 光绪五年（1880），上谕军机大臣等："泗城府三属……纵容书役，朘削百姓，大为民害。"[④] 这些人虽是文职，敲诈勒索起来却一样残酷无情，"书役人等，所得亦不赀，大概总部弱于县官所得之半数。如三江、河池、南丹、西隆……等县，此等规费，莫不有之。罗城之三防区，向来只驻一区区末秩之主簿。然到任之始，无论巡查与否，蛮民即须以八百两之纹银呈缴，谓之'巡查费'。其他种种派索，各地虽名目不同，而性质则大致相类。"[⑤]

2. **差役**

差役属于官府的"武职"，其主要职责本来是保护官员安全、维护地方治安、缉拿和看守犯人，但由于广西的官员不愿深入村寨办案，便授予差役一定的司法权，差役也因此成为官府在村寨的代言人，他们的形象直接决定了官府在民众心目中的地位。《天下郡国利病书》认为，广西

---

① 中央民族学院语言所第五研究室编《壮侗语族谚语》，中央民族学院出版社，1987，第5页。

② （明）魏濬：《峤南琐记》，中华书局，1985，第22~23、34页。

③ 《清高宗实录》卷1143，第11~12页。

④ 《清德宗实录》卷133，第12页。

⑤ 刘锡蕃：《岭表纪蛮》，南天书局，1987，第234页。

民风淳朴，畏讼畏官，官员一定要约束好手下的差役，防止他们苛索虐民，酿成激变："惟守土者加意抚绥，行所无事，禁戢差役，勿肆侵渔，而各武职衙门，亦无致多方需索骚扰，则庶乎可保百年无事也。若重征十里积年包取钱粮之弊，勿听衙役缉访民间大小事情，此二者最为吃紧。……又愚僮畏见官府，一涉词讼，差人执票拘提，匿不敢出，于是差人恣行鱼肉，饱其欲而归，间有舆承行吏剖分者，官票则置之高阁矣。官府少察，则拟一罪名送官府，原被干证无一至焉。官受其污名，差饱其鲸腹，永俗往往如此，司土者须于此留意。"①

但是，差役利用司法权对民众索诈。乾隆七年，湖广总督孙嘉淦疏言："内地武弁不得干预民事。苗疆独不然，文员不敢轻入峒寨，但令差役催科，持票滋扰而已。争讼劫杀之案，皆委之于武弁，威权所及，摊派随之。于是因公科敛，文武各行其令；因事需索，兵役竞逞其能；甚至没其家赀，辱及妇女。"② 为此，道光十二年（1833）上谕内阁："瑶人涉讼在官，谕令该瑶目等交出，毋许兵差入山拘扰，违者役处官参。"③ 融水地区立于清光绪九年的《永远禁碑》就指出了差役擅受民词的恶果："本府访闻府公驻汛守多有不遵功令，擅受民词，以致劣衿滥棍勾串汛兵，或籍远年帐项，或翻已卖田土，或以路尸自毙作为颗等，或以掏摸剪绺作为抢劫，赴汛捏控，布图磕害，不意汛弁遇事风生，软行准理，饬令兵丁赴乡索夫，弗索供应，索规礼任意诛求，稍不遂欲锁押随至，受其害者往往破产倾家，卖妻当子，甚有遭无故逼勒气忿轻生，酿成重案。"④

差役往往滥用手中的司法权，威慑诉讼当事人。"照例问官升座时，总役高呼站堂，隶卒群然应声，如是者三，声震屋宇，谓之吆堂。"⑤ "绅见官，非具贽敬，阍人不为达。若立春、开印等日，并须献羊豕牲畜为贺，斯时官廨重地，几如闹市之牲畜行。（如东兰凤山或以钱折物）习非

① （明）顾炎武：《天下郡国利病书》卷30《广西》，四部丛刊本，第4~5页。

② 赵尔巽等撰《清史稿》第35册，卷303《孙嘉淦传》，中华书局，1977，第10488页。

③ 《清宣宗实录》卷226，第22~24页。

④ 乔朝新、李文彬、贺明辉搜集整理《融水苗族埋岩古规》，广西民族出版社，1994，第209页。立于融水县大年乡高翁屯的松奴坳上，由黎平官府设立的，名为滚古大埋岩。

⑤ 何景熙修，罗增麟纂《凌云县志》（中国方志丛书第202号），成文出版社，1974，第139~140页。

成是，莫之怪也！”①《凌云县志》记载了县署差役制造恐怖气氛的情形：“同光之际，设有堂总、客土两班，从伍每三五十以至百人，尤以客班为最厉。其人皆属湖广募兵之落籍者，总役时或革补，增损不出二十名，专为站堂传供及行刑之用，如拘巨案，则持票出城门，然后跨骏马。而百十人者之徒，各怀铳械，佩大刀，荷义戟，森列前导，一路洊加，不问拘获与否。而所至之地，四邻鸡犬不宁。幸能缉获凶犯解案讯办，然收押有费，胥役得之，递解有费，兵役得之。犯者无所出，则仍事主倾箧焉。”②《两粤瑶俗记》记载瑶族的山官入城谒见县尹时，“署盛陈仪仗示威以慑慑之。瑶从者归语其侪云：不畏中间端坐者，只怕两旁鸡毛官，谓隶卒也”。③《融县志书》记载了清荀文彧所作《苗子谣》，指出了民众对穷凶极恶的差役的惧怕：“嫁端诬之官，官府谁知诈。差人如猛虎，索食裂眥骂，须臾锁上颈，连累及邻舍……永代皆如斯，流毒何年罢！”④武鸣谚语称：“富人上山怕老虎，穷人躲在屋里怕差役。”⑤ 民众对官府胥吏的痛恨与畏惧可以从他们对胥吏的称呼看出来。例如，合浦地区的民众“称府县胥曰老官，称绅矜亦曰老官，称兵曰老将”。⑥ 此外，差役还利用民众的惧怕心理和手中的司法权大肆敲诈勒索，民众出于对司法的畏惧，只好忍受其苛索敛取：

> 此等人物，在蛮区原不易得，而差役遂以此为专利。交结土劣，蒙蔽长官，气焰熏天，不可向迩。讯之日，两造俱说蛮语，凭差役为舌人，差役稍易其词，则鹿可以为马，故官之庸者，每每为其所愚。最近二十年来，比较差善，若在清代，言之尤可吓人！盖蛮区以内，无论何等县份，皆有三四百名以上之差役。此等差役，并无通译才能，不过隶于老役之下，而为其腹心爪牙，以攫食民众！衙

---

① 刘锡蕃：《岭表纪蛮》，南天书局，1987，第 234 页。

② 何景熙修，罗增麟纂《凌云县志》（中国方志丛书第 202 号），成文出版社，1974，第 139～140 页。

③ （清）魏祝亭：《两粤瑶俗记》，（清）吴曾祺：《旧小说·己集》，商务印书馆，1924，第 200～201 页。

④ 刘锡蕃：《岭表纪蛮》，南天书局，1987，第 228 页。

⑤ 中央民族学院语言所第五研究室编《壮侗语族谚语》，中央民族学院出版社，1987，第 9 页。

⑥ 《廉州府志·民间语言》（26 卷），清道光十三年刻本，转引自丁世良、赵放主编《中国地方志民俗资料汇编·中南卷（下）》，书目文献出版社，1991，第 1080 页。

门豢养此辈，亦未给以丝毫工食，其生活所需，完全敲骨吸脂，取于民众！“总役”一职，尤踞要津，此人颐使气指于其侪辈之上，其尊严而可怖，虽狞鬼猛兽，亦或有所不如！“总役”之于各役，均以师徒称呼。各役奉票出差，所获若干，悉数缴于总役，无论总役分润多寡，只有敬谨领受，不敢稍有违言。奉票之日，各役审知所传为富有资产之蛮人，莫不额手相庆。于是嗔目厉色，造讼者门，不发一言，突以锁链怒掷于地，其响绝巨，鸡犬皆惊，蛮人相顾失色，所索无不承矣。①

对差役的惧怕一直持续到民国时期，虽然当时已建立现代司法体系，差役也变成了警察，但性质并无多大变化，警察依然利用手中的职权吓唬敲诈民众，民众依然受其勒索：“凡遇发票传拘当事人，警兵需索，此常见之事也。就拘票而论，民众无法律智识，一见警兵下乡，不但被拘者，惊惶万状，即被拘者之亲属，亦恐警兵拘押，此因前清株连亲属，拘提被告不得，可以拘押其亲属，勒令将被告缴出。现今民众，犹大梦未醒，以为仍如专制时代之株连也。警兵每以为愚民可欺，大肆恐吓。未见被拘者，则恐吓被拘者之亲属曰：不送赠钱与我，则拘你以代；见被拘者，则恐吓之曰：若给以茶费若干，到案与否，听你自由，不然则锁之以往，即传票亦往往额外需索，非达其目的不止。”②

3. **牢头**

民国年间，县监所的牢房有黑牢、亮牢之分，重犯关于黑牢，一般案犯关于亮牢。当时，由于监狱狭窄阴污，监员随意克扣狱粮，致使“犯人患浮肿、病疫时发，冤毙监所不知凡几”，不少犯人往往服刑未满即先殁于监内。③

除了上述人等，胥吏还包括一些依赖官府司法权勒索民众的人。例如，民国东兰县署门前每早必有数十人聚集争领传票，往往一张传票要经过几个人的手，才能到达被传者手中，被传者便须受几重手续之剥削，

---

① 刘锡蕃：《岭表纪蛮》，南天书局，1987，第 107～108 页。

② 冯世英：《改良广西司法之根本问题》，《广西司法旬刊》第 6 期，1933 年，第 21 页。

③ 都安瑶族自治县县志编纂委员会编纂《都安瑶族自治县县志》，广西人民出版社，1993，第 594 页。

故凡经一次官司，罕有不破产的，这种恶差污吏，世居在附近县署之两旁。①

（二）胥吏陋规

胥吏人员冗杂，各有陋规，名目最多，“蛮区各县衙署，其陋规之名目亦最多，如铺堂、蜡烛、进笼、出笼、开锁、录供、板子、坐堂、烟茶等费，几于不可枚举。书役警吏，固然各得分肥；甚而至于老妈丫头，亦可染指。堂讯甫终，堂下纷啾即起，即此辈瓜分规费时也！婪索至此，真可谓无孔不入矣……故蛮人无论胜诉败诉，结果皆陷于险途。若官吏贪暴昏庸，则产尽冤沉，其受祸之烈，尤其不可思议”。② 清代天峨县白定乡民众若到官府处解决纠纷，有如登天，其难处在于要被多方剥削，首先须央人代写状文，“笔资”少则光洋十元，多则五十元，状文投递以后，差官又将告知开堂审讯日期的“批文”收藏起来，得以三五元作为“孝敬”方可得知。待审期将近，差官又借故去传讯，索“草鞋钱”五元至十元不等。至于被告，至少较上述多出一倍钱，原告、被告往往被弄得倾家荡产，本地流传一句话：“打官司一场，不死也是伤。”③

对于胥吏陋规，清廷曾多次下谕申饬，如雍正四年（1762）云贵总督鄂尔泰著实政十三条，其中包括禁私派、禁滥差、饬佐贰、饬拿衙蠹、饬官员。④ 雍正五年（1727），刑部遵旨议复：“苗蛮、黎、僮改土归流地方，官弁兵役有勒索财物者，应分别数目致罪，赃银追给还主。”⑤ 但仍然屡禁不绝。田林旧州立于嘉庆二年的两广总督觉罗吉庆《禁革陋弊告文》碑就记载了禁革的近20项书役、差役对民众索取的陋规：“访闻西隆等州县有刁衾吏胥傍官勒索，而保正、把事人等，藉充在官人役，挟制乡愚，有盖造房屋及红白事件，辄派良民馈送木料、布匹、银、谷等物……”计开禁革事项如下：

---

① 东兰县志编纂委员会编《东兰县志》，广西人民出版社，1994，第743页。原载民国14年4月《农民运动》第22、23期，抄自广州农讲所旧址纪念馆。

② 刘锡蕃：《岭表纪蛮》，南天书局，1987，第107～108页。

③ 广西壮族自治区编辑组编《广西壮族社会历史调查》第1册，广西民族出版社，1984，第16页。

④ （清）鄂容安等撰《鄂尔泰年谱》，李致忠点校，中华书局，1993，第19页。

⑤ 《清世宗实录》卷55，第36页。

一、差役因事下乡诈索使费，轻小者从重严办。

一、号规钱文以及索租桌椅，自应永远禁革，违者定行重究。

一、旧州里正号书伙伴，狼狈为奸，倚官吓诈，科派银钱，严行禁革，违者重究。

一、历任知州派令官亲长随仓书在旧州守仓，索取塘期月规银两，并供应柴火、灯油，挑递人伕，今永远禁革，违者严行参办。

一、每年知州巡查蠹役朱荣者，随行苛索村民银两，共相瓜分，深为可恶，今永远禁革，违者严行参究。

一、已革蠹役朱云等更名复充，武断乡曲，立即革退，不许再行复充，违者重究，官则参处。

一、朱荣、朱昌兄弟等，每遇土民牛只倒毙，勒索牛判银两，今永行禁革，违者，从重究办。

一、刑书黄贤父子擅将已结之案锁押两造，私行吊打，勒索银两，永行禁革，不许复充，违者参究。

一、武员弁兵人等，藉称操演，索取供应人伕，兜轿，长年供应，永行禁革，违者严行参究。

一、官司差役经过塘站，每有索取食物伕钱，概行禁革，违者究办。

一、凡有新官到任，户书钻营使费茶房征收钱粮，与里正官差勾通，不许自封投柜，甚至以完作欠，重复追征，今永远禁革，违者重究。

一、文武各官到塘，号书科派塘夫供应饭餐，今永禁革，违者重究。

一、文武各衙门官亲，长随差役并营伍弁兵，索取供应鸡鸭，塘夫兜轿，一概严行禁革。

一、衙门官亲长随及仓书斗级人等征收米谷，勒索银两，并额外取谷喂养鸡鸭，今永远禁革，违者，从重究办。①

---

① 广西壮族自治区编辑组编《广西少数民族地区碑刻、契约资料集》，广西民族出版社，1987，第231～233页。碑原竖于田林旧州，“文化大革命”中已毁，南盘江考察组收集。

不仅民众起诉到衙门胥吏要勒索，案件受理后官员和差役下乡办案，还要承担种种规费："官巡蛮峒、苗山，其伕役膳食等费，例须蛮民供给。除屠猪宰羊而外，所到各团，并须缴纳定额之规费，或以塘论（十里为塘），或以团论，甲团百两，乙团十两，先由头人甲目向民户派收。官到，即以献。"[①] 三江县同乐乡立于光绪七年（1881）的苗族条规第一条规定："各处销差游勇路过，如无文武衙门牌票，只许一宿两餐，不得久留居住，以藉免故生端。"[②] 龙胜地区立于清光绪十四年（1888），由广西巡抚发布、署理桂林府龙胜理苗分府补刊刻的碑文就劝诫州县官员下乡办案时，要约束好手下的差役，禁止他们需索扰民："据报命盗案件，勘验必须躬亲。照例轻骑速往，认真约束随人。夫马饭食自给，不染民间一尘。倘有需索扰累，苦主指实上呈。"[③] 隆林县立于光绪三十一年的《广西布政司饬禁州县官吏丁役需索碑》载："乃以本司等所闻，西（下缺）有费，审案有费，结案有费，而且名目甚繁，并不尽为丁役书差所得，即本官与幕友、跟丁，亦有取此以（下缺）之多。兴安等县，亦需二三十千，他若佐贰之藉名需索，更无底止……工现经本司等公同商酌，将此后各州县并准理民（下缺）奔走，定为每百里给钱三百文，由原、被告各半付给。案内中证，不在摊出路费之列，不及百里者，按里（下缺）亦无伤廉惠。其向日之供应以及此外一切规费名目，一概禁革。"[④] 既然无法禁革，只好规定统一的收费标准，实际上是把陋规合法化了。

民国时期，国民党政府大力谴责清代种种陋规的不合理性，如龙胜地区发现的立于民国 14 年（1925）《广西民政公署禁革陋规布告碑》也描述了广西官员率领胥役下乡办案时需索的种种陋规："在昔前清时代，每遇命盗案件发生，有司率领胥役前往勘验，供张有费，红袍有费，解秽有费，差役之草鞋有费，种种名目，不胜枚举。或需索于受害之家，

---

① 刘锡蕃：《岭表纪蛮》，南天书局，1987，第 234 页。

② 魏任重修，姜玉笙纂《三江县志（二）》（中国方志丛书第 197 号）卷 10，第 3 页下，成文出版社，1975，第 752 页。知县龚给示勒碑，碑立大步村四步屯寨面，同乐乡采辑委员会廖道明来稿。

③ 黄钰辑点《瑶族石刻录》，云南民族出版社，1993，第 126 页。现存龙胜各族自治县文物展览室。

④ 广西民族研究所编《广西少数民族地区石刻碑文集》，广西人民出版社，1982，第 187 页。

或滋扰于被告之族，甚至附近里邻亦有被波及者。”[①] 天等县武德公社内也发现一块，内容完全相同。[②] 但是，国民党政府的胥吏陋规一点都不比清代少，甚至有过之而无不及。自古以来压在民众头上的司法陋规毫无改观。“衙役土棍，借故指称蛮罪，婪索蛮金，时激巨变。”[③] 例如，天等县向都公社立于民国 15 年（1926）的《向都县奉省令禁革县署书差苛索陋规碑》就记载了民国胥役的种种陋规：

> 一、书记抄写诉词，照章每百字准取抄录费一角外，不得多索。
>
> 一、禁书记苛索开名单费。
>
> 一、禁收发员勒取递呈挂号及铺堂等费。
>
> 一、禁传供勒索传话费。
>
> 一、禁常差警兵勒取站堂费。
>
> 一、禁监狱员勒取收押待质费。
>
> 一、禁仵作检验尸伤，勒索检验费。
>
> 一、禁狱卒苛索犯人亲属探监费。
>
> 一、禁警役传案送达，照章路程每十里路费一角五仙，及路远不能往返，准收食宿费银四角外，不得苛索。[④]

清代《皇朝经世文编》曾专门针对“胥役”问题进行论述，在有识之士看来，胥役是寄生于官僚体制上的一个永久性病毒，官员尚可以处分查办，但胥役由官员自由聘任，不受中央管理体制约束，反而难以惩处。“铁打的胥役流水的官。”对于胥役来说，谁是宿主并不重要，只要有官僚体制存在，他们就可以大行其道，即使是廉洁的官员也可以被他们迅速污染腐化，“自胥役盘踞要津而天下之良民寡不肖之民众矣，自要津重用胥役而天下之良吏少不职之吏多矣。凡事利与害常相因，法与弊相积，惟胥吏者，则以法生弊，有百害而几无一利者也，显绝其向上之

① 黄钰辑点《瑶族石刻录》，云南民族出版社，1993，第 158～159 页。原存龙胜各族自治县城北门，1954 年采录，1958 年拆城毁碑。

② 广西民族研究所编《广西少数民族地区石刻碑文集》，广西人民出版社，1982，第 114 页。

③ 刘锡蕃：《岭表纪蛮》，南天书局，1987，第 229 页。

④ 广西民族研究所编《广西少数民族地区石刻碑文集》，广西民族出版社，1982，第115～116 页。

望，阴授其为恶之权，刻予以养赡之资，宽示以贪婪之路。虽有聪察，末由照暮夜之奸，继极廉明，岂可厥爪牙之用。官司有更替，吏役无去来。官府各有责成，吏役隐相勾结，锄而去之，不能也。革而除之，不得也。更而易之，而如故也。附骨之疽，割之而再发，凭城之鼠，焚之而即危，文法之弊，至斯极矣！”[①]

三　冤假错案丛生的古代司法审判

古代广西官员素质低劣，胥役贪暴成性，司法公正被严重扭曲，冤假错案迭生。官府视人民生命如蝼蚁，动辄兴狱，瓜连蔓牵，对诬告错告不加详究，常酿冤案。如明万历年间，“宾州大荒，斗米四钱。而戊午新科举人某者，至乡间借谷于积谷之家，已应之。乃复至再，不得已又应之。乃复至三，携其婿生员及一罢吏同往。其家腐心切齿之甚。杀鸡为黍，甘言以从，留其宿夜。至夜睡熟，三人皆杀之。举人之子，谓父带银二百两，往彼处粜谷，乃地方合谋其财，盗杀其父，控之抚按两台，蒙批审究。奉行者遍拿拏村人以为强盗，欲为三人抵命。大为搜索，株连蔓引，逃窜者过半”。[②] 清代以来，冤假错案并未减少，连最高统治者都被震动。乾隆四十二年（1777）上谕：“粤西官官相护恶习，锢蔽已久，为天理所不容。”[③] 乾隆五十五年（1790）上谕：“广西北流县知县耿毓孝，因相验遗漏伤痕，尸子叠控不休，该员拷打毙命，捏报病故，拟流改发乌鲁木齐……实属酷虐，即遇恩诏，定例不准减等。”[④]

嘉庆年间，吏治日废，广西冤假错案让朝廷自顾不暇。嘉庆九年七月十六日（1804 年 8 月 20 日）上谕斥责了一起牵涉省、府、县多名官员集体舞弊、相护包庇的冤假错案：“武缘县（今武鸣县）革生黄万鏐现因毁尸诬告问拟绞侯，遣子黄会溱呈控呼冤，究出原问、原检各官得赃刑求，锻炼成招，将承办此案各官严参办理一折。该省又此奇冤，殊出情理之外，人命关系至重，岂可意为出入？乃外省积习相沿，只知官官相

① （清）贺长龄辑，魏源代编《皇朝经世文编五集》卷 7《吏治》，文海出版社，1987，第 274～275 页；沈云龙主编《近代中国史料丛刊三编》第 28 辑第 271 册。

② （清）汪森编辑，吴中任、梁超然校注《粤西丛载校注》（中），广西人民出版社，2007，第 717 页。

③ 《清高宗实录》卷 1025，第 13～14 页。

④ 《清高宗实录》卷 1352，第 10 页。

护，不顾案情屈抑，以致死者含冤，无辜拖累，最为吏治官方大弊……至武缘县知县孙廷标，以人命重事，胆敢受贿改伤，纵凶捏详，又复私自开验，主使残尸，图倾人罪，贪酷残忍莫此为甚，披阅时不禁发指。上林县知县张弟奉委会检，并不如法检验，先传黄万鏐等到寓，告以此案有碍孙廷标功名，私商办法，继复扶同拷逼，显有通同舞弊受贿情事……其从前委审之知县石方川，州判薛人麟，既经审出实情，又复瞻徇寝息。署任知府朱宗枋，业经提讯，仍行蒙混了事。该管知府三神保，明知该县审断不公，不为昭雪，转列衔会印。其在省会检会审之知府湍东额、通判武尔衮布、知县金毓奇一味刑求，且转委巡检任谦，逼供成招……显有袒徇情弊。"① 而仅仅三天后，广西又发生一起冤假错案，七月十九日（1804 年 8 月 23 日）上谕内阁："潘甫周在左州（今属崇左市）地方被李正智等谋毒毙命，该州捏造情节，分别定拟一折。李正智起意用药迷人，窃取财物，将潘甫周毒毙，情殊可恶。李正智着即处斩枭示。已革知州周丰，于尸弟潘甫立喊禀后，并不据实验详，缉究正凶，又复规避处分，改换报呈，捏作雷击身死，几致凶徒漏网，仅拟杖流，不足蔽辜。周丰，着发往伊犁效力赎罪。"② 嘉庆十三年（1808）上谕内阁："已革（广西）知县黄通，滥批酿命，嘱差贿和，以致被参，嗣复有挟嫌唆控情事。"③ 嘉庆二十年（1815）上谕："复讯广西误行拿解之刘锦堂。据供伊因署平南县知县张泰交系其同乡，到县署递禀求帮，经该县押令跪锁上桩，熬审两日，伊受刑不过，遂照县官所问供认……该县令似此屈陷平民，诈伪贪功，岂可复留民社之任，署平南县事、贺县知县张泰交，着即革职。"④ 嘉庆二十三年（1818）上谕军机大臣等："富纶护抚篆后，有桂平生员十二名，富纶忽委员擅动营兵，乘夜锁拿解省。及提到亲讯，旋即释放。富纶又令州、县每月各解会盗人犯三十名，递省亲审，如不及十名者，即行参革。又札饬各州、县，无论有罪即无罪者，亦令解省，以致各州、县纷纷解犯，桁杨载道，殆无虚日，拖累

① 《清仁宗实录》卷 132，第 1~3 页。

② 《清仁宗实录》卷 132，第 12~13 页。

③ 《清仁宗实录》卷 200，第 25~26 页。

④ 《清仁宗实录》卷 309，第 9~10 页。

不少。”①

道光年间，广西类似的冤假错案仍层出不穷。道光三年（1823）上谕：“广西平乐府贺县民人陈显日呈控黎武飞一案。已明降谕旨，交成格等审办矣。此案据陈显日供称，土棍黎武飞因向伊父陈得斐借贷不遂，诬控平毁坟冢。知县李辙通需索银两，将伊父锁押，并不审讯。家人文斐章等向索去银五十两，李知县因银数太少。有出入衙门包揽词讼人梁纬世，给伊胞叔陈得斌送信，说李知县要使费银六千两，方可释放，伊父在班房不肯给付，遂致被押身死。李知县并不相验，亦不给伊领埋。历控两司、督、抚，委员不能审办等语。事关知县诈赃毙命，必须严行惩办，以儆官邪。”② 道光十五年（1835）上谕内阁等：“广西解任平乐县知县林缙光，于捐职州同吴鸿宗私和争殴酿命重情，延不验详。迨经吴鸿宗之妻萧氏，指控该县门丁卫五等，将伊夫及伊子吴之贤，藉案索诈锁押，致伊子在押病毙。是该县于门丁索诈，毫无觉察。撤任后几及一年，仅据该管知府，先后将伊门丁张春，张全拿获解省，而该员并不将要犯卫五交出，率以不知去向空言具禀，显有授意婪索故纵情弊。”③

清末广西司法更加混乱，而中央政府却无法予以有力的监控和规制。光绪七年（1881）上谕：“广西各州、县抢劫命案层见叠出，地方官任意消弭，详办者甚少，被抑者不知凡几，小民含冤莫诉，易滋事端。”④ 光绪十二年（1886）上谕：“广西州县隐匿命案，有授意贿和及纵凶不办等项情弊，以致凶犯无所惩儆。”⑤ 广西地方志对此也多有记载。《马山县志》记载：“逊清同治年间，那马改土归汉，移思恩府通判来守斯土，名称上虽曰汉制，实际上就是专横。……其余各任通判，以地方劣绅为虎伥，以升官发财为目的，司法事宜，囚人待遇，一言以蔽之，百弊丛生也。民国纪元，南京孙大总统，曾有严禁拷讯刑求之令，然禁者自禁，舞弊者自舞弊。由民三年至民廿一年，其间除姚宗舜任，差可人意外，司法或未甚风清，囚人或尚循旧制。”⑥《同正县志》记载：“查满清时代

① 《清仁宗实录》卷350，第17～19页。

② 《清宣宗实录》卷60，第19～20页。

③ 《清宣宗实录》卷270，第36～37页。

④ 《清德宗实录》卷106，第1～2页。

⑤ 《清德宗实录》卷228，第12页。

⑥ 《马山县志》办公室印《那马县志草略》（民国22年印本），1984，第11页。

所有一切案件均由县官一人亲自审理，惟其案情稍轻者则由吏目判断……遇有重要之犯，任意是否冤枉刑讯之，时有所谓美人妆者、冷板橙（凳）者、胫滚炮者、膝跪练者，种种严刑不可名状。有不得口供而迷闷欲死者，有苦打成招而定罪枉死者，至其杖髀则尤其常事耳。尚有狱内之刑更甚于官者，如每至更后，则有爷门大呼差役左持镣铐，右提锁练（链），亲到监内视察点名，或使之合床而以木匣其胫使其脚不能转，或使之吹箫以棍顶其颔而使其头不能俯，或以铁圈套其膝使其足不能伸，或有人送饭而不与之食，诸如此类，总以敲骨吸髓为索钱之命脉。”①

广西民间口头文学中也充满了对这种不公正司法的控诉：

壮族谚语：不怕鬼缠，只怕官冤；官讲不对官另讲，民有万理难开腔②；当官同声笑，百姓同声哭。（武鸣）③

水族谚语：讲不过富人，乖巧不过县官。④

北流谚语：官字两只口，他口大，你口细。⑤

田阳谚语：手臂扳不过大腿，平民斗不过当官；屋正靠栋梁，太平靠清官；不怕鬼迷，就怕官害；人行善天应，官行正太平。⑥

隆林谚语：狗穴衙门进，准进不准出；有理三扁担，无理扁担三；官护官，民护民，化子靠门神（壮族）。⑦

凌云瑶族的《穷言信》也控诉了清嘉道年间广西司法的黑暗与丑恶：

---

① 杨北岑等编纂《同正县志》（中国方志丛书第214号）卷9，第28~29页，成文出版社，1975，第354~355页。

② 鄂嫩吉雅泰、陈铁红编《中国少数民族谚语选辑》，广西人民出版社，1981，第275、285页。

③ 中央民族学院语言所第五研究室编《壮侗语族谚语》，中央民族学院出版社，1987，第8页。

④ 中央民族学院语言所第五研究室编《壮侗语族谚语》，中央民族学院出版社，1987，第97页。

⑤ 卢嘉兴：《中国民间文学三套集成·北流县民间谚语集》，广西北流县三套集成办公室编印发，1986，第6页。

⑥ 广西田阳县民间文学集成编委会编《中国民间文学三套集成·田阳县谚语集》，1989，第1、2、13页。

⑦ 广西隆林各族自治县文化局、民族事务委员会编《中国民间文学三套集成·隆林民间谚语集》，1988，第2、4页。

“皇管正心管寻理，皇管不安管不清。官清爱钱便不正，官管不清百姓穷。嘉庆管来依丰理，看事取钱如意收。百姓官员依寻理，吪为衙门恶党心。道光管来理不用，官员办事乱行出。命限钱为一二百，寻满村乡补命钱。逢到抄名三百五，加例也难百姓当。种官自意泗城府，办事愁钱命不长。明官也为衙门教，有理无钱押死人。”①

四　昂贵的古代诉讼费用

中国古代的法律并没有明文规定诉讼费，但诉讼费确实须国家支付。由于法无规定，一些不法官员便自定收费“潜规则”，或通行于地方，或明示当事人。从广西古代地方志记载的情况看，民国以前广西的司法不仅收取诉讼费，而且明码标价，从写状纸、起诉、开庭至判决、执行，各个环节都有收费标准，但每个县区金额不同，由该县区的地方长官根据当地情况自行拟定。从文献的记载来看，广西各地的诉讼费用高昂，绝非一般的民众能够承担，无论官司输赢，财物都已损耗殆尽，少数民族打官司的艰难程度可想而知，由此也可理解何以少数民族轻易不愿涉足讼事。

（一）广西地方志关于诉讼费用的记载

《来宾县志》记载：“人民诉讼费自前清沿历代旧制，无明文规定，墨吏行贿鬻狱于法为贼无论矣。而胥役之誊录状辞或代录批示辞、奉票传讯、开堂讯案、判决具结，皆有费。凡状辞分正副两纸，状面有官代书三字，定制听人民口述事状官设代书人代书之，非官之代书人。而代人作状辞者，目之为讼师，加以唆讼罪名，其实不过具文。民间诉讼状辞无一出于官代书者，县署亦始终未设官代书其人，但由刑科书办售状纸誊录状辞加代书戳记，藉符定例。民间诉讼觅人作状辞，其酬金多寡无定价，且或彼此戚谊，酬金有无任便。县署刑科售状纸、誊录状辞、开堂审案、判决具结，依地方习惯，各有定费。差役奉票传讯，两造讲差费则视当事人家资丰啬与狱情大小为断，愚懦者讹索倍蓰，无算人命，

① 广西壮族自治区编辑组编《广西瑶族社会历史调查》第7册，广西民族出版社，1986，第121页。原存广西凌云县九美村盘世新家，1980年9月7日盘善荣、邓文通收集。

检验费尤不资。来宾地方瘠贫，县署刑科售状纸及誊录状辞、登记号部通计定额八百八十钱，前清光绪末年增至千八十钱。开堂审案定额两造各四千八百钱，光绪末年增至倍数。判决具结定额两造各三千六百钱，光绪末年各增半倍。票传差费自数千钱至十数千钱，甚者乃至数十千钱。凡钱准银依市价，其被拘禁省释取保，则胥役杂费索讲愈苦。民国改制，号称尽革前弊，亦仅略依法庭新制，誊录状辞或批示辞皆以字计，每百字粤银一毫。奉票传讯送达判辞以道里计，每十里粤银二毫，刑事依法不纳讼费，民事以所讼目的物之价格计，分别表列。纳讼费给以证，胜诉呈请败诉者赔偿。"①

《同正县志》记载："（如人民因口角争执及偷鸡摸狗等类）如向县署诉讼，不论民事刑事，必须先交呈递状纸钱一千八百文，自头门以至三堂，一切小费均在其内。官阅状纸，批贴署外有仰侯差提到案质讯等语，其被告预知者，则到承发房奉钱二百，乞其代抄原告呈词。诉呈递后数日，签差登门，两造均所鞋脚钱，数百至数千不等，仍索酒肉供给，稍不如意则狰狞万状，鸡飞狗走，人不宁居。到案之后，亦未即报官也，先到门房讲铺堂钱，听其吓索，少则十千八千，多或二三十千，三班六房均有分数，官则另取钱三千文，然后坐堂。若有通关贿赂，官必占多数，讲事之人明暗亦得少许。官既传讯而差头传供又各须钱二百文，兵差站堂六房录供又各有等等规例。质讯既毕，或责罚钱或收监听候复审，结案与不结案，视官直意旨如何而定，若欲要钱则糊涂了结，若不用钱，则随意延搁……此外，尤有诉讼人请求讼师代作状纸，至少亦须用钱二三千多或三四十千不等，故有因为无钱而被押至数年仍未了案或因患病而至于瘦（瘐）死狱中者。即使有钱而因种种费用出狱后已无居食者亦有之。如光绪三十年，曾经上宪规定每案只收讼费钱三千二百文（败诉者承担），传案费三百文（两造各半），而历任县官仍不照办。"②

《凌云县志》记载："讼费则原被两造负担各殊。原告出钱三千六百曰铺堂，被告七千二百曰送案，此为定额，至拘传脚卒及刑仵检验，更

---

① 宾上武修，翟富文纂修《来宾县志（二）》（中国方志丛书第201号）卷下，第93～94页，成文出版社，1975，第407～408页。

② 杨北岑等编纂《同正县志》（中国方志丛书第214号）卷9，第28～29页，成文出版社，1975，第354～355页。

有所谓红袍过山，必量事主家资之丰薄以定费用之多寡。红袍者，凡监斩及相验官所御之外袭，系用红色，遇山则其经行之处，必有费也。至刑仵所需，举凡熏酚洒沐，诸物及用具，如汤镬、铁钳，要索崭新，而揩手布亦用整匹，若畏烦苦，皆可折钱，故讼狱之费，莫繁于验案，往往两造之外，累及乡邻。有人命三十里之谣。"[①]

民国时期，虽建立了现代司法体制，法律明文规定了诉讼费用的标准，但按当时的国民经济水平，诉讼费用仍属昂贵："迨入民国，虽已改定官制，法律禁革刑讯陋规并饬改良监狱，而不肖官吏仍多敷衍不照遵行。惟民十以后，迭经上峰严令并定民事状取大洋八角，刑事状四角，抄录费每百字一角二分，传案费每十里一角五分。若系民事则按其诉讼物之价值先交讼费（刑事则免），胜诉者发还败诉者没收解上（亦有平均负担者），若须勘验，则准官长一人，每日支银二元，随役一名，每日五角（该两款准由收入司法开支，不准向人民勒索）。如有受贿至五百元以上者，则枪决云云。自此之后，官员警役多已不敢妄为。"[②] 由于诉讼费用也为民众所受压迫之一，因此第一次国内革命时期在广西建立的苏维埃政权在解除民众所受压迫时，其中一项内容就是废除诉讼费，如 1929 年 10 月制定的《广西东兰县革命委员会最低政纲草案》（壬）编"关于地方一般的设施"就明确规定：废除一切诉讼手续费；废除呈状公文格式（告状用口诉或面述）。[③]

（二）民众承担诉讼费的具体情况

基于上述诉讼费用标准，民众要打一场官司，承担的诉讼费对他们来说可谓天文数字。如果他们被判定败诉，除了诉讼费外，还要面临巨额的罚款和赔偿，往往家破人亡，背井离乡。如清同治初年，来自广东阳山县陈姓人士，在富川大田寨住下之后，就霸占了涝溪源黄、盘、梁三姓的山场。三姓曾向官府告状。那时打官司是要花很多钱的，因旷日

① 何景熙修，罗增麟纂《凌云县志》（中国方志丛书第 202 号），成文出版社，1974，第 139～140 页。

② 杨北岑等编纂《同正县志》（中国方志丛书第 214 号）卷 9，第 29 页，成文出版社，1975，第 356 页。

③ 广西壮族自治区编辑组编《广西壮族社会历史调查》第 5 册，广西民族出版社，1986，第 169 页。

持久，三姓的生活也就日益贫困，最后不得不忍痛放弃了自己的山场，迁往别处谋生。[①] 1948 年，田林县烟平乡村民李卜秀早已和现在梁肇明之妻子订婚，而梁则到女家去上了门。李卜秀告到县府，后来梁卖了四头牛，得六十块银元，又卖六十斤田种。政府要一百块，后经人帮讲情，各要二十五块和二十块的赎身钱才被放回来。[②] 败诉后，除了承担司法费用外，当事人还要支付许多法律之外的费用："蛮人因言语知识及种族界限之种种故障，败诉而后，无论冤抑至于何种程度，上诉二字，绝非其所能为。于是屠宰猪羊若干，酬谢状师、保董、甲目若干，支销伙食、旅费、差费、规费若干，其支出皆甚巨大。其所花之讼费状费，在百分比内，不过占其二三。以故苗山人民，常有'登天易，告状难'之谚。此语在听者或不之觉，惟知之者，乃知其语有余痛也！"[③]

但民众即使侥幸打赢了官司，仍然会背上沉重的负担。如民国 21 年（1932）武鸣县潘明清上告百色公署，终于告赢了，但连伙食前后共开支八十元，等于四千斤谷子，负担沉重。[④] 为了支付诉讼产生的巨额费用，广西民众纷纷出卖唯一的资产——土地、田亩、山场。如旧时龙脊乡壮族出卖田地的原因之一就有因诉讼无费用。[⑤] 民国以后，三江侗族各个家族之间争执山场（划界），互打官司，打输的家族，则往往把山场出卖作为诉讼费用。因而这种占有形式逐渐解体，演变为几家共有或为私人占有。[⑥] 南丹县大瑶寨瑶里乡里化寨的黎姓，原住贵州独山，后多次迁徙到八圩附近的五塘村。住了四五代人，又因内部不团结，经常告状，花钱很多，只好借贷，但利息很重，还不出债利，只好卖田卖地，后迁来里

① 广西壮族自治区编辑组编《广西瑶族社会历史调查》第 3 册，广西民族出版社，1985，第 96 页。

② 广西壮族自治区编辑组编《广西瑶族社会历史调查》第 5 册，广西民族出版社，1985，第 120 页。

③ 刘锡蕃：《岭表纪蛮》，南天书局，1987，第 108 页。

④ 广西壮族自治区编辑组编《广西瑶族社会历史调查》第 5 册，广西民族出版社，1985，第 194 页。

⑤ 广西壮族自治区编辑组编《广西壮族社会历史调查》第 1 册，广西民族出版社，1984，第 77 页。

⑥ 广西壮族自治区编辑组搜集整理《广西侗族社会历史调查》，广西民族出版社，1987，第 133 页。

化寨居住。① 还有诉讼导致的凶杀案。民国20年代，资源中峰一妇女到全州告状，因家贫，带两个粑粑上路，经青皮界，土匪以为她带有银钱，将其杀死，一看布袋里是两个粑粑。② 旷日持久的诉讼不仅耗财，还摧垮了打官司者的精神。如环江县城管乡民国时期有一座庙宇，还有和尚若干，据说这些和尚原来多是富豪人家，出家的原因之一是诉讼，觉得前途无望，看破红尘，入了佛门。③ 广西民间也有很多关于诉讼费用的俗语、谚语，如“打官司要钱”④“斗官穷，斗鬼绝”⑤“十穷十富谚：第八穷，多事好讼，贿赂成风”⑥“孩童爱红蛋，官爷爱金钱（壮族）”⑦“有钱请得鬼推磨，磨了还有鬼来簸”⑧“空摆手买镯，打官司贿赂”⑨“有钱生，无钱死，衙门一向老规矩”⑩。

五 漫长的诉讼期限

诉讼之耗财还有一个很重要的原因，那就是耗时，专制时代由于职官办案效率低，往往一个案件要拖延数月乃至数年，致使民间纠纷难以及时得到解决，从而导致民众产生畏讼、厌讼情绪。清廷发布的上谕中就有皇帝对苗疆官员拖延办案期限的申饬。如雍正四年（1726）上谕云

---

① 广西壮族自治区编辑组编《广西瑶族社会历史调查》第3册，广西民族出版社，1985，第7页。

② 广西壮族自治区资源县志编纂委员会编《资源县志》，广西人民出版社，1998，第684页。

③ 广西壮族自治区编辑组编《广西壮族社会历史调查》第2册，广西民族出版社，1985，第317页。

④ 乔朝新、李文彬、贺明辉搜集整理《融水苗族埋岩古规》，广西民族出版社，1994，第79页。

⑤ 卢嘉兴：《中国民间文学三套集成·北流县民间谚语集》，广西北流县三套集成办公室编印，1986，第6页。

⑥ 广西隆林各族自治县文化局、民族事务委员会编《中国民间文学三套集成·隆林民间谚语集》，广西隆林各族自治县文化局、民族事务委员会编印，1988，第65页。

⑦ 广西隆林各族自治县文化局、民族事务委员会编《中国民间文学三套集成·隆林民间谚语集》，广西隆林各族自治县文化局、民族事务委员会编印，1988，第8页。

⑧ 广西壮族自治区资源县志编纂委员会编《资源县志》，广西人民出版社，1998，第655页。

⑨ 广西田阳县民间文学集成编委会编《中国民间文学三套集成·田阳县谚语集》，1989，第1页。

⑩ 龙殿宝编《中国民间文学三套集成·罗城谚语集》，罗城仫佬族自治县民间文学集成办公室编印，1990，第4页。

南、贵州、四川、广西、湖南各省督抚："直省地方官，办理钦部案件，皆有定限，其不依限完结者，例有处分。惟边省苗疆，间有督抚自行归结之案，地方官因无限期，遂生怠玩，以致案件稽迟，民人受其拖累。"① 雍正五年（1727）上谕云南、贵州、四川、广西督、抚、提、镇等："朕闻滇、黔、蜀、粤四省接壤之区，瑶倮杂处，不时统众越境仇杀，搅害邻封，地方文武官员往往以责任不专，彼此推诿，苟且因循，以致尘案莫结者甚多，此天下之共知共闻者。如广西西隆州古障地方土目王尚义等与贵州普安州捧鲊地方之苗目阿九等互控一案，迁延数年之久尚未审理。"② 乾隆二十三年（1758）上谕："命盗重案，虽在四参以后，接任各官，有照案缉拿之责，是以定有议处、议叙之条，以示惩劝。乃定例綦严，而地方官视为具文，竟将每年应行汇题之案，迟至四、五年之久……虽曾补题，仍递迟一年者，则有直隶、安徽、广西、陕西四省……可见向来陋习相沿，毫无振刷，已非一日，不可不严加整顿。"③ 这些申饬足见作为苗疆要地的广西，案件延期审理的情况非常普遍。

案件拖延过久，常导致当事人监死狱中或发生劫狱事件。如雍正五年（1727）署广西巡抚韩良辅折奏："天河（今属罗城仫佬族自治县）县狱内，拘禁莫东旺一名，系李绂批饬枷责追赃结案之犯。乃迁延一载，尚未发落，以致蛮壮纠集多人，推倒土墙，将莫东旺抢去。"④ 李绂官声卓著，廉明贤达，学识渊博，是清代官员中著名的"清流派"，尚且出现如此问题，那些庸官贪吏拖延办案的情况可想而知。道光曾斥责"汉、苗易于争角，往往因一事而累及多人，经年累月，枝节旁生"。⑤ 由于一些案件久拖不决，争议人纠纷越来越深，最终酿成杀人的惨剧。如发生在乾隆十二年广西思恩府安定司的"韦特郎枪伤谭朝响身死"一案中，当事人就供称，"雍正十二年，小的们往前任刘府主那里去告，蒙批司主潘宏武审详，把田断归谭姓耕种。小的们心里不服，在司官那里控告，总不中用。直到乾隆七年"，才得到相对公正的判决。这中间拖了整整八

---

① 《清雍正朝圣训》卷18《察吏》，第8页。

② 《清世宗实录》卷53，第4~5页。

③ 《清高宗实录》卷574，第22~24页。

④ 《清世宗实录》卷53，第15~16页。

⑤ 《清宣宗实录》卷40，第21~23页。

年，导致当事人之间积怨日深，最终酿成重案。[①] 道光二十三年（1843）上谕军机大臣等："广西来宾县知县杨定铨，于地方控告结拜之案，并不上紧拿办。致日久酿成二命，又不立即详报，迨经饬查，始兴具禀，仍未将委员拿获交办之张汉彪等犯讯究声明，实属有心隐匿，废弛不职。杨定铨着即革职，交该抚提集全案人证，并该县门丁差役，严究确情，按律定拟具奏。"[②] 基层司法官员玩忽职守、不及时办案的情况可见一斑。

进入民国后，情况依然没有改观。冯世英在《改良广西司法之根本问题》中深刻总结了广西各地案件拖延的主要原因："各县承审只有一员，其地方辽阔，人口繁多之县，每月新起案件，不下七八十宗，其小县亦有三十四宗，积压迁延，势所难免。余尝见县政府，因案件积压太多，无法清理，对于当事人诉讼书状，第一次批之曰仰候查明核办，一件诉讼，延至数年而无解决，亦常有之。余居乡时，曾见甲乙两姓涉讼，甲姓诉状，得县政府出一次拘票，拘提乙姓，甲姓则鸣炮称庆，以为诉讼已胜诉矣。惟其故，以县政府案积如山，不但求得判决难，即求得出一次传票或拘票亦不易。余今思及，犹足笑破腹也。案件积压已多，审讯固难明其真相：即明了矣，而为土豪劣绅之包围，亦万难裁判，盖裁判错误，固予人以攻击之机会，即审判公平，在地方有势力者，亦视败诉为失面子，觉莫大之耻辱，而故意为难也。因此之故，羁押嫌疑人犯，往往经数年之久，犹未判决，不死于法，而死于黑暗之囚牢，呜呼！如此人命等于草芥，见之甯不痛心！"[③]

事实上，官府之所以拖延办案时限，一个最重要的原因是尽可能多地搜刮民财，让当事人耗尽财产。如全州桐木江有一水源，居住在桐木江的瑶民世世代代以此为生。可是到民国元年时，外村地主白超田、陈炳炎等都硬说桐木江水源是他们的，要瑶民交"水源税"才能饮用。瑶民不服，报团去打官司，每家每户捐钱捐粮，由凤馥山领头去打官司，结果打了五年官司，费了瑶民很多钱粮，家家户户都搞穷了，官府才把水源判归桐木江瑶民。本来这事是很容易解决的，明明是外村那些地主敲瑶民的竹杠。可是官府老爷却

① 中国第一历史档案馆、中国社会科学院历史研究所编《清代土地占有关系与佃农抗租斗争》上册，中华书局，1988，第61页。

② 《清宣宗实录》卷396，第18～19页。

③ 冯世英：《改良广西司法之根本问题》，《广西司法旬刊》第6期，1933年，第20页。

故意不做主，硬要来拖瑶民，把瑶民钱财拖空了，他们腰包也塞满了才判决。[①] 1934 年，平南县朋化村张春如仗势进入金秀黄钳，夺占上下古陈盘姓坳瑶祖遗水田二十五垌，双方打官司达七年之久。[②]

综上所述，广西民间对诉讼的消极态度，有深刻的历史根源。在封建专制时代，司法不是为民做主的，而是盘剥民众的手段。新中国成立后，广西民众从黑暗的司法专制中被拯救出来，现在不仅司法公正不断推进，而且办案效率大大提高，诉讼费用也降低了很多，最关键的是还针对低收入人群设立了法律援助和司法救助制度，人们可以获得无偿的法律服务及救济，人们对司法制度的信任度逐渐增强。因此，在实施依法治国方略的今天，只要基层司法真正做到为人民服务，降低诉讼成本，而且提高效率，相信少数民族民众一定能够对司法机构产生良好的印象，并愿意信任诉讼制度，通过诉讼维护自己的权益。

第三节　语言文字障碍

广西民间不愿涉讼，从文化的角度分析，语言文字障碍也是原因之一。广西各地自古以来就使用不同于中原地区的方言，包括白话（粤语）、客家话、土语、西南官话、桂柳话、壮侗语支、苗瑶语支、藏缅语支等，而且很多民众不认识也不会书写官方文字。而以中原汉语及书面语言为窠臼的官方诉讼制度，使广西民众产生深深的隔阂感与陌生感，难以主动参与。这种语言文字障碍，在古代有关广西的诗文中多有反映。

唐代柳宗元在柳州任职时，所写《峒氓诗》就描述了当地民众由于语言不通而面临的诉讼困难："愁向公庭问重译，欲投章甫作文身。"[③] 李商隐摄昭州郡守时所做的《异俗其一》中也有"鸟言成谍诉，多是恨彤幨"[④] 之句，指出了当地民众诉讼的困难。宋代范成大在广西任职时，描

① 广西壮族自治区编辑组编《广西瑶族社会历史调查》第 4 册，广西民族出版社，1986，第 141 页。

② 广西壮族自治区编辑组编《广西瑶族社会历史调查》第 1 册，广西民族出版社，1984，第 283 页。

③ 柳江县政府修《（民国）柳江县志》卷 2《民族》，广西人民出版社，1998，第 103 页。

④ 罗世江、李达球纂《昭平风物志》，广西民族出版社，1992，第 115 页。

述了当地民众以本地特殊文字书写诉讼文书的现象："俗字，边远俗陋，牒诉券约专用土俗书，桂林诸邑皆然。今姑记临桂数字，虽甚鄙野，而偏傍亦有依附。奀（音矮），不长也。閮（音稳），坐于门中，稳也。奀（亦音稳），亦稳也。你（音嫋）小儿也。奀（音动）人瘦弱也。歪（音终，）人亡绝也。孬（音腊），不能举足也。妖（音大）女大及姊也。岙（音勘），山石之岩窟也。閂（音閂）门横关也。他不悉记。余阅讼牒二年，习见之。"[①] 宋代周去非生动描述了瑶人到官府诉讼时采用象形木刻投牒的案例，官府因此产生理解障碍："瑶人无文字，其要约以木契。合二板而刻之，人执其一，守之甚信。若其投牒于州县，亦用木契。余尝摄静江府灵川县，有瑶人私争，赴县投木契，乃一片之板，长尺余，左边刻一大痕及数十小痕于其下，又刻一大痕于其上，而于右边刻一大痕，牵一线道合于右大痕。又于正面刻为箭形及以火烧为痕，而钻板为十余小窍，各穿以短稻穰，而对结绉焉。殊不晓所谓。译者曰：'左下一大痕及数十小痕，指所论仇人将带徒党数十人以攻我也。左上一大痕，词主也。右一大痕，县官也。牵一线道者，词主遂投县官也。刻为箭形，言仇人以箭射我也。火烧为痕，乞官司火急施行也。板十余窍而穿草结绉，欲仇人以牛十余头，备偿我也。结绉以喻牛角'云。"[②] 这样的起诉状，若非通晓当地语言文字，来自中原的官员根本无法读懂，如遇贤官，尚能寻找翻译耐心判断；如遇劣官，必然轰斥讥笑。广西民间要突破诉讼上的文化障碍实非易事。

此种情况，在明代的文献中也有反映。如明万历年间撰修的《广西通志》曰："夷不习汉语，不识文书。"[③] 朝廷难以以律法或诉讼程序约束他们。明桑悦《记壮俗六首》云"能通官语惟村老"[④]，亦说明语言交流的障碍，其《基榜歌》云："夷人文字何曾识？乡老落来遮屋壁。"[⑤]

① （宋）范成大著，齐治平校补《桂海虞衡志校补》，广西民族出版社，1984，第44页。

② （宋）周去非撰，杨武泉校注《岭外代答校注》，中华书局，1999，第426页。

③ （明）戴耀主修，苏濬编纂，杨芳刊行《广西通志》卷33《外夷志三·诸夷种类》，第4～5页，转引自吴相湘主编《中国史学丛书·明代方志选》（六），学生书局，1965，第674～675页。据明万历二十七年刊刻本影印。

④ （清）舒启修，吴光升纂《马平县志》，广西人民出版社，1997，第324页。

⑤ （清）汪森编辑，桂苑书林编辑委员会校注《粤西诗载校注》（二），广西人民出版社，1988，第231页。

也嘲讽由于当地民众不识文字，官府发布的榜文被民众做墙纸使用。清代，因语言障碍，广西民众打官司只能寻找会讲官语的人代为呈讼。如发生在清乾隆十二年广西思恩府安定司的“韦特郎枪伤谭朝响身死”一案中，当事人就供称：“小的赴司告状，实为族内没有会讲官话的人。因想着谭有龙现住在司里充当目役，他是个该管，又是同族兄弟，可以出名告得的。”[①] 足见语言文字已成为当地民众诉讼的重要障碍。当然，这种语言交流障碍并不是造成民间息讼心理的根本原因，还有其他文化上的因素。

第四节　淳朴善良的天性

一　历代史籍对广西各族民众淳朴善良天性的记载

广西各族民众在长期的社会发展中，形成了很多优良的品质，如淳朴善良、诚实守信、热情敦厚、率真简直、勤劳执着、坚韧耐劳、勇敢耿直。历代文献虽由汉族士大夫撰述，但也不得不客观地承认这一点。如宋代王象之《舆地纪胜》记载：“百粤之地，风气之殊著自古昔，民醇事简，俗阜物廉。”[②] 明代的《百粤风土记》认为：“粤西其人蠢顽者多，奸棍者少。”[③] 明代心学大家王阳明认为广西各族民众“直情率遂，若未琢之璞，未绳之木，虽粗粝顽梗，崇巫事鬼，渎礼任情，不中不节，未免于陋之名，然无损于其质也。诚君子而居焉，其化之也盖易”。[④]《横州志》认为，“若瑶、壮、僚、佷之属……大抵犷悍不驯之气，难尽绳以法，而未尝不可通以理。于此见人性皆善，其不同者，特气质习俗，不能无殊耳”。[⑤]

广西地方志中的记载也肯定了广西各族民众的优秀品质。以瑶族为

① 中国第一历史档案馆、中国社会科学院历史研究所合编《清代土地占有关系与佃农抗租斗争（上）》，中华书局，1988，第59页。

② （宋）王象之：《舆地纪胜》（四），中华书局，1992，第3398页。

③ 胡朴安编《中华全国风俗志》上编，河北人民出版社，1988，第292页。

④ 刘锡蕃：《岭表纪蛮》，南天书局，1987，第282~283页。

⑤ （清）谢钟龄等修，朱秀等纂《横州志》，横县文物管理所据清光绪二十五年（1899）刻本重印，1983，第78页。

例，各地县志都记载了各个瑶族分支的善良淳朴。《临桂县志》记载："大良瑶性亦淳谨。"[①]《永福县志》记载："高山瑶性最谨厚，世乱，人多携家往就之，皆乐为效力。虽托之细软，亦不致有失也。"[②]《三江县志》记载："三江县瑶人谦和笃信，刻木记事，守信不渝。"[③] 除此以外，其他少数民族的优良品质地方志也称颂不已。如《荔浦县志》载，壮人"惟一诚以来之，信其约束，不为纷更。宽其网罟，无恣罗织，则欣然归命，输纳罔后。知重信约，无甚狡猾"。[④]《大清一统志》记载：梧州"俚人质直尚信，诸蛮勇敢自立"。[⑤]《三江县志》也记载："苗人富有顽强抵抗性，虽刚而慓悍，仍见纯朴。"[⑥]

二　民国时期学者对广西民众淳朴善良天性的描述

民国时期，人类学被引入中国，早期的中国人类学者开始深入西南腹地，对包括广西在内的西南地区进行了大量的考察和调研，近距离的接触使他们切实感受到了西南民众淳朴的天性。如刘锡蕃《岭表纪蛮》总结了广西民众的几个优点："1. 勤苦简朴；2. 服从敢死；3. 团体坚固，言行忠实；4. 社会一切大事，重视公意解决，颇有民治意味。"该书认为，广西民众上述优秀品质，是由特殊的生活环境和生活方式决定的："在'先天'、'后天'、'生理'、'心理'方面，所受严酷之锻炼，既如上文所述，由此等生活条件之下，遂养成其人具有'精健'、'勇敢'、'坚忍'、'服从'种种之美质。"[⑦] 录自广西第七军年刊的萧葆璠《七十团第一营参与龙胜一隅平瑶经过》谈道："龙胜瑶民……大半朴实，可以说日出而作，日入而息，耕田而食，凿井而饮。僻处万山中，实有各尽

---

① 《临桂县志》，载（清）汪森编辑，吴中任、梁超然校注《粤西丛载校注》（下），广西民族出版社，2007，第 1025 页。

② 《永福县志》，载（清）汪森编辑，吴中任、梁超然校注《粤西丛载校注》（下），广西民族出版社，2007，第 1025 页。

③ 魏任重修，姜玉笙纂《三江县志》（民国 35 年铅印本）卷 2，成文出版社，1964，第 118 页。

④ 《荔浦县志》，载（清）汪森编辑，吴中任、梁超然校注《粤西丛载校注》（下），广西民族出版社，2007，第 1027 页。

⑤ 胡朴安编《中华全国风俗志》上编，河北人民出版社，1988，第 310 页。

⑥ 魏任重修，姜玉笙纂《三江县志》（民国 35 年铅印本）卷 2，成文出版社，1964，第 116 页。

⑦ 刘锡蕃：《岭表纪蛮》，南天书局，1987，第 281、41 页。

所能，各取所需之概，牛豕放出数日不归，亦无人盗窃，足见其纯厚之风，更兼平日与人无侮，实可称为善良民族。"[①] 费孝通和王同惠两位青年学者1935年在金秀大瑶山调研时，就深深被当地瑶族民众的质朴善良折服，与当地瑶族民众结下了深厚的友谊。费孝通先生后来四次造访大瑶山，可以看出他对大瑶山深深的眷恋之情。

抗日战争时期，大量学者因躲避战乱疏散到了西南大后方，少数民族的神秘面纱被揭开，学者们开始重新认识这一与汉族共生的特殊群落。如江应樑著《抗战中的西南民族问题》认为，西南少数民族具有几个特性："1. 性情爽直，完全保有原始人类率真的天性。2. 诚实，未受到文明人类欺诈虚伪的习染，对于信服者，拥护到底，至死不变，对于仇视者，拔刀相向，必杀之而后已。"因此，他反驳了史书对西南地区人民的歪曲描述："我们过去对于边疆与边民的实情，的确太隔阂了，不仅隔阂，且凡出之于人们之口的，载之于史家之笔的，都完全是一种夸大的、虚伪的、不真确的、甚至于凭空造作的故事，把一个天性纯真诚朴可爱的西南民族，说得如牛马禽兽，把一片锦绣江山，丰产地带，说得狼烟瘴雨，鬼魅迷离，若果根据著人的记载与传说研究边疆，来筹定开化边民的大计，那简直会演出滑稽的故事来。"[②] 抗战时期到龙胜避难的李达权也认为，龙胜人民的优良品质之一就是"重信约。无论大小事情，只要经大家约定，那就是绝不会有什么中途翻悔的。这确是他们的德性"。[③]

西南民众质朴温和、崇尚和谐、重信守诺的性格和心理，是构建乡村地区稳定法治体系的思想意识基础，我们应当善加利用这种性格基因，打造稳定团结的民族关系，促进西南少数民族共同发展。

① 广西壮族自治区编辑组编《广西瑶族社会历史调查》第4册，广西民族出版社，1986，第124页。

② 江应樑：《抗战中的西南民族问题》，载中山文化教育馆编印《抗战丛刊第五十九种》（渝版），上海杂志公司，1938，第41页。

③ 李达权：《龙胜乡土风情》，1986年桂林图书馆据龙胜县县志办公室藏本复印，第23～25页。桂林图书馆藏。本文稿作者李达权同志，曾任桂林中学总务主任。这是他1944年随桂林中学校长雷震偕桂林中学部分教职员工，在日寇陷桂林前疏散至广南城自身所写的经历、采访笔记等龙胜乡土资料。1985年9月20日赠送给县志办。

第五章　广西民间传统诉讼观念在和谐乡村建设中的积极意义

广西民间传统诉讼观念既有积极的因素，也有消极的一面，但其中积极的因素是占主导地位的，而且是现代法治力量进入乡村地区的有利因素。从本质上说，广西民间传统诉讼观念与国家依法治国的理念存在目标上的一致性，即维护社会和谐、保护民众利益。因此，要实现乡村的法治化，就必须深入发掘这些积极因素和契合点，从而使二者有机地融合、互动，相辅相成，互利互助，在保持本土特色的前提下实现社会法治化。

第一节　注重和谐，有利于实现乡村社会的稳定

广西民间的息讼观念对和谐乡村建设是一股不容忽视的力量。民间的一些传统诉讼观念，如倡导人要和平相处而不是与人相争，尽量使双方了解其中利害最后得以和解，从而保持良好的人际关系，使大家在未来生活中可以不以仇人身份见面等，对维护乡村社会秩序、促进基层社会稳定发挥着不可估量的作用。

一　以和为贵的心态

陈宏谋《训俗遗规 · 自序》云："人心厚，则礼让兴，而讼端息矣……始知讼狱繁多，良由人心渐习于浮薄。"① 广西民众淳朴敦良，对纠纷大都抱和平解决的态度。在传统诉讼观念的驱使下，村民宁愿少一

① （清）谢启昆、胡虔纂《广西通志》卷 207《艺文略上三 · 子部》，广西师范大学历史系、中国历史文献研究室点校，广西人民出版社，1988，第 5448 页。

事也不愿意多一事，只有出现严重不公平或利益受到较大侵犯时才会去打官司。比如在调查中，我们一谈到诉讼问题，许多村民就急忙表态说我不会去打官司，对打官司唯恐避之不及。一位三江侗民的说法很有代表性，他认为，自己一个人就做好自己的农活，吃着自己饭菜，或者开个小店，一辈子就这样过，也不与别人发生纠纷，别人也不会来找自己麻烦，对这样的生活状态非常满意。就算有点矛盾，也用大事化小、小事化无的心态来处理。项目组在草坪回族乡潜经村做调查时，就有一位善良和气的回族阿姨说道："我不愿意打官司，个个和气才好，你打我，我打你不好"。阳朔县龙尾瑶村一位村民听说了我们的调研主题后说："打什么官司，又跟人无冤无仇。"灌阳一位女律师说：本地瑶民之所以注重调解结案，因为大家都是邻里邻居，抬头不见低头见，如果结了怨仇，以后大家难见面。如果是调解结案，下一代就不会结怨仇。但如果是通过司法程序解决，有一份判决书在那里，两家就结下了冤仇，永远也解不开，下一代也会觉得对方是仇家。

在调查问卷中，对于"如果你和别人发生纠纷后却不想打官司，最主要的原因是什么?"，29.1%的人选择了"其他"，而在旁边标注的原因有"不想，麻烦""相互协商""可以私了""私了，和气，为两家着想，为两代着想，有仇少说两句""看事情大小""和谐为好，小事就不必了"等。在回答最后一道题"您对少数民族诉讼观念有什么好的建议和措施?"时，一些村民写道：

> 1. 对法律知识掌握太少，有时是不想打官司导致双方矛盾加深；
>
> 2. 个个和气才好，你打我、我打你不好；
>
> 3. 农村很和气，不打官司，私了，就没有矛盾；
>
> 4. 不支持打官司，过来就过，过不来就算，和气过，法律很重要，和平起来；
>
> 5. 不支持打官司，不光彩，太麻烦，法律一般很公正，看事情的严重性再考虑。

这些回答无不透露出广西民间热爱和平、崇尚以和为贵的思想。乡村社会是熟人社会，发生纠纷的大多是长期生活在一起的邻居及同村人，从长远的角度考虑，采取非讼的方式解决矛盾，可以避免双方伤和气，防止事态扩大，并能使双方长期保持和平友好的关系，继续在一起生活下去。基层司法的目标就是维持基层社会的稳定与和谐，而民间这种以和为贵的思想恰恰契合了这一目标。虽然诉讼可以运用法律手段保护民众的权益，但基层社会的安全稳定也是非常重要的，民众这种重和尚简的思想，如果能善加引导的话，基层司法可以收到事半功倍的效果。

二　遇事忍让、好面子的心态

广西民众自身的心理因素也对其诉讼观念的形成有一定的影响。在传统的观念中，都觉得打官司是一件丢脸不光彩的事，家里打官司别人会因此瞧不起你，会伤感情丢脸面，因此老一辈人都还保留着这些思想，不愿打官司，认为会导致矛盾激化。例如，在贵港市覃塘区有一件很小的事，两个村民只是对两栋房子之间相距 20 厘米的土地权属有争议，就因为一方到政府去反映说“某某占用我的土地”，另一方就认为是去告他，导致事情恶化，这个问题到现在还没解决。他们认为，私底下怎么协商调解都可以，一旦上升到诉讼层面，那问题的性质就变了，说明你不够尊重我。三江侗族自治县司法局基层股工作人员说：村民向法院提起的诉讼，一般都是婚姻家庭、人身损害赔偿，如交通事故、建筑工程以及老板拖欠农民工工资，社保处理不了只好提交我们这边调解。打官司人们也意识到讼累，既花时间又花精力、金钱，没到那个地步一般都不会走这条道，很大一部分案件都是基层调解，民事纠纷包括三大纠纷，基本都是以人民调解结案的。第三方在中间协调的话，他们比较乐于接受。如果由政府裁决或由法院判决，双方都会觉得没面子，调解他们都比较容易接受，也都比较服气，服气的话履行起来就比较爽快一些。贺州市政府调处办工作人员也说，本地民众喜欢协商解决问题。政府处理了，不服；法院判决了，也不服。最后双方自己协商解决了，关键是生活条件好了，大家不想再去吵、去闹了。

在调查问卷中，对于“如果您和别人发生纠纷后却不想打官司，最主要的原因是什么?”，35.5% 的人选择“费用太高”，25.6% 的人选择“费时间”，25% 的人选择“其他”，7.5% 的人选择“不相信法律和法院”，6.4% 的人选择“太丢人，不光彩”。这说明“费用太高”和“费时间”是民众诉诸诉讼的主要障碍（见图 5－1）。客观上来讲，诉讼活动程序复杂，耗时耗钱，而广西民众大多收入水平不高，难以承担诉讼费用，加之居住偏远，交通不便，诉讼费时费力，还要去聘请律师打官司，对节俭、善良、朴实的民众来说可谓“畏途”，所以大多数人多会选择“息讼”而不是“健讼”。另外，简便易行、灵活多样、成本低廉的各种民间调解也很受欢迎，承担了解决乡村纠纷的绝大部分任务。

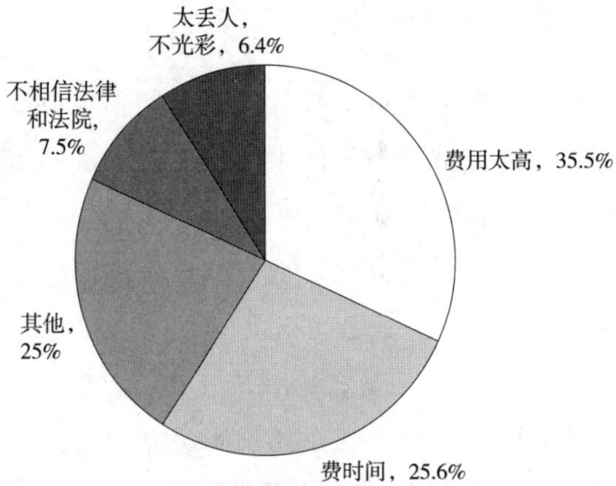

图 5－1　关于“如果您和别人发生纠纷后却不想打官司，最主要的原因是什么?”问题的回答

三　禁止以暴力方式解决纠纷

以暴力方式解决纠纷，是与现代法治精神相悖的，也不符合广大民众自身的利益。事实上，广西民间很早就开始自觉抵制这种不良的社会现象，许多地区的乡规民约中也都有禁止械斗的条款，以维护基层社会的稳定，说明民众本质上是爱好和平的。如 1984 年 11 月钟山县清塘乡丰目村乡规民约第 1 条规定：“不搞纠纷械斗。”[①] 1985 年都安瑶族自治县板磨村村规民约第 11 条规定：凡挑起事端，打架斗殴伤人者，罚款 20 元，并负责伤者的全部医疗费、车费、伙食费、误工费。[②] 都安县加文村 2004 年的村规民约第 13 条规定：邻里之间发生纠纷，能自行调节的自行调解处理，不能自行处理的要依靠组织解决，不能仗势欺人，强加于他

① 钟山县志编纂委员会编《钟山县志》，广西人民出版社，1995，第 783～784 页附录。

② 都安瑶族自治县县志编纂委员会编《都安瑶族自治县县志》，广西人民出版社，1993，第 884 页。

人，对不听劝阻、制造纠纷的当事人，情节轻微的进行教育，情节严重造成人身或财产损失的，必须承担医疗费用。[①] 2006 年，龙胜潘内村制定的村规民约第 15 条规定：全体村民应团结互助，有事好商量；凡发生纠纷，应先由当事人协商解决，协商不成的，应及时找村调解委员会处理，不准聚众闹事，动武伤人或哄抢有争议的林木、财产，要维护纠纷时的现状（后面的违约责任规定，凡违反本村规民约第 15 条的，除赔偿损失外，还要承担违约金 100～200 元，交村民委员会）。贺州黄洞瑶族乡黄洞村村规民约第三章“公共事务”第 20 条规定：因家庭、财产、使用权等发生纠纷，在纠纷未解决之前，必须维护现状，不得人为破坏。第 21 条规定：严禁聚众闹事和越级上访。桂林雁山区草坪回族乡潜经村村规民约第 2 条规定：村民应团结友爱，和睦相处，不打架斗殴，不酗酒滋事，严禁侮辱、诽谤他人，严禁造谣惑众、拨弄是非。贵港市覃塘区樟木乡黄龙村村规民约第 11 条规定：邻里之间发生纠纷不得采用威胁、要挟的方法，对殴打他人造成伤害的，应赔偿医药费、误工费等，情节严重的，提请司法机关依法处理。

第二节　注重调解，有利于提高基层司法的效率

广西民间对调解的重视也是与和谐乡村建设的一个重要契合点。广西民间在处理矛盾与纠纷时，并不主要依靠司法途径，占据主导地位的仍是民间调解。经过调查笔者发现，村民都有这样的想法，即发生矛盾后总是先试着自己解决，不行的话再去找村干部解决。大部分纠纷靠民间调解来解决，只有极少的纠纷会向法院请求诉讼解决。在当地民众看来，大部分纠纷还不足以去法院解决，用其他方式来解决，对己对人都是好的。一般来说，民众解决纠纷的方式主要有私了、调解、械斗、上访、诉讼等。而在这些纠纷解决方式中，多数人倾向于采用调解。“注重民间调解”可以避免民众之间发生法律冲突，还可以减少诉讼成本，因

---

① 覃主元：《大石山区的祥和村落——广西布努瑶社会经济文化变迁》，民族出版社，2007，第 139 页。

此调解成为最受民众欢迎的解决纠纷的方式。

一　民间注重调解的文献记载

广西民间比较接受调解，以人情化解、互谅互让。这种注重调解的精神能和平化解纠纷与冲突。文献记载也反映了这一点。明代《南中纪闻》就指出，在广西地区任职的官员，要利用当地民众注重调解的心理，循循善诱，尽心劝导，因势利导，和平化解纠纷："官府能虚心细访，抚唤至庭，面与剖分曲直，量以汉法申之，遂欢呼悦服，从此两争各息。即彼方聚兵交刃，亦旋解散。余在绥邑时，芙蓉小水二洞，构兵不止，曾谕洞老款长，赍票劝诱，令其到县，即命二家备陈始末，熟酌处分事宜，徐出数语晓之。各相输服，盖其情既平，彼亦不能执以为词也。士君子游宦兹地，慎毋轻信狡夷一偏之词，发兵议剿。勿论祸蔓难图，即一举遂定，终不能服犬羊之心，使其永永安宁也。"①《峒谿纤志》也指出地方官员要善于调解民众纠纷，"苗人不忘九世之仇，往往相杀无已，惟恃流官开诚劝谕，能为息争"，并描述了官员运用当地的"剪草讲筹""杀牛祭祖"的习惯法为人们调解纠纷的情形："峒苗仇杀之后，汉官为之讲歹。两造各积草为筹，每讲一事，举一筹，理诎者弃其筹，筹多者胜，负者以牛马归胜者，即彼此杀人，亦较其人数多寡，而以马牛赔偿之，纷乃解。剁论：讲歹之时，两造苗民，各距两山之上，而立牛于其中，讲既明矣，一苗持刃从牛颈下，屠牛易如委土。于是两山之苗，呼噪而集，各割牛肉一块，归而祭祖，若相誓曰：有负论者，有如此牛。"②

较为典型的案例，是发生在乾隆年间广西三江富禄寨与贵州从江县云洞寨之间的田土之争，在时任地方官的努力调解下，双方终于结束了多年的争议，和平解决了纠纷。乾隆八年（1743），广西巡抚杨锡绂奏："粤西怀远县之富禄寨与贵州永从县之云洞寨，苗民上年互争田土，至今未结，现饬右江道前往勘审。"乾隆帝批复指出，这种省际田土之争，最好能调解结案："此等隔省之事，向有各庇属员之习，汝等痛改此弊，公

---

① （明）包汝辑《南中纪闻》，商务印书馆，1936，第17～18页。

② （清）陆次云：《峒谿纤志》中卷，中华书局，1985，第13页。

同和衷妥办可也。”① 从地方志记载的情况看，这一纠纷在地方官员详细调查并确定双方的诉求后，最终调解解决：

> 富禄寨在怀远之西界，与黔省之云呇相隔三十余里，其南江一带地土相连，闻昔年云呇恃强将富禄寨烧杀一空，又串通怀属之敲头寨招富禄苗佃田，名为余崽。富禄苗每年认派酒米等物分送云呇、敲头等寨，以图安居耕种。雍正八年平古州时，知府袁承纷经过其地，严为禁止。云呇恃在隔属，怙恶不悛，兼有苗人越境而耕。乾隆六年，南江作乱，富禄安兵堵御，遂不相往来，有越境者，罪之。云呇不甘，始以争田控，悬案不结。八年，右江道周人骥奉委，会同古州道孙钧往讯查。云呇苗石香田控争大小两冲之田八百零三把，俱无确实。即富禄苗坚供只有呇嵬田二百四十四把，亦无凭据，应仍照永从、怀远两令原报八百零三屯之数折中，断给云呇苗田四百屯，内除附近云呇之续告田六十屯听云呇苗自耕外，余在富禄寨之田三百四十屯，仍令富禄苗佃种，每年租禾一百七十把，每把重四十斤，秋收时，令云呇苗禀明永从县，关移怀远县交收，不得擅行过界滋事。至云呇续告之田三百九十屯，既据梁金晚等供明，实系云呇之田，应归云呇自耕，其富禄村边山坡地角，听富禄苗开垦，毋许云呇越界借垦，从前租禾免其追补，各具遵依结案。续经藩司议详，以每把四十斤之禾，倘遇歉收，似难足额。应于收租时，该二县查明定议，亦令各苗遵照。嗣因云呇苗尚有田在富禄界内，往耕而富禄苗复以强挖伊田具控。经前抚杨锡绂折奏，仍委两道员复勘，复行县彻底清查。随据富禄、云呇邻寨头人吴金、姚金勾等称，两寨不愿终讼，请将所争田八百把零六手各半均分，以息争端。并将两寨零星掺杂地土各行换抵，以清界址。两道复讯无异，以边苗与内地有间，不便遽绳以法，即照县议详结，永杜争端。至今寨苗庶得安枕矣。②

广西民间注重调解的心理，在历史上产生过重要的作用。据《钦州

① 《清高宗实录》卷195，第33页。

② （清）王锦修，吴光升纂《柳州府志》卷30《瑶壮》，柳州市博物馆据1956年北京图书馆油印本翻印，1981，第28～29页。

县志》记载，清代有的地方习惯邀请同乡、同族中长辈耋老或有声望的人进行调解，几乎每一村庄街道，大都根据乡规、族规、家规以及传统习惯、道德规范调整人与人之间的关系，以“和为贵，让为贤”等儒家思想来疏导人与人之间的矛盾。民国时期，民事纠纷多由甲长、保长，乡镇长调解。①

二　广西民间注重调解的现实表现

（一）村委会调解

在传统的广西乡村社会，人们聚族而居，聚村而栖，社会结构相对稳定，这种恒定的社会关系一旦遭到破坏，就会极大地影响社会的稳定。调解与诉讼相比，社会效益较好，不仅可以极大地缓和双方的纠纷，而且维护了双方今后的关系，这也是民间推崇调解解决纠纷的原因。笔者在广西壮族自治区各地区调研时，在村委会的调解记录中收集到大量通过调解结案的例证。如 2009 年笔者在三江侗族自治县洋溪乡洋溪村调研的时候，发现了村委会的调解记录。该记录从 20 世纪 90 年代一直延续至今，详细记录了洋溪村村委会调解的一桩桩民事纠纷，虽然内容繁杂，小至家禽、家畜损害财物，大到征地拆迁补偿，还有失火、婚姻、赡养、分家等，但最后都在村委会的调解下和平解决。其中有些纠纷，村委会连续调解多次，持续好几个月，但最后都使双方当事人达成了共识，显示了当地群众注重通过调解的方式在互谅互让的情况下解决纠纷的精神(见表 5 - 1)。

在洋溪村村委会调解的诸多纠纷中，最典型的一例是 1998 年的姚某娃“被拐卖”纠纷，该纠纷跨越贵州省黎平县龙额乡龙额村和广西三江侗族自治县洋溪乡洋溪村两省、两县、两乡、两村。经过两个村委会的奔走和调解，最终得以妥善解决。纠纷经过如下：1998 年 8 月 1 日，贵州黎平县龙额乡龙额村村委会向洋溪乡派出所发来信函，称该村第六村民小组农户姚某才 57 岁的妻子姚某娃被人贩子拐卖约有一个多月，经查，人贩子将其出卖到广西三江侗族自治县洋溪街地带，请求洋溪乡派

① 钦州市地方志编纂委员会编《钦州市志》，广西人民出版社，2000，第 1021 页。

表 5－1　三江县洋溪乡洋溪村村委调解记录

时间		双方当事人	事由	调解结果	调解人
1992 年	1 月 23 日	甲方：洋溪乡洋溪村古瓦屯聂某兴、王某桥 乙方：良口乡白毛村大团屯吴某暗	乙方在 1991 年 7 月失火烧了甲方茶山，面积 4 亩，茶树 17 株	结合村规民约，双方达成如下协议：（1）乙方赔偿甲方财产损失费 50 元，加罚款 20 元，共计 70 元；（2）限乙方在一个星期内交清，逾期不交，加倍赔偿	村委会
	2 月 29 日	甲方：粟某保、吴某小、荣某祥 乙方：欧某平、许某林	甲方毒死乙方鹅 11 只，计 35.2 斤	双方协商按现在市场价赔偿乙方	村委会
1998 年	3 月 18 日	古瓦屯	因高路架线经过古瓦屯地界，村民不同意	经了解和做工作，召集老人组长骨干，协商解决，村民同意高压线过本屯山界	许某德
	7 月 20 日晚		高路架设高压线经过古瓦屯地界，对杉竹林和其他作物造成损失，折经济赔偿，双方意见不统一，得不到解决	高路村干部对我村干部反映，我村四名干部集中统一意见，到古瓦屯召开全屯会议，对村民宣传政策与高路建设大道理，村民理解，当晚得到解决	
1999 年 1 月 27 日		村民彭某清与洋溪中心校	教办主任、中心校校长、村委会干部因教学楼用地，必须要用彭某清园地，园地内有果树约有 20 篼，经双方协调，得到用地同意，但要求对果树予以赔偿	经村委会调解，彭某清予以理解，最后以经济赔偿得予解决	光吾、世胜、侯祥、太德
2000 年	5 月 10 日	伍某台、李某仔	5 月 10 日，伍某台家 9 只鹅进入洋溪新街屯李某仔的责任田，严重损坏稻禾苗	经村委会调解，伍某台同意赔偿李某仔生谷 50 斤，另每只鹅罚款 5 元，共 45 元	卜某胜、粟某德、许某略

续表

时间	双方当事人	事由	调解结果	调解人
9月4日	陆某华与陆某光	为分家一事,陆某光要求独立生活。4日晚,陆某光从楼上搬出自己的用品,单独煮饭菜,用火大意;当晚10时,陆某光造成火灾,寨湾群众要求老人协会及时报告村委,调解父子二人纠纷且追究失火的责任	陆某华接受群众的监督,陆某光被村委会处罚和警告	粟某德
10月31日		陆某光因与家人不和闹分家,要求自己独居。村委会认为:陆某光属残疾人,应有法定的监护人与其居住,不宜分家,再加上陆某光双目失明,独居用火相当危险,一旦发生火灾,损失不可估量。因此,劝陆某光回家与家人处理好关系,和睦过日子	陆某光接受教育返家	卜某胜、许某略
11月27日	古瓦屯聂某明、梁某刚、梁某明	11月26日,聂某明为了毒死老鼠,把老鼠药放到梁某刚家附近的自家菜园内,梁某刚、梁某明两家的鸡飞进聂某明的菜园内,当场被毒死4只,尚有3只存活,两家要求聂某明赔偿全部损失,聂某明不服,要求村委会出面处理	(1)已死的4只鸡双方当事人各承担一半损失,以每斤7元计价折款赔偿;(2)存活未死的3只鸡若在5天之内因中毒死亡,亦按每斤7元计价,双方各承担一半损失。	村委会

续表

时间		双方当事人	事由	调解结果	调解人
2001 年	10 月 19 日	良培村良培屯伍某连、洋溪村旧寨蒙某华	关于处理蒙某华和伍某连发生男女关系造成纠纷一事，双方当事人良培女方 6 人，洋溪男方 6 人	双方达成协议，如下：(1)男方赔偿女方人身、精神损失费 800 元；(2)自今日起男方不许反悔；(3)协议自今日起生效	许某略
	10 月 22 日	培吉石某姣、旧寨相某光	婚姻调解，男方到场 6 人，女方到场 3 人	由村出具协议书，双方同意签字并盖手印，由医院检查结果，按协议执行	许某略、吴某东
2004 年	12 月 2 日上午	洋溪古瓦 11 组，高路村	1998 年分村分路水田赔偿问题	11 月 30 日，由乡党委副书记覃某福带队到高路村的边打屯做思想工作，12 月 1 日早上从边打屯吃完早餐又赶到古瓦屯做群众的思想工作。通过工作队做工作，双方都互谅互让，边打屯同意割让一条冲的水田，古瓦屯也同意接收这段水田，经双方群众代表发扬互谅互让的精神，拖了几年的纠纷至今画上句号	乡党委副书记覃安福、高路村村支书潘某隆，边打屯组长甫某、甫某莲，洋溪村村支书卜某胜、副主任叶某清，古瓦屯村民彭某清、聂某土
	12 月 21 日		两村签协议及赔偿	双方签定协议，协商赔偿每年的粮食，从修建村公路开始到现在，一次性赔偿现金 750 元	洋溪乡司法所所长梁某成、梁副书记

资料来源：三江县洋溪乡洋溪村村委会提供。

出所立案稽查。8 月 3 日上午，姚某才等 3 人到洋溪村找妻子姚某娃。经查明，姚某娃原是贵州省从江县洛香村人，原嫁到龙额乡梅更村，养了小孩后因男人去世，又改嫁到岭苗，3 年后因家庭破裂回到儿子家。姚某才于 1989 年农历三月十六日与姚某娃结为夫妻，但在 10 年内没有生男养女。夫妻双方因小事争闹，其妻常说要去跟儿子住。1998 年农历六月十日姚某娃离家出走，姚某才经多方寻找才得知其已与洋溪村寨湾屯 7 组村民周某兵结为夫妻。现姚某娃的两个儿子多次追逼姚某才尽快找到其母，否则以贩卖母亲罪追究其法律责任。姚某才找到姚某娃后，要求周某兵承应与姚某娃结为夫妻，并写保证书今后无事不再找他。此外，因姚某娃离开前将姚某才家所有的木材、楼板出卖，姚某才要求姚某娃赔礼道歉并给予经济补偿。1998 年 8 月 10 日，双方在洋溪村村委会调解，在村干部许某德的主持下，双方协商，姚某才同意周某兵与姚某娃结为夫妻，姚某娃赔偿姚某才的损失。周某兵还表示："今后龙额亲朋好友到此走走。"至此，一件跨省的复杂的婚姻家庭纠纷得以妥善解决，双方当事人也由冤家变成了亲戚。

有些纠纷虽然是邻里之间一些鸡毛蒜皮的小纠纷，但处理不好，很容易导致双方结下世仇，影响安全稳定，破坏友好互助的村内关系。因此，发生此类纠纷村民都会主动要求村委会调解，以化解恩怨。洋溪村 1998 年 5 月 14 日的调解记录也记载了一起饶有趣味的"咒人"纠纷，该纠纷在村委会的调解下顺利解决。纠纷起因是洋溪旧寨村民石某请与石某应情因双方山中竹林界线划分不明，石某应情雇瑶胞砍伐竹子，双方产生争议。5 月 13 日晚，同村村民彭某灵合到石某请家说，当日上午石某应情与其谈及双方的竹林纠纷，并咒骂石某请的一个男孩要死。三人遂发生纠纷，并于 14 日上午要求村委会调解，村委会劝诫了三人后，三人分别承认了各自的错误并保证不再追究，和睦相处。石某应情承认此话是她说的，今后改正；彭某灵合则表示今后三方和好；石某请表示满意，说要做好团结。三人都表示今后相互团结，谁再提此事由谁负责。

与洋溪乡紧邻的富禄苗族乡也是村委会调解较多的地区。富禄苗族乡一名侗族男子说：本地人一般不去打官司，我们农民不懂诉讼，一般很少去法院。有事大家商量好，有很多种方法处理，一是两家协商好。大多数纠纷也就是双方喝了点酒吵架，说话不计较就可以了。山林交界有点纠纷，就自己谈判解决。二是每个宗族都有老人可以帮忙解决，或者村干部就可以解决，没有解决不了的纠纷，因此大家很少到法院、法庭，最多到乡里面，由乡里面的纠纷办帮忙解决。我们与贵州那边也有纠纷，很少，主要是土地、山林争议，你说是你的，我说是我的，大家就认证件为凭证，有证的就归证，比如土地证、山林证，没有证就分段断，一人一半。富禄村村主任也说：本地村民一般不上法院，原因主要是农民去法院，还要坐两小时车去三江县城，太麻烦，还要上诉请律师，解决来解决去就为那一点事，民间老人出来能做很多工作。本地人很尊重基层干部，纠纷基本都由村里解决。这几年山林纠纷最多，主要是地界不清引发的斗殴，先由双方协商，村委会再去调解，能让就让一点。斗殴纠纷有时起因于村寨年轻人喝酒，还有婚姻家庭纠纷，也主要是调解解决。人民调解的工作没有报酬，一年到头就是正月到三月纠纷多一点，因为主要是在这三个月做活路，种树、春耕都在这三个月。斗殴也是在这几个月，年轻人春节打工回来，喝了酒就容易起纠纷。因此，我们最忙就是这个月。婚姻纠纷也是在这几个月，在外务工的人回来过春节，趁着这个季节，结婚的结婚，离婚的离婚，和婚的和婚，平时很少有纠纷。表 5 - 2 是富禄村村委会 2011 ~ 2012 年调解的部分，共 10 桩纠纷，除一桩调解失败外，其余皆达成协议，调解成功率达 90%。

表 5 - 2　三江侗族自治县富禄苗族乡富禄村村委会调解记录

时间	调解主持人	事由	调解结果
2011. 2. 28	梁某海（村支书）	住房宅基地纠纷	经调解，双方一致同意将石某安地基至郑某荣地基处两米的间隔给郑某昌用
2011	梁某海、石某来	山林纠纷：约 28 年前，4 家人共种杉木，成林后分作四份，各户管理，现山林要退耕还林，各户抽签	有 1 户没有地来对换山，才得 1 份，甫正辉把 10 根成材木头给杨老号，土地归杨老号使用。双方同意以上调解方案并签名

续表

时间	调解主持人	事由	调解结果
2011.3.20	廖某祥、石某来	农田对换纠纷：1986年石某端用农田与姚某生对换，想种植致富，3年无果，至今已有24年，以前无协议。现石某端提出因生活困难想要姚某生退还对换农田，姚某生认为马上转退不行	姚某生先退亚某仁一屯田，然后分步退两屯，直至全部退完。双方同意以上调解方案并签名
2011.4.12	梁某清	山林纠纷：面积约2亩，岑广屯石某路有山林土地证，约2008年岑胖屯石某旺种有杉木	没有达成协议
2011.4.15	梁某海、石某纹、石某来		经村委会与双方共同协商，同意将山林一分为二，双方各一半，岑胖屯石某旺占上方，岑广屯石某朝占下方，双方无异议，签字
2011.10.21	石某文、廖某环	山林纠纷：岑广屯七队姚某生、登晒九队石某玉情，争议面积1亩左右。石某玉情无证，但2010年已勾图；姚某生有证，已种杉苗	廖某环判结：山林分为两半，木头分为三份，一份归岑广姚某生，一份归登晒石某玉情，双方一致同意
11.28	梁某海		
2012.4.17	梁某海	山林边界纠纷：富禄村葛亮屯五组吴某前、罗某良互争插花杉木7株	经调解，双方一致同意，7株杉木分配如下：吴某前得下面3株，罗某良得上面4株
2012.6.2.	廖某环	富禄村三组赖某保、赖某先之间的山林纠纷及双方林地插花边界问题	经村委会协商调解
2012.6.20	廖某环	富禄村廖某西、廖某华房屋土地纠纷	经村委会调解，双方同意和平解决

资料来源：三江侗族自治县富禄村村委会提供。

笔者在其他地方的调研也反映了广西民间注重调解的一面。贺州沙田金竹村村支书说，村委会一年调解10次以下纠纷，调解成功率达到95%，村民基本上听从，没有反悔的。如果村民不服从，村委会也调解不了，我们就建议去司法部门解决，但司法部门也是按我们村委会的意见做调解。狮东村一位17岁的男孩说，本村纠纷主要找村主任或者那些声誉好、有一点知识的人调解。上面那个人当过教师，至少有50岁了，别人经常找他调解纠纷，不太懂的就问他。贵港市覃塘区法院民三庭的法官谈道，涉及少数民族的交通事故，如果双方都是同村的，大部分都能私了，因为双方比较了解。但如果起诉到法院，调解的难度就大一点，只要起诉到法院，同村的人都不愿再调解，现在主要是外地人起诉到法院。打官司费时、费力，村民真的有困难也不会打官司，比如借贷官司既失亲情又失钱，不打官司的话，债务人时不时还一点，也能慢慢还清。覃塘区樟木乡罗副书记说：本地民风还是比较淳朴的，人们有纠纷一般不通过法院处理，而是通过兄弟、村里解决，比如两人打架了，主要找兄弟评理。村里实在解决不了，才去找乡里申请解决，最后才去法院，本地人不愿去法院，离婚才必须找法院。所以樟木法庭最多的案子是离婚案，还有一两起宅基地纠纷。我们也不希望纠纷到政府部门这里来，都喜欢在村里解决。现在村民也比较懂，有纠纷在村里找队长，不得已才报到我们村委会，很多都知道走这个程序。覃塘区黄练镇干部说，本地少数民族还是比较偏向于调解，还是讲感情，即使是与隔壁村的纠纷，也愿意通过调解解决，大家想都心甘情愿地坐下来调解。三江侗族自治县人民法院办公室主任也说，本地侗族纠纷，一般是大村子由一些德高望重的老人组成寨老协会来调解，有时候也去村委会调解，有时去鼓楼调解，村委会调解的矛盾大约占80%，比例很高。在三江地区，即使是刑事案件，人们也愿意通过调解的方式解决民事赔偿的部分。例如，笔者在三江侗族自治县独峒乡高定村村民委员会看到一份刑事案件的民事赔偿调解记录，内容如下：

协议书（此协议一式三份）

甲方：卢某青（受害方）

乙方：杨某辉

对2010年5月11日发生的凶杀案件，经甲、乙双方及村委协调达成如下协议：乙方向甲方赔偿安葬费伍仟元整，从此甲、乙双方不得翻悔及向对方索取其它财物。

交款期：2010年5月13日下午5点钟前

甲方签字：卢某青　　　　乙方签字：吴某

村委代表：吴某

2010年5月12日晚[①]

① 三江侗族自治县独峒乡高定村村民委员会提供。

民间注重调解的心理，可以从其语言中看出来。广西各地的方言中，几乎都有调解这个词。灌阳县水车瑶族乡泡江村俸主任说：在当地的瑶话中，纠纷叫“闹嘎（架）”，搬弄是非叫“帖色”，调解叫“衡曹”，意思是合拢、摆平。瑶话中没有“法官”“官老爷”“衙门”“村长”这些词，都用汉语代替，这说明当地都是通过民间调解来解决纠纷。龙胜各族自治县平等侗族乡的侗话把吵架叫“掀天”，调解称为“劝”，传神地展现了调解的过程与作用。笔者在都安瑶族自治县隆福乡崇山村调研时，发现该村 2000 年制定的村规民约第三章“社会治安”第 19 条规定：邻里发生纠纷，能自行解决，可自行调解处理；不能自行调解处理的要依靠组织解决，绝不能仗势欺人，强加于他人。可见这里至今仍保持着平等公正调解纠纷的传统。

（二）乡镇司法行政调解

近年来，遇到一些村委会无法解决的纠纷，人们也开始逐渐依赖乡镇政府部门来调解，其中乡镇司法所是主力军。而乡镇司法所也在这方面推进各种调解制度，加大服务力度。一些案件表明，村民宁愿通过协商调解的方式解决矛盾，也不愿去打官司，因为调解可以保留自己的“面子”，说明对方对自己的尊重和诚意。村民也希望乡镇人民政府能直接出面调解一些重大纠纷。2016 年 5 月，笔者在平乐县二塘镇了解到一起经镇政府出面调解成功解决的纠纷。二塘镇发生了一起坟地纠纷，起因是当地某砖厂在搞建设的时候，有两座村民的祖坟草长得比较高，挖掘机作业的时候没注意，把坟挖了，结果该村民的家族来找砖厂老板理论，要求一个坟赔 20 万，共 40 万，双方谈判不下来，镇政府希望此事通过司法途径依法解决，并已跟县法院、桂林中院协调好，可以立案，但村民不愿去打官司，就是要协商解决，后来政府工作人员晓之以利害，讲清法律政策，最后双方谈判成功，同意每个坟赔 10 万元，共 20 万元，还有误工费，砖厂全部答应了，总共 22 万元全部赔偿完毕，这起纠纷终于和平解决。笔者在三江地区调研时，看到洋溪乡人民政府在成功调解一起民事纠纷后双方达成的一份和解协议书，内容如下：

裁决书

兹有良培村培光屯石某云香与洋溪村旧寨屯秦某利，关于耕牛糟踏绿肥之争一事，经乡人民政府核实，秦某利共有四头耕牛于1992年3月1日在“旧中”（地名）吃掉培光屯石某云香绿肥和马铃薯共0.5亩（绿肥0.3亩，马铃薯0.2亩），根据乡人民政府（1991）第14号文规定，特做如下裁决：

按每头牛罚款15元计算，四头牛共罚款60元；赔偿费按每亩30元计算，0.5亩应赔偿15元。两项合计秦某利应交给石某云香75元。此款限于1992年3月15日前交清，否则，乡政府组织工作对到秦某利家强行拍卖耕牛一头。

本裁决一式三份，双方当事人各一份，乡政府存档一份。希共同遵守。

洋溪乡人民政府

1992年3月11日

广西民间注重调解还可以从市政府的行政复议案件的调解率反映出来。据统计，多年来贺州市行政复议案件调解率均在97%以上。2010～2012年，经调解后，申请人主动撤回申请的有48件，调解成功率为19.7%，其中经市政府调解、和解或被申请人改变原具体行政行为后，申请人自愿撤回申请22件，占调解结案案件总数的45.8%。2014年至2015年8月经调解结案的行政复议案件比例在90%以上，经调解后，申请人主动撤回申请的有5件，而这5件全部为市人民政府调解（见表5－3）。

表5－3　近年来贺州市行政复议案件经调解结案情况一览

时　间	行政复议案件的调解率	经调解后申请人主动撤回申请案件数	调解成功率	其中经市政府调解、和解或被申请人改变原具体行政行为后，申请人自愿撤回申请案件数	占全市调解结案案件总数比例
2010～2012	97%以上	48件	19.7%	22件	45.8%
2014～2015.8	90%以上	5件	13%	5件（全部经市人民政府调解）	100%

资料来源：贺州市政府法制办。

广西民间之所以注重调解，一是因为人们愿意听人“劝”，听得进别人的肺腑之言和情理掰析；二是因为调解是在一种民主、平等的氛围中进行，调解人与双方当事人一起坐下来，摆事实、讲道理，三者地位完全平等，这让当事人感觉到人格受到尊重，认为自己的自尊、面子都得到维护，所以对调解始终持开放、欢迎的态度；三是因为调解气氛宽松，程序灵活，商量空间很大，留有余地。

三 调查问卷对少数民族注重调解观念的反映

调查问卷也反映了广西民间注重调解的观念。对于“当您与他人发生纠纷时，您会选择哪种解决方式?”的问题（可多选），只有 11.2% 的人选择“打官司”；19.8% 的人选择“找政府解决”；而高达 36.1% 的人选择“找村干部调解”；22.6% 的人选择“私了”；10.3% 的人选择“找有威望的老人调解”。从中可以看出，人们在面对纠纷和矛盾时，大多偏向于通过调解来解决，只有很少一部分人选择到法院起诉打官司（见图 5 -2）

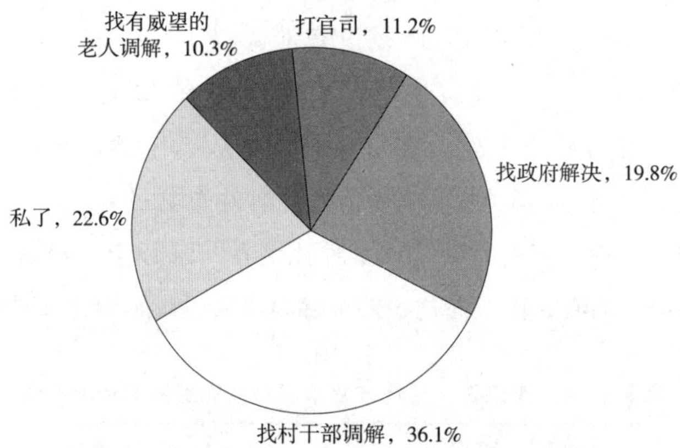

图 5 -2 关于“当您与他人发生纠纷时，您会选择哪种解决方式?”问题的回答

在调查问卷中还有一道题：“假如你方败诉，又不服气，但案件标的额很小，您如何处理?”（可多选）43.5% 的人选择“算了，反正标的额小”；其次是“继续上诉”，占 29.3%；选择“向政府部门信访、上访”的占 23.2%；选择“拒绝执行”的占 4.0%。这是少数民族息讼传统观念的又一体现。广西少数民族看待矛盾与纠纷各有其特点。对于少数民族来说，除非是遇到很不讲情理的事，否则不会弄到法庭上去解决，到了法院又要花费大量的金钱与精力，这些对于当地居民来说是非常不划算的，所以民间调解就成了解决矛盾非常重要的手段。把握好的话，就会节省大量的司法资源，促进矛盾和平解决。

面对“如果你和别人发生纠纷后却不想打官司，最主要的原因是什么？”的问题，许多受访者写道：

1. 找干部就可以解决；
2. 找老人说一下；
3. 小事就不打，有人调解；
4. 通过村民委员会调解或司法调解；
5. 通过司法所调解；

在最后的建议中，一些受访者也提道：“要深入农村调查，要求较有威信的老人多提供建议。”

从目前广西乡村的实际情况看，民间调解是人们喜闻乐见的一种解决纠纷方式。“息讼”和“民间调解”都是少数民族传统诉讼观念中重要的内容，在人们的脑海中早已根深蒂固，所以我们应从积极的角度来看待传统诉讼观念。广西民间提倡的调解，根据调解人的不同，以及当事人所在地的风俗民情、宗教信仰的不同，可以分为亲戚调解、熟人调解、德高望重的人调解、村干部调解、乡镇司法所调解、政府行政调解、法院调解，但无论是何种方式，调解的效果都是一样的，节省了大量的诉讼成本和精力，极大地提高了基层司法的效率。在调研中，许多乡镇司法所的工作人员表示，调解的运用使农村纠纷解决机制呈多元化的趋势，80%的纠纷可以在村一级得到解决，实现了“纠纷不出村”。

第三节　注重公平正义，有利于推进基层司法公正

诚如第三章所说，民众强烈的正义感使他们非常关注司法领域的公正性。这种对公平正义理念的追求，可以说是推动基层司法公正的天然思想基础。在调查中，我们可以深切感受到民众对司法公正的切身体会。

一 对司法机关的信任度较高

随着依法治国理念的深入及法律知识的普及，民众对司法机关的信任度逐步提高，遇事也愿意从合法的角度解决。2014 年 7 月笔者在龙胜各族自治县调研时，感受到了当地民众诉讼观念的转变。龙胜各族自治县法院的法官说：龙胜各族自治县法院在桂林这几年名声很好，因为法官作风正，人们有纠纷都找法院，有许多人到这里来。以前人们对到法院解决纠纷很抵触，但现在一般认为不合道理就到法院来。人们认为法院还是很公平的地方，是讲道理的地方。客观地讲，年长的一些讲情理的多，年轻人法律意识很强，比较推崇到法院解决问题。龙胜民众还是愿意接触现代事物。尤其是年轻人和外界的接触很多，容易接受新鲜事物，对诉讼很了解，所以我们做工作要认真谨慎，因为他们到法院来讲话还是对诉讼有所认识的。贵港市覃塘区樟木乡司法工作人员说：群众对司法机关比较认可，对我们所做的工作也比较认可。基层的干部民众还是能听我们的话，纠纷在基层就能化解。如果有人申诉，我们先找村委会，我们公安机关也要有调解。覃塘区黄练镇的工作人员也说，应该说民众对司法机关比较认可，没有多少人觉得是不公正的，还是比较信任司法机关，大部分人还是能通过司法机关解决问题。贺州市政府调处办工作人员说，在打官司这方面，民众总体上还是相信政府的。生活在偏远高寒山区的民众来到政府部门后，我们告诉他相关权益和诉讼的程序，他们还是很相信的。贺州市鹅塘镇槽碓村村干部说，民众比较相信公检法，我们说的话他们也许不相信，但到了司法机关他们就服了，会平静下来。鹅塘镇明梅村邓支书说：本地民风比较淳朴，涉及司法的案件比较少，民众对司法机关的印象很好，认为他们办事效率很高。这些都说明司法机关用良好的工作态度及公平公正赢得了民众的信任。

二 相信司法公正

广西民间对司法公正的信任度很高，早在解放初期，田东县檀乐乡就编有歌谣《土改歌》，“地主守法得田耕，顽固破坏要镇压。法庭撑腰我农民，合理合法全不怕”，[①] 唱出了民众对司法公正的高度信任。笔者在调研的过程中，感觉到大部分人还是相信司法公正的，而且很多人对参与诉讼都有切身体会。如龙胜各族自治县瓢里镇的一位个体户女老板说，我因为做生意上的意外事故到法院打过官司，我没请律师也赢了，因为我的理在。在防城港市潕尾村，一位京族妇女说，如果是集体有纠纷，大家就去找村、找政府解决，直到它们处理好为止。每个生产组都有委员，由读过书、有文化的人担任村代表，交涉都由村代表进行。村里人有土地纠纷，到镇政府就调解好了，不用打官司。因为国家有政策，村民代表上去说话是管用的。如果涉及自己的事我们也会去打官司，村里有人因车祸、打架都去打过官司。我老公家的山林被人烧了，全部是经济林，如八角、玉桂等，前后打了三四年官司，对方不赔，法院就先把其家庭财产分了，再让对方赔钱，最终赔了我们 11 万元，赢了。所以人们很相信司法公正。

笔者在广西各地也了解到一些农民工成功解决劳资纠纷的案例。如贺州市八步区公会镇一私人老板雇用几名农民为一片桉树林砍草，老板最初称工地面积有 800 亩，但砍完草后老板却称该工地面积未达 800 亩，要按 490 亩结算工钱，工人们很气愤，也没有拿钱，就去找八步区区委论理，八步区区委调查后发现该片土地属于莲塘镇，于是莲塘镇林管局出面去测量，经测量该片土地面积共 700 多亩，又重新勾图。经协商，最后老板按 725 亩付了农民工钱，成功解决了纠纷，农民扬眉吐气，而且也发现其实劳资纠纷并不是很难解决，只要通过正确的途径即可。阳朔龙尾瑶村的一位村民也讲述了自己的经历：我在打工的时候打过官司，2002 年我在广东一家塑料厂干活，结果机器发生事故，把我的手弄伤了，经鉴定是八级伤残。我要求赔两万元，老板却只赔一万元，我就申请了法律援助，向广东江门市法院起诉，法院认定是工伤，判决赔一万多，我没有上诉。但执行时，由于老板逃跑了，法院就把工厂的一部分财产、机器变卖后付给了我做赔偿金，所以我认为法律还是很为民众说话的。灵川县灵田镇司法所工作人员说：本所每年为 40～50 个案件提供法律援

① 广西壮族自治区编辑组编《广西壮族社会历史调查》第 5 册，广西民族出版社，1986，第 117 页。

助，主要是欠薪、索赔、伤害案件，其中最多的是欠薪，我们出面处理，老板都会支付工人工资。

三 调查问卷对民间司法正义观的反映

对于调查问卷的第 6 题“如果你与他人发生纠纷打官司，你会感到______”，一些受访者写道，“看情况，看自己能否站在正义一方”。而对于第 7 题“如果你和别人发生纠纷后却不想打官司，最主要的原因是什么?”的问题，一些受访者写道，“以理服人，法律面前人人平等”。对于第 10 题“假如你方败诉，又不服气，但案件金额很小，您如何处理”，一些受访者写道，“如果我有理，哪怕有一毛钱，我也要上诉”。对于“您认为目前我国的司法审判______?”的问题，70.9% 的人回答“大多数是公正的，少数不公正”，回答“完全公正”的也占到 18.53%，回答“基本不公正，少量公正”的只占 8.2%，仅有 2.2% 的人认为“完全不公正”。可以看出，民众对司法公正有较高的信任度，这是尤其可贵的。对于目前司法领域存在的个别不公正现象，他们也有较为清醒的认识，认为那不是法律的问题，而是执法过程中出现了偏差。他们对司法公正的认识远远超出我们的想象。

与此紧密相连的一个问题是“您认为目前打官司输赢主要取决于什么因素?”，32.6% 的人选择“法律的正义”，26.1% 的人选择“法官秉公执法”，加起来占到总人数的近 60%，另有 17.8% 的人选择“权力”，15.6% 的人选择“金钱”，7.9% 的人选择“律师的作用”（见图 5－3）。这充分说明，虽然近年来社会上的不正之风使一些人对司法公正产生怀疑，但大部分人还是相信法律能给他们带来公平，会处理好他们的纠纷。

调查问卷中还有一道题进一步表明了人们的正义观念，即“如果要打官司，您会主动去找关系吗?”高达 38.8% 的人选择“不会”，这很令人欣喜，但令人担忧的是，仍有 33.2% 的人选择“会”，28% 的人选择“想，但是没有关系”。这说明只有加大司法领域的反腐力度，保持司法的独立性和纯洁性，才能不辜负民众对法律的高度信任。在最后的建议这道题上，许多受访者也写下了他们对司法公正的殷切期待：

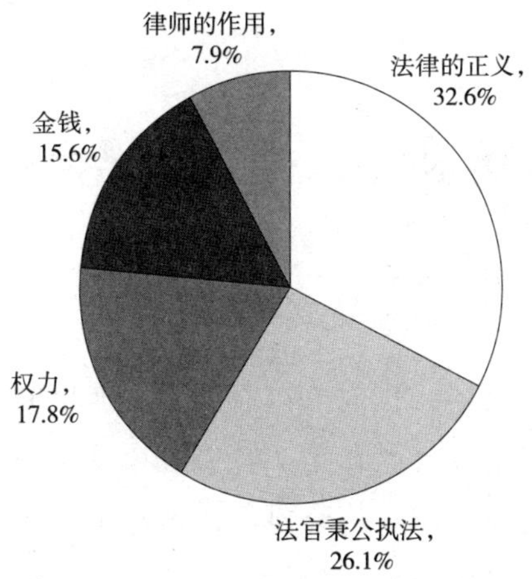

图 5－3　关于“您认为目前打官司输赢主要取决于什么因素?”问题的回答

1. 人人平等，司法公正；

2. 我认为执法应该公正对待，建议以法律准则办事；

3. 农村地区也要抓，不能只抓上面的；

4. 现阶段部分农民对诉讼存在恐惧，所以对农民诉讼应该加强普法，让老百姓相信法律是公正平等的；

5. 看事情来说，站在正义的地方就不怕，可以和解就和解，人家说有理走遍天下；建议农民诉讼时有免费的律师，尽量要公平公正。

通过上述分析，我们可以看到，造成民间畏讼和厌讼的历史根源对我们来说是一个深刻的教训。既然人们已有如此鲜明的正义观念，有如此高的是非辨别力，那不啻为基层司法正义提供了一片天然沃壤，只要勤加引导，可以对司法公正起到很好的促进作用。

第六章　因势利导，推进和谐乡村法治建设

通过前面几章的论述，我们可以看到，广西民间传统诉讼观念对维护乡村社会和谐发挥了巨大的作用。我们需要把传统诉讼观念与现代法治相结合，使之更有利于纠纷的解决，让传统诉讼观念焕发出对基层法治建设有利的活力。而要做到这一点，除了要对民间传统诉讼观念进行改造外，还要对广西农村法治建设进行改革和完善，二者才能相得益彰。我们应当结合广西基层民众的法律需求和诉讼意愿，继续发扬好的方面，借鉴和学习先进经验，克服不尽如人意的地方，对其中存在的问题进行修正和完善。

第一节　山歌传法：加大普法宣传力度，增强民众法治意识

加大法治宣传，是改造民间传统诉讼观念的第一步，也是和谐乡村建设的重要工作之一。只有树立牢固的法治观念，才能逐渐剔除民间传统诉讼观念中与现代司法不相适应的部分。而民众日益增长的法律需求，也要求我们必须深入基层，深入民间，宣传法律知识。在问卷调查中，很多人表示自己的法律知识欠缺，不懂怎么打官司，纷纷在问卷上写上“增强普法宣传”的要求。民众呼吁，普法宣传教育不能走过场，要到户进家，真正让老百姓懂法、知法、守法、用法，只有这样，乡村法治建设才能有实效。一些村寨的村规民约也反映了民众的这种法律需求。2000 年都安瑶族自治县隆福乡崇山村《村规民约》第一章“社会治安”第 1 条规定：每个村民都要学法、知法、守法，自觉地维护法律的权威和尊严，同一切违法犯罪行为做斗争。潜经村《村规民约》第 1 条也做了同样的规定。

一　建立常态化的农村法治宣传制度

（一）历史上广西的法治宣传制度

从诸多文献资料的记载来看，历史上广西曾建立专门性的法治宣传制度——朔望讲约制度，宣传朝廷律令的精神。该制度的具体内容为：每月的朔日和望日，在闹市区、寺庙或公共场所，由郡县长官或专职人员为平民百姓讲解法律知识或朝廷律令；在讲约现场，地方官员还会对一些具体人员进行奖惩，以示警诫。在这方面，清代的文献为我们留下了宝贵的资料。《平乐县志》就记载了康熙时期当地地方官员严格实施朔望讲约制度的事迹："康熙九年秋，郡宪杨公力图挽救，命予博访年高德劭者，表为乡耆劝迪焉。予设席于爽埲通衢间，每月朔日赴东山寺，望日赴龙兴观，率父老子弟先设香案，置六谕于上，行九叩首毕，令耆老登高座，取铎书诠讲，一一勉之，以善示之，以报惧之。以法律初设讲之日，民视为迂阔，哄然而散，予复严诫。月甲遂户督谕，勒令赴讲，有始来中去者，蒲鞭辱之，适有出首谇骂者，予枷于讲堂侧，号诸众曰：'汝等嗜此枷可弗来，若发肤是爱而欲守身以事亲也，毋忽此讲席。'众稍颔之。嗣是不期而赴者渐多焉。"① 从该记载来看，接受法治宣传教育也是当地百姓的一项法律义务，如果不履行，还会受到国家强制惩罚。一些记载表明，清政府还设置了约正等专门负责乡间法治宣传的职官，如雍正七年（1729），"诏天下设立约正，朔望宣讲圣谕广训"。② 从文献记载的情况看，广西主要城池都设立了朔望讲约的固定普法制度。雍正《太平府志》记载了地方官借鉴桂林地区的经验，在思明地区努力推行朔望讲约制度的情况："卑职前在桂林，见朔望讲约，设有善恶二簿，善者旌而恶者责，凡有罪者俱于讲约时发落。俾民心知所观感。今见思明府虽有乡约，所经年不闻讲约，亦安用此乡约为也，并宜饬行以助宣礼教者也。卑职职司教铎，志切维风，如果其言可采，恳祈檄行太平府及思

① （清）全文炳修，伍嘉猷等纂《平乐县志》（清光绪十年刊本，中国方志丛书第18号）卷1，第52～53页，成文出版社，1967，第36～37页。

② （清）黄元基纂修《（乾隆）灵山县志》卷3《事迹》，第13页，故宫珍本丛刊第203册，海南出版社，2001，第360页。

明府清军厅，同相董率，大张告示晓谕，期在必行，将见颓风立变，雅俗骤臻，其于教民成俗之意未必无小补也。”[①] 道光元年（1820），桂林府和衙门制定《乡约条规》，刊刻成册，令府属各地“约长”、“副约长”及各村头人各领一册，按月集会，“用心宣说讲解，使乡里愚民人人通晓”。[②] 大新县太平公社立于清代光绪丙午年（1907）的《太平府知府黄凤岐劝善戒盗歌》也是迄今保留的为数不多的古代“法治宣传”资料：

> 四方民，大和好，听我长歌兼短调，劝盗化为良，劝良莫为盗。最开心，在年少，父母能生不能教，任你满天飞，好比无巢鸟，赌得无衣穿，荡得无食饱，打火出求财，杀人如麻草，不管本地郎，不管外江老。初入场，胆犹小，试一次，心便巧，忽装商客卖茶烟，忽假兵丁戴草帽，忽作牧童形，忽作樵夫貌。常探水，先放钓，早埋伏，传暗号，到了时，一声叫，刀棍两头施，货客三边倒，纵然有脱逃，那能顾财宝。听你们，各分俵，多多少少，上腰包，分道扬镳。谁喊报，吃不尽，又赌嫖，转眼更无聊，还去做强盗，自命好英豪。谁知道，天不饶，大股且勾销，况尔小麽么。团兵抄，事主到，不怕你不供招，纵不扣供招，也凭目证了，身首异形，使你父母妻子难料。说当初，你何不晓，到今朝，鬼不来吊，谁说盗有道，不如为善妙。好身手，好头颅，终要好心窍，虚心听我言，洗心入神庙，提提作好人，何况生来好，传作太平歌，父兄各勉诏。[③]

民国时期，更是进一步颁布法令，将乡村讲约纳入法治宣传体系，从而使乡村讲约制度常态化和规范化。当时广西省政府则借助“乡村禁约”，在农村开展法律宣传。民国22年（1933），省政府成立了乡村禁约委员会，并拟定了《乡镇村街禁约大纲》，寓法律精神与封建伦理道德观念于其中，声称“乡村之有禁约，犹国家之有宪法，关系重大”，要求各

① （清）甘汝来纂修《（雍正）太平府志》卷38《艺文》，第17～18页，故宫珍本丛刊第195册，海南出版社，2001，第244～245页。

② 广西壮族自治区地方志编纂委员会编《广西通志司法行政志》，广西人民出版社，2002，第24页。

③ 广西民族研究所编《广西少数民族地区石刻碑文集》，广西人民出版社，1982，第73页。

地依照大纲制定乡村禁约。民国25年（1936）5月，省政府公布了统一的《广西乡村禁约》，令各乡（镇）、村（街）公所将该禁约条文张贴在公所门口或公众集会场地，进行宣传讲解。此外，还通过各种集会进行法律宣传。民国25年（1936）12月，省政府公布《广西县村街民大会规则》，规定村（街）民无论男女，凡年满20岁者，得出席村（街）民大会。①

（二）建立常态化的法治宣传机制

专制时代法治宣传尚且可以形成固定的制度，更何况我们实施依法治国的今天呢。为此，我们要借鉴历史上的做法，做到法治宣传常态化，形成完备系统的制度。

1. 建立乡村基层法律讲堂制度

只有在农村最基层建立法律讲堂制度，才能将法律知识真正普及到农村。要建立乡村基层法律讲堂制度，必须要有固定的时间、专门的场所和系统的培训计划。笔者在洋溪村村委会的调解笔录中看到了一份记录（见表6－1），可见村里也曾组织村民学习法律，只可惜未能长久坚持下去，只此一条记录，说明并非经常性的，而且法律学习的对象也只限于全体党团员、小组长、青年民兵，范围有限，应当将这种学习变成定期的制度，并且是针对全体村民的，才能真正起到法治宣传的作用。

表6－1　洋溪村治保调解情况记录

<table>
<tr><td rowspan="2">治保或调解负责人</td><td rowspan="2">许某德</td><td>时间</td><td>1998年2月20日</td></tr>
<tr><td>地点</td><td>村办公室</td></tr>
<tr><td>当事人</td><td></td><td>内容</td><td>宣传政策</td></tr>
<tr><td>事件经过</td><td colspan="3">召开全体党团员、小组长、青年民兵，贯彻党和国家调解法规和政策</td></tr>
</table>

资料来源：三江侗族自治县洋溪村村委会，2009年1月。

广西一些基层组织已开始做这方面的尝试，并积累了成功的经验，我们应当把这些做法总结归纳后，积极推广应用。笔者在平乐县调研时，

① 广西壮族自治区地方志编纂委员会编《广西通志司法行政志》，广西人民出版社，2002，第25～26页。

发现平乐镇的马渭村已形成了良好的农民法律培训模式，并制定了一系列规范制度。该村建立了乡村干部法律教育基地，并开设了农民法律讲堂（见图6－1），设有固定的场所，面积相当于大学的一个标准教室，可坐100多人，整洁宽敞，采光、通风都很好，环境舒适，里面的桌椅、多媒体设备一应俱全，教室旁边还设有廉政展览室，里面公布了村委会的各种开支及补贴发放情况。除了硬件设施过硬外，这个农民法律讲堂并不是摆摆空架子，而是进行实质性的法治宣传，该讲堂每年分四个季度授课，授课内容排好课程表（见图6－2）向村民公布，本年度前三个季度讲授的都是与农民密切相关的“农民土地承包法”“村民选举法”“村民自治法”，最后一个季度的课程是“民事诉讼法”，向村民讲解打官司所需要的一些基本知识。讲解人有本村的干部，也有乡镇一级的司法工作人员。通过他们有系统、分步骤地授课，村民逐渐掌握了法律知识。

图6－1　平乐马渭村农民学法场所

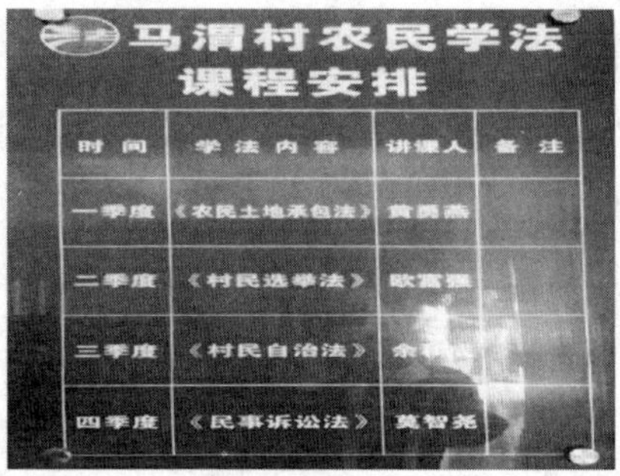

图6－2　马渭村农民学法课程表

上述地区的做法为我们提供了很好的榜样和借鉴，如果这些制度和成功经验能够在全广西的农村基层推广开来，对人们来说不啻是一大幸事。事实上，农村居民对法律的需求是非常大的。如2009年贺州平桂公安分局根据辖区治安实际，开创性地开展“警民共建和谐社会”大宣讲活动，突出针对性、实效性和广泛性，对存在不稳定、不和谐因素的地方，积极主动开展“警民共建和谐社会”大宣讲活动。全年开展了形式多样、规模不等、范围不定的大宣讲活动100多场次，受教育者达到5万多人次，及时有效地化解了各种矛盾纠纷和群体性事件，有力地促进了警民和谐关系建设，取得了良好的社会效果，得到了自治区副主席梁胜利的充分肯定，并批示在全区公安机关推广。[①] 富川县政府法制办的工作人员也说："六五"普法特别是涉及农村这块，领导干部应经常互相沟通信息。干部向民众分析法律案例，民众的法律意识不强，就得给他解释清楚。

2. **建立乡村基层法治宣传专人制度**

除了固定的时间、场所、制度外，法治宣传最重要的是要有专门的人员，即专职的法治宣传人员，只有这样才能把工作落到实处。目前对农村基层的法治宣传，并没有专人负责，虽然一些司法局成立了法律宣传办公室，但都是一套人马、几块牌子，法治宣传职能和其他的职能混合在一起，且在多项职能中通常是最容易被忽略的职能，从而使法治宣传职能虚化。在这方面，平乐县马渭村也为我们积累了宝贵的经验，其最重要的制度是"法治宣传员"制度、"法治村长"制度、"法律联络员"制度。首先，该村设立了专职法治宣传员，还将其工作职责（见图6－3）上墙。其职责一共有七项，分别是宣传、协助、调解、咨询、治理、教育、服务。法治宣传员每周都要轮流值班（见图6－5），从周一到周五要保证有人在，随时为民众提供法律咨询和法律服务。其次，马渭村设立了"法治村长"（见图6－4），这在全国范围内都具有独创性。即在村委会成员中，有一名干部专门负责法治宣传、法律咨询和法律服务。该干部熟悉法律，具有丰富的法律服务经验，能够为民众的各种纠纷和问题提供可靠的法律意见。这一制度值得大力推广。最后，马渭村设立了法律联络员（见图6－6），每个村民小组都配备了一名乡镇及县司法部门的领导干部，并公布了其联系方式，村民可以随时拨打法律联络员电话咨询或寻求法律上的帮助。上述制度为乡村民众提供了全方位的法律服务，法治宣传出现了专人负责的局面，从而实现宣有其人、咨有其人，使法治宣传制度真正"实化"。正如贵港市覃塘区黄练镇司法所的建议，要进行全面的普法教育，能切实地把法律、法规执行下来，真正做到法律管人，而不是人管法律。

① 贺州市平桂管理区年鉴编纂委员会编《平桂年鉴》第2卷，广西人民出版社，2012，第468页。

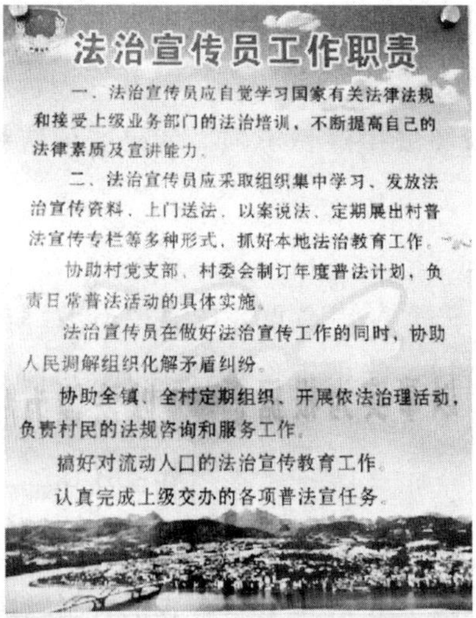

图 6-3　马渭村法治宣传员工作职责

图 6-4　马渭村法治村长

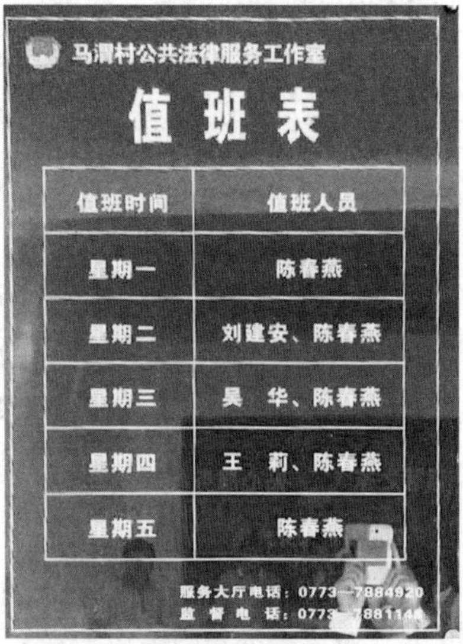

图 6-5　马渭村法治宣传员值班表

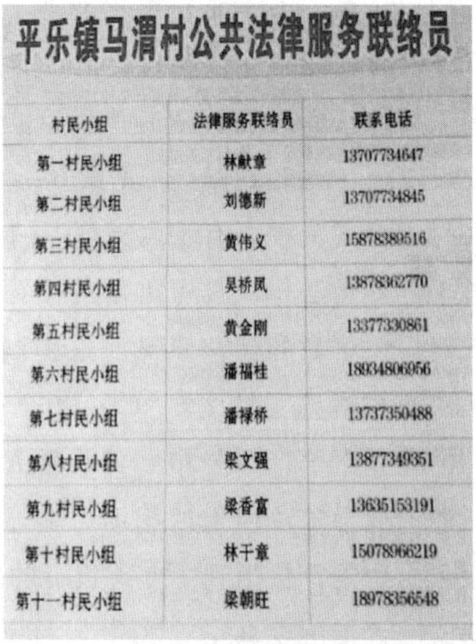

图 6-6　马渭村各村民小组公共法律服务联络员

资料来源：平乐县马渭村村委会，2015 年提供。

3. 建立普法进校园制度

近年来，农村留守儿童的教育已成为一个社会问题，吸毒、赌博、抢劫、伤害、杀人等青少年犯罪问题层出不穷，因此还要做好法治宣传进校园活动，只有从娃娃抓起，人们才能真正被法律知识武装起来，成为一个具有“现代素质”的人。一些地方的成功经验值得借鉴。2011 年，上思县人民法院指派法官到县各学校为近 3000 名师生上法治课，增强了未成年人的法治意识和观念（笔者学生陆思西调研）。雁山区草坪回族乡司法所的工作人员说，按照“六五”普法的要求，我们开展过两次法律进村、进学校活动，到村小学上法治课。还实行岗位责任制，司法业务正常开展，贯彻群众路线三次组织学习，讨论各方面法律问题。《草坪回族乡 2014 年上半年司法行政工作情况汇报》也提到该乡结合“一学三讲”主题活动，深入开展法律进村、进学校活动。为加强青少年法治教育，还聘请法治副教授到小学上法治教育课，参加人员达 100 人。乡司法所将法律知识宣传到学校，利用学生学习知识能力强的特点，让学生将法律知识传播给身边的每一个人。这在很大程度上提高了民众的法律水平。上述经验值得在全区范围内推广。针对目前民众诉讼法知识欠缺的情况，可以展开专题的诉讼法知识宣传。三江侗族自治县法院的法官也说，为了预防青少年犯罪，我们设有少年法庭，还到独峒冲去上法治课。县里的初中生、高中生每学期都有一次与县司法部门的联系活动。在这方面，基层组织可以与大学建立合作关系，经常邀请大学法学教师到农村基层中小学为学生们上法治课。专业的讲解可以使少数民族学生对法律的理解更加到位。

4. 加强对普法工作的监督

普法工作很容易流于形式化，如果上边不检查的话，下边很少切实地去做这项工作，因此加强对普法工作的监督和效果监控也是很重要的。对普法工作的监督不太容易，它难以用具体的、物化的指标、数据来考核，也难以验证效果，但如果能设计出合理的监督制度和考核体系，还是可以落实到位的。近年来有关部门开始重视这方面的工作，2011 年上思县人民法院组织“群众观点大讨论”活动，现场征集意见，其中收集的五条意见，受到法院的高度重视并被采纳（笔者学生陆思西调研）。发挥群众在普法监督中的作用，增强普法的民主性和公开性，这种做法很值得赞赏和推广。笔者在 2015 年调研时，贺州市司法局罗局长就谈道：普法这块我们市近几年前所未有地重视。这届市委书记对普法工作的要求也比较严。在市委市政府的重视下，通过“六五”普法验收工作，对全市的普法工作进行了全面的检查，对下面触动比较大。市委书记亲自打电话给下面的县委书记，推进这项工作。市政法委全体动员，市司法局动用自己的资源，全面下去检查、指导。特别是区直部门、中央直属部门的普法工作，以前我们对这块的检查、监督还是很少的，现在全方位、全面地总结、迎检，对推动全市普法工作是非常好的，我们切实感受到上级对普法教育的重视，普法工作也进入了一个非常良性的发展时期，我们业务部门更加有信心了。

加大对普法宣传的监督对解决纠纷有极大的积极作用。贺州市政府调处办主任说，“三大纠纷”这块的法治宣传，主要是土地法、森林法、水法，自治区在调解“三大纠纷”这方面专门有个条例，是自治区人大通过的，属于地方性法规。这个条例是处理三大纠纷的最高原则，我们必须按自治条例去做。这三个法律和条例宣传到位后，人们都有了相关知识，纠纷就比较好处理了。因此，在加强监督这方面，笔者建议应当把普法工作作为司法部门的绩效考核指标之一，每年都进行评分，这样才能真正产生效果。

二 开展富有民族特色的法治宣传

（一）利用传统节日、圩日开展法治宣传

广西民间有许多丰富多彩的节日，同时广西民众至今仍保持着按农历赶圩的传统。在节日或圩日，他们纷纷穿着民族盛装，从深山中走出来，聚集到乡镇的集市，这时候是向人们宣传法治的最佳时机。三江侗族自治县人民法院说，法治宣传方面，本地民间有很多节日，利用民族节日、圩日、坡会进行宣传，效果很好，人们也很欢迎。比如在宣传法治时，人们拿邻里之间的矛盾来咨询，我们跟他们耐心解释后，也解决了很大一部分矛盾。2014 年农历二月二，是广西三江侗族自治县梅林乡一年一度的“大歌节”，全乡的人在都柳江边举行民俗大游行，载歌载舞，三江侗族自治县司法局乘机摆起了法治宣传摊位，并将禁毒、禁赌、婚姻家庭法的内容编成侗族山歌，制成生动形象的宣传单，向人们发放，宣传法律知识。项目组在旁听草坪回族乡人民政府的“三大纠纷”调处司法行政业务工作督促指导会议时，了解到草坪回族乡根据自己的实际

情况，因地制宜，利用圩日、墙报的方式，半年来开展了两次大型的法治宣传活动，发放普法宣传资料1000多份，除此之外还制作了四期法治宣传栏，取得了很好的效果。因此利用圩日、墙报的方式搞法治宣传是一个方便快捷的好办法。大新县政府也利用民族节日进行法治宣传。例如在壮族地区，每逢侬侗节、“三月三”、歌坡节等这些传统节日，大新县相关部门都会组织开展法治山歌、书法、摄影比赛和文艺演出等活动。笔者在平乐县司法局马渭村调研时，看到该村刚刚办完“12·4”宪法日法治宣传文艺晚会，寓法于娱，寓教于乐，很好地将民族文化与法治宣传结合起来。

（二）利用传统民歌形式开展法治宣传

广西少数民族大多没有自己的文字，语言与普通话也有很大的差异，因此在普法宣传中要特别注意采用少数民族能听得懂的语言来进行，这样他们才能切实接受到法治教育。例如，将枯燥难懂的法律条文以民歌的方式传唱，或者请民间歌师宣传法治，都是可取的做法。

在这方面，侗族的“讲款”最有特色。项目组在三江侗族自治县八江乡司法局调研时了解到，在侗族民间存在一类非常重要的文化形式——款，还有一位重要的法律宣讲人物——款师。以往在侗族村寨，每到重大节日或发生重大违法事件，人们都聚集到鼓楼，由一名款师为大家讲解习惯法知识。这一民间宣传方式可以运用到现代普法活动中。三江侗族自治县司法局基层股股长谈道：我们在法治宣传这块有讲款、鼓楼评议、唱侗戏等形式，采用当地的语言，利用山歌、戏曲的形式，把法治宣传的内容融汇在里面，教导人们遵纪守法。司法所就充分利用款和款师在民间的威望，发挥其普法作用。由于八江没有款师，司法局就每年都到林溪乡那边聘请一位名叫石金魁的款师过来给人们讲款，按每天100元支付报酬。石款师现在50多岁了，他在三江的知名度和威望都比较高，受到本地侗族的普遍认可。主要是乡里有大型文艺演出的时候，或在一些社会治安比较乱的村，就请款师去宣讲法律，效果很好。因为款是侗族传统文化，他在台上用本民族语言讲款，对听众来说通俗易懂，而且他采用表演说唱的形式，哪些能做，哪些不能做，都编成传统歌谣的形式，人们听得懂，都愿意做，这比司法机关机械地解释法律条文效果要好得多。侗族的款有格式，讲求韵律，就好比念奴娇、满江红等词牌一样，有的长，有的短，把款翻译成汉字比较麻烦，因为用汉字翻译过来，和他讲得又不一样了，内涵也不同了，因此必须在侗寨里讲。款师无论哪种款都能唱得出来，我们要求他往哪个方面宣传，他都能按韵律说出来。现在款师有时还到鼓楼讲款，起到了很好的普法作用，我们下去办案的时候，把法律念给人们听，他们又听不懂，款师把法律编成侗话来说，人们更容易接受。例如，最新出台的《治安管理处罚法》就由款师编成款在鼓楼宣讲，人们喜闻乐见，深入人心。每个村制定的款都起作用，虽然款有时与法律有冲突。款师只负责宣传，按照格式把法律编成侗话到鼓楼中去讲款，不负责调解。款师比现在的律师起的作用更大，比我们司法所下去普法的效果好很多。现在款师越来越少了，独峒乡的高定村还有两位，他们可能会培养继承人。如果侗乡有一个款的学校，把款师作为老师来授课，能够在侗乡培养8～10位款师，对我们普法的作用要大得多。

此外，三江侗族自治县司法局还将一些重要的法律知识聘请款师按照款的格调和韵律编写出来，到处散发，非常受人们欢迎，试看其中宣传禁赌的款："莫喊朋友去赌博，等于把钱扔下河。若凡拿钱做生意，赚钱养仔养老婆。有的从早赌到黑，这种做法要不得。莫见今天赢几块，要你明天输几百。人到赌场易放胆，马过悬崖收缰难。万贯家财瞬间尽，家穷妻离子也散。十个赌钱九个贱，剩下一个难长远。家业祖业败干净，妻离子散难团圆。"还有宣传婚姻登记的款："自由恋爱结良缘，不用媒人把线牵。婚姻若是搞包办，强扭的瓜也不甜。柳树逢春才发芽，桃树逢春才开花。男的要满二十二，女到二十才成家。日头出早不过天，甘蔗砍早不够甜。结婚宜晚不宜早，嫩竹扁担难上肩。男女结婚有规定，登记条例要记清。双方自愿到年龄，一夫一妻非近亲。"笔者曾在三江侗族自治县洋溪乡政府门前的政策宣传栏中看到当地计生部门所写的宣传近亲不通婚及婚检的山歌："雪瓜莫攀冬瓜藤，近亲血缘莫结婚。近亲多有遗传病，生儿生女低智能。竹肉锅里莫加笋，直系血亲莫联婚。婚后会生畸形仔，买个包袱过一生。遗传病人不婚嫁，男女婚前要检查。不合生育应禁止，以免害己又害家。"此外，融水苗族自治县的长赖村也有过这种山歌宣传栏。这种宣传方式非常"接地气"，它采用传统侗族山歌赋比兴的手法，巧妙地将婚姻登记法中的知识镶嵌在其中，群众既喜闻乐见，又通俗易懂，是一种值得称道的宣传方式。这些都是非常值得肯定的做法。同样，司法部门也可以把三大诉讼法知识采用这种民歌的方式编写出来让人们传唱。

三　加强基层司法审判公开化工作

基层法院在审理案件时，如果能提高审理过程的公开度，也会带来很好的法治宣传效果，不仅可以使司法审判公开从而实现司法透明，更可以起到“审理一个案件，教育一片”的效果。同时，案件审理完毕后，审理过程的全部录音录像及判决书一并在网上公开，也能起到很好的法治宣传作用。在这方面较有特色的是贵港市覃塘区人民法院和三江侗族自治县人民法院。

项目组在调研中了解到，广西目前正在推行阳光司法网工程，贵港市覃塘区人民法院这项工作开展得有声有色，一个案件从申请立案到开庭审理，直至最后判决都在网上公布，人们可以随时查询翻阅，起到了很好的教育作用。覃塘区人民法院的一位法官介绍说，她曾因一个调研课题向当地壮族了解何种法治宣传方式效果最好，人们纷纷回答说：“来我们这里开一次庭最有效果。”覃塘区人民法院另一名法官说：潘村一个村民状告村屯修路搞坏了他家门前的地基，村屯干部要法院去开巡回法庭，做法治宣传。我们希望能达到判决一个案件、教育好一屯村民的目的。通过审判公开化做法治宣传对少数民族地区是非常有作用的。人们以前遇到纠纷很激动，有时甚至动刀子，背法条对他们没有用，重要的是把法条转化成道理讲给他们听。我们进行公开审判，用他们的讲话方式，用他们的语言与他们沟通，旁听人耳濡目染也接受了一次法治教育，做到庭前庭后法治宣传，判决也全部上网公开，让人们看到，我们的判决不一定符合你们心意，却是完全依照法律进行的，双管齐下，最后当事人都服判，他们对公开审判的认可度还是很高的。现在覃塘区人民法院专门设有法制宣传办公室，旨在加大我们法院的宣传力度。目前正逐步在做下面的法治宣传工作，关键是要提高群众的司法观念，灌输给他们司法观念。例如，笔者的学生陆思西调研到，2011 年上思县人民法院共下乡办案 200 余次，发放法律宣传单 2000 余份，接受法律咨询 217 人次，取得了良好的社会效果。

三江侗族自治县人民法院在增加法院透明度方面开展了多项活动。

2016 年 1 月 19 日，三江侗族自治县人民法院举行开放日活动，县人大代表、政协委员和社会各界人士受邀参加“走进法院，体察司法公正”活动，笔者也有幸参加。各界人士参观法院，旁听案件，听取介绍，走访法官，参加座谈，取得了良好的效果。据悉，三江侗族自治县人民法院 2012 年获得“平安法院”称号，2015 年全年共举办开放日活动 3 次，邀请旁听 4 次。在听取法院介绍时，受邀者了解到有一个案件上诉到柳州市中院被维持原判，现已被三江侗族自治县人民法院强制执行，社会效果很好，大家纷纷表示像这种案例应该公开宣传一下，可以起到教育指引作用。法院法治宣传的作用应该加强。据一些基层法院介绍，每年人们评议政府部门，公检法等司法部门的得分并不是很高，主要是人们对这些机构缺乏了解，觉得它们很威严、很神秘。通过司法审判公开化，基层司法机关可以开展零距离的普法宣传，多举办亲民活动，宣传公检法的职能，消除人们对法官的恐惧心理，从而让人们真正明法、守纪，为建设和谐基层司法营造良好的法治宣传氛围。此外，其他部门通过公开办案，也可以起到法治宣传的效果。总而言之，普法最终是看“疗效”，对人们进行普法教育，可以极大地缓和社会矛盾，减少纠纷。事实上，法治宣传的示范效应和辐射效应超乎我们的想象。法治宣传的威力是非常巨大的，我们应该把法治宣传作为常态化的工作来抓。

第二节　以情说法：充分发挥调解的作用，促进和谐乡村建设

既然民众非常重视调解，我们就应顺应民意，多利用调解。目前乡村社会的民间调解形式非常丰富，多发挥调解的优势，可以促进基层矛盾纠纷解决机制多样化。民间常见的纠纷调解方式有家族内部调解、寨老调解、村委会调解等。

一　吸收利用民间调解的功能

（一）家族内部调解

家族内部调解，即亲情调解法或熟人调解，就是把双方的长辈召集

过来进行调解。这种调解方式讲究亲情伦理，晓之以理，动之以情，一般通过吃顿饭来和解，双方最终在亲情的感化下同意退让，从而解决矛盾。在少数民族地区，有些纠纷按法律方式、法律程序是不能解决的，因为当地的百姓形成了一种固有的传统观念，认为自家的纠纷让外人知道是非常丢脸的，更不用说对簿公堂，让大众看笑话了，所以希望最好是通过自家人来解决。贵港市覃塘区法院一名法官说：本地少数民族比较注重调解。我个人认为，本地壮族解决纠纷的方式，除了法院依法判决、调解结案，还有民间调解，因为少数民族认为打官司不是光彩的事。有些案件依照法律规定由法院调解是调解不了的，这样的纠纷主要是邻里纠纷、婚姻家庭纠纷，法院作了判决后当事人对判决不服。我们要用亲情、熟人调解法。具体做法是：先了解案情，了解双方当事人的亲属有没有在外面工作的，因为他们见识多，文化程度高，可以协助我们法院法官做工作，这样效果就比较好，可以不伤相邻之谊和亲情，不必把关系搞得很僵，双方都下不了台。覃塘区黄练镇一名工作人员说：从下层来讲，虽然现在人们法律知识大大增加，但发生纠纷还是随便叫他隔壁兄弟来就可以解决。一些家庭矛盾非常适合亲戚调解，如覃塘区樟木乡黄龙村村主任说，一般家庭可能都有婆媳矛盾，可是我们村委会没有处理过婆媳之间的矛盾，我们听屯里人讲过，但在家庭内部就解决了，所以报到我们村里来的就没有。现在村里妇女多，一般由自家的叔伯、兄弟处理比较好，双方都愿意听。如果闹到村里，证明这个家庭已经闹得很僵了。

在亲情调解中，比较受推崇的是族头调解。所谓“族头”，就是家族或宗族的首领。由于目前广西农村宗族分布较广，宗族观念也很浓厚，家族的首领和族长依然享有很高的威望，所以我们可以正确引导这股力量，使其变成正面的、积极的因素，来调解群众纠纷。例如覃塘区有很多宗族，如罗氏宗族、黄氏宗族，族谱都保存得很完整，基本上以族长为代表负责对外交流，地位十分重要，如果在调解纠纷时争取到他们的协助，那么纠纷解决的成功率是很高的。覃塘区法院民一庭的法官说：覃塘区比较常见的是群体性纠纷、婚姻家庭纠纷、侵权纠纷，比较容易发生流血事件。覃塘区大部分居民是农民，家族观念很强，每个家族都有族头，特别能讲话，有些村干部都是能讲话的人，一般的事都要经过他们的同意。要是有几个族头出来讲话很管用，发生纠纷主要找这些族头来做工作。贺州市政府法制办工作人员也比较推荐族头：他们是一个宗族、一个家族的头，用这种方式解决纠纷也有一定的好处。他们都是通过调解的途径寻求解决，而不是以打架斗殴的方式解决。有一个案子，是不同宗族之间的争议，闹得比较僵，最终还是从宗族途径解决，避免了以极端方式解决。贺州市政法委也说：历史遗留问题，如山场、水利、坟墓纠纷，以前一到清明节祭祖就引发许多械斗。现在的宗族、宗事会，如果利用得好可以变成一股很大的力量，何氏、苗氏、杨氏宗族理事会出面都可以化解纠纷，当然政府要引导。

富川县民族宗教事务局局长就讲述了一起典型的由族头调解成功的案例。从纠纷分类来看，本地真正体现少数民族特色的就是坟地纠纷，这里民间有祖先崇拜情结，坟地是动不得的，你要搞旅游开发项目，没有办法动了他的坟，他在感情、心理上都无法接受。围绕坟地的纠纷都带有宗族色彩，因为所修的坟以祖坟居多，不敢动石山，整个村、整个家族齐心协力，一齐去参与，要化解这样的纠纷难度大一点。在处理这类纠纷的过程中，不能纯粹以法律、事实为依据，要靠亲情去感化，要从另外一些角度寻找突破口，要从全乡镇的范围内，靠家族在外面工作的人回去做工作。七八年前，我在城北工作时遇到一起坟地纠纷，当地几个自然村共同拥有一个李姓的祖坟，每年清明节都一起去扫墓，但后来这几个村出现矛盾，可能有 10 年没一起扫墓了。2013 年有一个自然村去扫墓，结果发现祖坟找不到了，因为那个山头搞开发建设把祖坟铲平了，这个村回去就找其他几个李姓的村来闹，说坟墓找不到怎么办。我当时在那里当书记，也属于李姓家族，我就去找几个族头，族头说我们村出一个书记不容易，我们可以帮你去做其他村的工作。然后这几个族头就去其他村找几个讲得起话的族头，我们和镇政府约好，每个村派几个代表过来，我们叫镇司法所工作人员过来起草了一份协议，也不追究是谁铲平了坟，而是帮他们另找了一块地重建祖坟，但原来坟址里的尸骨都找不到了，就在坟址焚香烧纸，抓了几把土另建了一座新祖坟，还赔偿了整个家族一万元钱，用于召集家族成员举行祭祖仪式及会餐。在基层工作最怕的就是纠纷，有项目纠纷就多，比如征地、拆迁、修路都会引发纠纷。许多村里的纠纷的解决，族头起了很重要的作用。

（二）寨老调解

尽管民间传统的司法领袖地位有所衰落，但他们仍在一定范围内起作用。寨老调解如果能得到规范的管理和正确的引导，必然能发挥巨大的纠纷解决功能。事实上，一些村寨把传统的寨老调解转化成贫协和老人协会，依赖其解决了大量纠纷。例如，1982 年 4 月乐业县幼平公社点塘生产队、里毫生产队与那桂生产队就山界林权发生争议。县工作队处理不落实，找贫协会员杨广重协助，当面介绍土地改革时划山界林权情况后，双方没有意见，顺利落实。[①] 龙胜瑶族的寨老调解对现代瑶族社会的影响非常深远。时至今日，龙胜瑶族依然保留了这一传统，这从红瑶地区目前制定的村规民约中仍可觅其踪迹。例如，1983 年泗水公社周家大队（现为泗水乡周家村）制定的村规民约第二部分“加强社会秩序管理”第 2 条规定：在全大队范围内，人人平等，队与队之间，不准闹隔阂；户与户之间不准闹矛盾；家庭中不准闹不团结，凡有矛盾和意见，必须马上到大队调解委员会解决或到本队贫协小组解决。[②] 2012 年，笔者在草坪回族乡潜经村的祠堂里看到该村老人协会的工作目标之六就是“老有所为”，具体内容是：“充分发挥老年人的作用，鼓励和引导低龄老年人，在自愿和量力的前提下，发挥技术专长，积极参与社会建设和管理活动，为维护社会稳定，促进社会和谐，推动社会发展做出贡献，实现老有所为。”

在三江侗族自治县程阳地区，当地德高望重的人组成寨老协会，专门来调解纠纷，解决了 80% 的纠纷案件。为何调解的数量如此之多呢？主要原因在于当地人一直抱有这样的观念，如果你绕过寨老调解程序寻求法院诉讼，若不撤诉的话，以后你家有事别人就不帮你。特别是在边远的山区，邻里关系、族里关系是非常重要的，通过老人施压，他们一般都不会打官司，因为诉讼既费时费力费钱，又伤感情，而且大家都认为老人的处理比较得当，也容易接受。程阳风雨桥是全县的窗口，县里也特别注重寨老在调解纠纷方面的积极作用，斗江法庭在这方面也做得

① 乐业县志编纂委员会编《乐业县志》，广西人民出版社，2002，第 376～377 页。

② 龙胜各族自治县民族局《龙胜红瑶》编委会编《龙胜红瑶》，广西民族出版社，2002，第 49 页。

很成功。三江侗族自治县八江乡司法所工作人员说，本地侗族当事人相信老人协会，有些人自己主动提出来要到鼓楼去解决纠纷，这样的约占纠纷总数的20％。老人一定要德高望重，作风、行为都很端正，如果他有这样那样的事说话就没人听。老人的解决方式有时与法律相冲突，例如，要道歉的话必须放鞭炮，或者由老人协会买十斤八斤肉，一二十斤酒，到理亏的当事人家里吃餐饭、放鞭炮，虽然现在的法律不准这么做，但老人这么做能彻底解决纠纷。

龙胜各族自治县法院法官说，瑶族很信任寨上有威望的老人，通过寨上老人去做工作，成功的希望会大一点。如果发生冲突只能依照法律解决的话就太狭隘了，法律其实是最低的道理，有些矛盾看似比较尖锐，但还是有说理的部分、讲情面的部分，我具体办的案子中就有这样的例子。这个地区的民众很朴实，他们对法可能不知道，但他们对寨老的讲法很信服。在调解中他们还比较接受本民族的语言，就算有人会说普通话他们也很少说，相同的语言会让他们产生亲切感和信任感，这样在处理矛盾过程中才会更加便利。寨老调解成功的案件一般当事人都不会事后反悔。寨老调解反映了村民不想利用诉讼手段解决问题、追求安宁祥和生活的诉求。笔者的学生赵艳君在金秀瑶族自治县调研到一起案例：2000年某天夜里，一名李姓瑶人到长垌村三角屯盗窃别人树上的八角，被该屯巡山的村民发现，人赃俱获。村民抓住李某后立即通知被盗村民以及本村的师公和石牌执行小组，召开村民大会，由师公按照瑶族传统的石牌律的规定对其进行处罚，处罚结果大家都表示认可和接受。可见瑶族师公在处理民间纠纷的问题上还是有着非常良好的群众基础的。调解纠纷仍是师公一项重要的社会职能，仍在发挥作用。

贺州沙田镇司法所工作人员说，本地瑶族相对来说比较淳朴，寨主讲句话比较管用，在内部比较公正，如果有个瑶头说你这样子不对，他就听的。近几年电视的普及使人们的法律意识增强，如果我们政府人员去做他的调解工作，比外面人难调解，因为他总感觉自己吃亏了，还是瑶头比较管用。狮东村大冷水的瑶民说，我们村最多的就是土地纠纷，都是面积很小的，碗那么大，交界没搞清楚。每年春天开荒的时候，总有一点纠纷。土地纠纷就叫老一辈的来看分界，一块土地还没碗大，打什么官司，请律师不值，叫老人他半夜都要起来过来解决。老一辈都清楚地界，他说什么大家都服气，听他的话，尊重他的意见。老人调解过的，就不再闹，再闹肯定是不行的，会被认为是不尊重老人。大冷水一位村民说，遇到纠纷都是在村里调解，主要是找人调解，比如村干部和比较有威望的老人，村里有4~5位老人，大家都会去找他们，老人说话也还可以，大家习惯找他们。曾经村里有人喝醉了酒到我家来闹事，主要是骂人，他有这种习惯，后来被村干部和老人劝走了。新民村村支书说，村里发生纠纷的话，双方就派代表到纠纷现场来评理，现场解决不了就分别找老人解决，村里有两位老人，60~70岁，威望高，平时不坑不骗，人家比较相信他们，一般的纠纷会请他们调解。最多的纠纷是山场纠纷，有些是家庭纠纷，比如背后说别人闲话，我们就和老人问清楚到底有没有说，哪边错就哪边道歉，一般都服从调解。

民间纠纷可以找当地年事高、有威望、有影响力的寨老协助调解，充分发挥他们的作用。广西许多地区都有这样的经验，即在宗族内推选出一个或几个寨老，他们在当地人中有一定威望，知识经验多，见识高，极具号召力，有能力处理村里发生的一系列问题与矛盾。村民在双方互不相让、无法私了的情况下，就会请德高望重的老人出面解决矛盾，一般双方都会认可老人的裁决，且在事后也不会对同一纠纷再起争议。要充分发挥寨老的作用，就必须把他们纳入国家司法体系，把民间零散存在的、自然形成的司法领袖通过老人协会、人民调解等方式，变成规范化的调解力量。当然，提高寨老的素质也非常重要，如平乐县司法局一名副局长说：人民调解这块首先要用情，包括兄弟情、姐妹情、父子情、母女情、家庭亲情，其次是用理，比如先来后到、礼让三分等，对于大规模的纠纷，就要用法了，但对小规模的纠纷就是这样。因此，如果我们要利用寨老调解制度，就要加强对寨老的法律培训，学习四川大凉山彝族自治州，对寨老进行规范管理，建立选拔机制，对他们重新进行角色定位和资格认证，并建立严格的奖惩制度和任免机制，才能进一步发挥他们的作用。

二　加强对村委会调解的规范与引导

村委会在民事纠纷调解方面也具有重要作用。民国22年（1933）广西省政府颁布的《广西省施政方针及进行计划》“未·关于礼俗宗教者”

第9条规定："督饬各县指导乡镇村街公所努力调解争讼。"[①] 可见村级调解的重要性。目前村委会正在取代传统的民间调解，成为基层调解的中坚力量，或者成为和谐乡村的"担当人"，我们还要继续发挥这一优势。纠纷如果比较严重，双方都讲不清楚，而且互不相让，就会请村委会来进行调解。村委会对所争议问题进行调查研究后，从中进行裁决，解决矛盾。1990年春种时节的一天晚上，西林县弄汪乡平别村1组和2组的村民，为争水田发生纠纷，该村调解委员会人员立即赶到现场，经过耐心教育，组织大家学习法律，使双方认识到错误，各做自我批评。最后，按村规民约，民主协商，订出了本村农田用水制度。[②]

进入21世纪后，村委会调解纠纷更是成为农村基层的重要任务，三江侗族自治县司法局基层股股长说：人民调解的主要承担者是村两委，村内部的纠纷他们就自己处理，处理不了的，如重大一点、复杂一点、涉及两个村的，就上报给我们司法所。调解委员大部分由村两委委员担任，少部分是村里有威望的人，如寨老、老人、教师等。特别是处理两个寨子之间的山林纠纷，他们年纪比较大，对情况比较熟悉，效果比较好。阳朔龙尾瑶村村民邓某说，2014年农历正月十五我与弟弟发生土地纠纷，他在荒山上砍杂树，把我地界内的松树给砍了，有十多丈长、30米宽，我反映到村委会，村委会的干部包括村主任就帮我处理好了。当时调解的时候去了四个村干部，包括村主任、副主任等，他们最终把地划给了我，现在他种他的，我种我的。龙胜泗水乡里茶瑶村2006年制定的《村民自治章程》第21条规定，村民委员会的职责之三就是"调解民间纠纷，协助维护社会治安"。许多村干部成了纠纷调解的"消防员"，笔者在广西龙胜泗水乡细门瑶村调研的时候，一位妇女告诉我，她老公曾做了三年村支书，当时恰逢办林权证，村干部全部下去调解纠纷，他天天去处理纠纷，自己家的事都顾不上。

村委会调解要注意方式方法，实事求是，不偏不倚。贺州鹅塘镇明梅村支书说：本地主要是土地界线纠纷，我们的做法首先是跟族里的人商量，其次去找组长，然后再找村里。调处的时候我们很注重找证人证

---

① 张妍、孙燕京主编《民国史料丛刊·政治、政权机构·广西省施政纪录（一）》，大象出版社，2009，第8页。

② 西林县地方志编纂委员会编《西林县志》，广西人民出版社，2006，第769页。

明，如该林片经常过路的、知道界线划分的人，了解界线从哪里过。因为即使有土地证、林权证，但也写得很粗略，只是注明大概分哪一块。鹅塘镇槽碓村村支书说，纠纷通过村委会、组长和当事人比较信任的人讨论如何解决，双方各自有传话的人。例如，村里建党组墙，有村民提意见说党组墙导致他家紧邻的河道变窄，于是我们就拓宽了河道，这样对他建房子也有好处，因此双方各让一步，解决了纠纷。还有一种是村民内部的纠纷，还没到村里，村小组长就可以处理，一般还是由一个中立的人来负责协调，根据事情的轻重来处理。槽碓村村委会认为，村级司法调解应当成立相应的专门机构，有相应的人员、资金，在问题没有爆发前，把工作做在前面，在纠纷爆发之前把隐患排查出来，把隐性的问题扼杀以避免冲突，防范还是最主要的，否则村民长期积累的问题无法处理，到镇里也没有办法去做正确判断，村里小组那么分散，镇里的管理机构鞭长莫及，交通、通信都不方便。例如，村里曾发生一起土地纠纷，起因是两个亲兄弟之间土地界线不清，只有几分地，长 20 多米，宽五六米，一个拿旧的证说是他的，另一个拿新的证说是他的，但两个证都是解放之后颁发的，相差几年，一个证说界线是从这里过，另一个证说界线是从那里过，以前的证都是手写的，没有公章，后来两人去了镇司法所，后面的情况我们就不知道了。实际上，这样的纠纷即使到镇里去，最终还是要落实到村里来解决，因为双方土地的分界，村里是最清楚的，镇上也不可能掌握比村里更全面更确定的信息。因此，此类纠纷在村里解决是最合适的。

要继续保持村委会的调解能力，就需要规范化和体系化，其中贵港市覃塘区的做法较为成熟，值得借鉴和推广。他们在规范和发挥村委会调处纠纷方面形成了一系列制度。覃塘区 70% ~ 80% 的纠纷是由村一级干部调解的。目前该市正在推行三级联动，每村都成立人民调解委员会，村委会得力的话可以解决很多纠纷，实在解决不了的才交由司法所调解，最后到法院的也没多少了。这些村委会根据当地实际情况，采取各种方式调解，以更快、更有效地解决纠纷。此外，乡村地区的乡规民约（习惯）都比较发达，几乎每个村都有。乡规民约中都会规定纠纷的解决方式，这在一定程度上也可以遏制健讼的现象。覃塘区法院法官说：要充分利用当地村干部，因为他们威望比较高，有社会影响力，参与我们的调解，可以充分发挥他们的作用，不然有些纠纷是搞不定的。通过村委会调解纠纷社会效益好，可以减少矛盾的恶性循环，使其不再发生。覃塘区樟木乡派出所副所长说，人民调解委员会村村都有，村里解决不了的纠纷，再到我们这里来，村委会发挥了很多作用。覃塘区很多村委会都很有威信，各村的纠纷给村委会打电话都能解决，如乌头务尾（音）小组的排水沟纠纷，村干部多下去几次就解决了。覃塘区黄练镇一名工作人员说：少数民族是很好的，下面有纠纷，下面先处理，村里出现问题，村里先调解，如果调解不了再到镇司法所，但一般这种情况很少，基本上都村里化解了。贵港市平南县在这方面做得也较好，该县每个村都设有专职的调解纠纷的村干部，可以专心从事人民纠纷调解工作，办事经验丰富，办事效率高。

这其中最值得称道的是覃塘区樟木乡黄龙村，该村村主任说，我们村这么多年才出一起土地纠纷，村里的人很少去乡里面，证明我们做了很多工作。来访的都听我们调解，即使是外面有文化的人摆架势，也都听从我们的调解。今年调解的纠纷都成功了，水路、道路、水沟纠纷都有，如屯里邻里之间排水排污等。调解一般当事人都到现场，叫他们双方过来讲事由，了解案情之后帮他们讲解政策，最后基本都调解成功了。我们调解都是依据情、理、法三个方面，主要从情、理方面调解，情、理排在前面，法排在最后面。理就是道理，没有理法律也帮不了你。调解的时候要先了解当事人的想法，他们两个争起来，为什么？谁有道理？有时候碰到当事人不讲理，我们就将心比心，讲心里话他就听的，不讲这个他不听，农村要讲情理他们才听，心理就平衡了。村里没有调解经费，我们下去能把纠纷调解处理好就满足了，不想要什么经费，处理好纠纷就是大喜事，没有人来找我们最好。现在村民个个都遵守村规民约，到现在没有人挨过村规处罚。

项目组调取了黄龙村人民调解委员会调解记录（见表 6 - 2），从中可以看到，该村在 2013 年下半年至 2014 年上半年共调解纠纷 14 起，其中调解成功 10 起，成功率为 71.4%。在这些纠纷中，邻里之间道路、水路、土地、林木纠纷 12 起，占总数的 85.7%；劳资纠纷 1 起；非法挖土纠纷 1 起。由此可见，村级调解可以把大部分邻里之间的相邻权纠纷在本级化解，对维护农村秩序起了关键性的作用。而在这些案件的调解中，村委会也对当事人进行了法律法规宣传，其中涉及最多的是民法通则中的相关规定。村级调解的力量不容小觑。

表 6－2　2013～2014 年贵港市覃塘区樟木乡黄龙村人民调解委员会调解记录

时间		纠纷事由	调解结果	宣传法规
2013 年	6 月 23 日	秦某龙、秦某飞在林地非法挖土	经调查没有办理相关手续，呈报	国家矿产资源的有关法规
	9 月 10 日	林某武反映，中缅天然气损害本屯道路，要求村委会调解	经村委现场协商调解，未达成协议，呈报	民法通则中的相关政策
	9 月 19 日	林某与林某辉邻居水路纠纷	经调解双方已达成协议，本级化解	民法通则中关于处理民间纠纷的规定
	10 月 15 日	谢某劳与谢某树邻居道路纠纷	经调解双方协商，未达成协议，呈报	民法通则中关于处理邻里纠纷的政策
	11 月 5 日	韦某珍与林某树住宅地纠纷	经调解双方已达成协议，本级化解	民法通则中关于宅基地纠纷的处理办法
	11 月 11 日	林某华与林某亮邻居水路纠纷	经调解双方未达成协议，呈报	民法通则中关于邻里纠纷的处理办法
	11 月 25 日	龙口红砖厂老板谢某兰、秦某军因不结民工工资引发纠纷	经调解双方已达成协议，本级化解	民法通则中关于劳资纠纷处理的政策
	12 月 25 日	林某片与林某盛土地纠纷	经调解双方已达成协议，本级化解	农村土地管理办法
2014 年	3 月 19 日	秦某向与秦某雅邻居道路纠纷	经调解双方已达成协议，本级化解	民法通则中关于处理邻里纠纷的政策
	4 月 23 日	谢某进与谢某方道路纠纷	经调解双方已达成协议，本级化解	民法通则中关于处理邻里纠纷的政策
	4 月 29 日	龙某珍与龙某去邻里排污沟纠纷	经调解双方已达成协议，本级化解	民法通则中关于邻里纠纷的处理办法
2014 年	5 月 2 日	秦某明与龙口屯村民领导小组巷道小路纠纷	经调解双方已达成协议，本级化解	民法通则中关于邻里纠纷的处理办法
	5 月 10 日	谢某进与谢某冠巷道边树木纠纷	经调解双方已达成协议，本级化解	民间纠纷处理办法
	5 月 24 日	林某耿与山林屯道路纠纷	经调解双方已达成协议，本级化解	民法通则中关于处理邻里纠纷的政策

资料来源：贵港市覃塘区樟木乡黄龙村村委会提供。

黄龙村在村委会调处纠纷方面执行了一系列规则和制度。第一，在村委会墙上张贴人民调解流程示意图，指导当事人查找村委会调解的步骤，包括申请、受理、登记、准备、调解、制作协议、执行、向乡镇申诉或向法院起诉等程序和环节。第二，建立村委会调解日常服务制度。《黄龙村村干部管理制度》第5条规定：实行村干部值班制度。在规定工作日，由村干部在村委会办公室轮流挂牌值班，开门办公，服务群众。值班任务就是调解村民纠纷、邻里矛盾。村干部实行积分制度，凡在值班期间受理、登记、解决村民纠纷的，都有相应的分值（见表6－3），根据村干部的表现打分，最终的分数是确定村干部业绩的重要指标。第三，黄龙村还将村干部调解纠纷的职责规定在各种村级文件中，《黄龙村村委会职责》第7条为依法调解民间纠纷，协助维护村子社会治安。黄龙村《村规民约》第9条规定：村民发生赡养纠纷时，由村人民调解委员会进行调解，调解不成的，村民委员会支持被赡养人依法向人民法院提起诉讼。第四，建立维稳工作队，其职责就是排查化解村内各类矛盾纠纷，做好重点事件关键人员的思想教育和稳控工作，维护本村社会和谐稳定（见表6－3）。

表6－3　黄龙村村级台账工作对村委会调解纠纷的要求

项目	要求	分值
情报信息	无群体性事件、集体上访或村民到市级以上政府部门请愿等非上访事件得9分，发生以上事件之一但不能稳控化解在当地的一次扣2分，没有提前报告的一次扣3分	20分
接访调解工作	村级班子领导按挂片分工负责接待调解工作的4分，少一人扣1分；半年内接访及调解跟踪案件6件以上并如实录入台账的得3分，少一项扣0.2分；接访调解跟踪每多一案给1分，满分6分	10分
妇儿维权工作	半年内接访及调解跟踪案件3件以上并如实录入台账的得6分，少一项扣2分；接访调解跟踪每多一案给1分，满分4分	10分
台账工作	管理好台账、按要求上交台账参加考评的得10分，台账内无案无工作记录的得5分，弄虚作假或不上交台账的0分	10分

资料来源：贵港市覃塘区樟木乡黄龙村村委会提供。

这里要特别介绍一下黄龙村的维稳工作队，该队由村里的党员、干部组成，专门解决村内的各类纠纷。每名队员在年初做出工作承诺（见表6－4、表6－5、表6－6），确定自己承担解决矛盾的数量，可以是调解婆媳矛盾，也可以是调解田土纠纷，还可以是坟山争议。在其后一年的时间内，每月由村民监督其履诺情况并民主评议，结果将公布在村务栏中，以此作为奖惩和选举的依据。黄龙村还在每月评出两名维稳之星（见表 6－7），以表彰那些在调解纠纷中成绩突出的党员、干部，推动村一级纠纷调解健康规范发展。

表 6－4　黄龙村维稳工作队承诺及履诺情况

队别	维稳工作队	
承诺内容	排查化解村内各类纠纷，做好重点人员的稳控工作，化解矛盾纠纷达 85% 以上	
履诺情况	排查解决纠纷 5 件	
每月评议结果	1 月	山林纠纷 1 件
	2 月	坟山纠纷 1 件
	3 月	相邻纠纷 1 件
	4 月	婆媳纠纷 1 件

表 6－5　黄龙村党员承诺调解本村纠纷情况

姓名	承诺内容
林有忠	认真抓好本村社会综治维稳工作，抓好坟山纠纷调解工作
韦玉珍	调解本村婆媳之间的矛盾纠纷，使婆媳能和谐相处
龙志芳	调解本村矛盾纠纷一起，维护村内稳定
秦国锋	调解本村的矛盾纠纷
李育文	调解本村因田地问题产生的矛盾，跟踪监督本村的安全生产工作
秦程	团结村民，维护好本村村风，协助村委会调解本村的矛盾纠纷
秦建颂	化解本村因田地问题产生的矛盾

表 6－6　黄龙村党员履行调解纠纷承诺情况（2014）

姓名	承诺事项	完成情况						
		1 月	2 月	3 月	4 月	5 月	6 月	7 月
秦盟	团结村民，协助调解本村矛盾纠纷，努力把本村建设成为文明村	较好	较好	较好	较好	较好	较好	较好
秦国锋	为了村里水泥路建设顺利进行，做好村民思想工作	较好	较好	较好	较好	较好	较好	较好
韦玉珍	协助调解本村婆媳之间的矛盾纠纷	较好	较好	较好	较好	较好	较好	较好

续表

姓名	承诺事项	完成情况						
		1月	2月	3月	4月	5月	6月	7月
秦建颂	协助化解本村因田地问题产生的矛盾，跟踪监督本村的安全生产工作	较好	较好	较好	较好	较好	较好	较好
林有欣	监督本村安全工作，维护本村村纪、村风	较好	较好	较好	较好	较好	较好	较好
李志旺	协助调解本村土地纠纷案件，调解本村夫妻矛盾	较好	较好	较好	较好	较好	较好	较好
谢尚德	跟踪监督本村的安全生产工作，和村民一起保护好村内的耕牛	较好	较好	较好	较好	较好	较好	较好
龙志芳	跟踪监督本村的安全生产工作，协助调解矛盾纠纷一起	较好	较好	较好	较好	较好	较好	较好
谢锦标	协助调解家族矛盾、土地纠纷	较好	较好	较好	较好	较好	较好	较好
韦丽芳	协助调解村内矛盾，保护好本村生牛	较好	较好	较好	较好	较好	较好	较好

表6－7　黄龙村维稳之星一览（2014）

月份	维稳之星姓名
1月	韦玉珍、李志旺
2月	秦国锋、龙志芳
3月	谢尚德、黄丽芳
4月	秦建颂、李志旺
5月	韦玉珍、秦国锋
6月	李志旺、谢尚德
7月	黄丽芳、秦建颂

资料来源：贵港市覃塘区黄龙村村委会提供。

要提高村委会调解的规范化程度，还应当借鉴其他省区的先进经验。笔者2015年12月在贵州省榕江县寨蒿镇调研民歌法庭时，采访了当地扒王中心村的村委会，该村村委会对人民调解工作的细致认真程度，给笔者留下了深刻的印象。当拿到村委会保存的调解工作档案后，可谓大开眼界，从未见过如此完善详细的村委会调解笔录。此前笔者在广西地区调研时，看到的村委会调解记录大多是在统一发放的记录本上写下寥寥数语，写明时间、地点、当事人、事由、调解人就完了，最后的结果也只是记录是否达成协议，协议的内容都是草草收笔，甚至有的只是达成口头协议。但扒王村的调解记录做得规范、严谨、精确、细致、认真，其规范程度不亚于司法机关的卷宗。首先，每一起纠纷调解都有专门的卷宗，装订在一起后归入专门的卷宗盒里，并在盒脊上标明案件的名称，整整齐齐地摆放在书架上，查阅起来非常方便。其次，每一起案件都有现场勘验笔录、照片（见图6-7）、书证、人证、物证、发言笔录，全部按顺序编好放在卷宗（见图6-8）中。最后，还要制作规范的书面调解协议书，双方当事人在上面签字摁手印，并将签字时的情形拍照留存，防止反悔。据该村村支书说，以前达成协议后，当事人往往反悔或拒绝执行，规范地制作调解卷宗后，当事人在调解中的所有言行都被记录、拍摄在案，就不敢再违反协议了。扒王村的这些先进经验很值得广西的村寨学习。

图6-7　扒王村村委会调解中的纠纷现场勘查照片

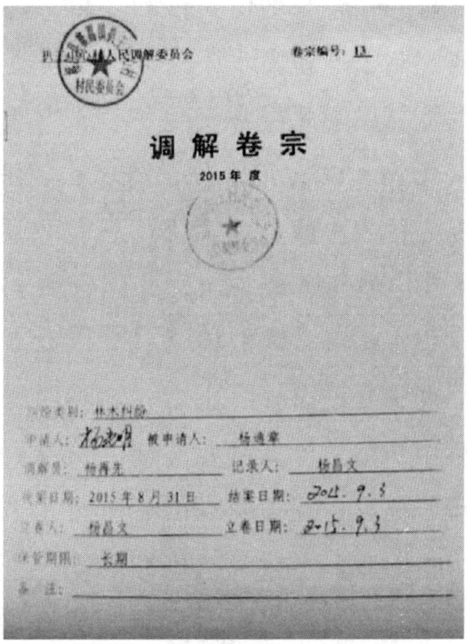

图6-8　扒王村村委会调解卷宗

资料来源：贵州省榕江县寨蒿镇扒王村村民委员会提供。

三　充分发挥诉讼调解的作用

到法院请求诉讼调解也是广西人民的一种选择。诉讼调解的优势在于法官能整合所有的基层法治资源，找当地村干部，年事高、有威望、有影响力的人协助调解，而且对纠纷的调解是依据法律做出的，权威性较高，当事人的认可和服从度也较高。法官在进行调解时，除了向当事人讲解法律规定外，还要向当事人阐述法律上的利害关系，这样才能提高调解成功率。法官应当把法律条文化作生活道理与当事人沟通，尤其是少数民族当事人，更是要用对方的语言方式与其交流。

诉讼调解结案也具有悠久的历史，清代中央政府就允许在苗疆地区办案，可以法外结案，即双方当事人按习惯法协商调解结案。雍正五年（1727）上谕："其土苗争讼案件，例由外结者，应如何定限之处，亦着议奏。"① 广西基层人民法院历史上也比较注重调解结案，并成功解决了多起生产生活纠纷。调解结案比判决结案更容易让当事人接受，而且不会对双方今后的关系造成阴影。如龙胜原和平公社柳田大队余家生产队（瑶族地区）与海江大队马山生产队（汉族地区）在茶山塘、茶山口、瓦厂背一带各有稻田 5 亩和 8 亩。为解决稻田长年受旱问题，双方于 1971 年在赵家冲新修水渠一条，共同使用。后因水源不足，且用水不甚合理，两地村民为此经常发生争执，严重影响生产和民族团结，经公社多次调解无效。1973 年 4 月，请求法院解决，法院受理后派员实地调查，组织双方代表协商，经调解，双方一致同意赵家冲水渠共同使用，无论水源大小，水量各要一半，并建石坎来分流双方的用水量，双方都感到满意，加强了瑶汉之间的传统友谊和团结。② 1976～1990 年，田林县人民法院先后调解处理山林、土地、水利纠纷 349 件。1983 年，在落实山界林权过程中，浪平乡央村九洞坪屯与弄力屯为一片八角林起纠纷。人民法院受理了此案，在查明缘由后进行了调解，将这片八角林判给九洞坪屯。弄力屯不服，不按裁决执行。1989 年 9 月，法院又派员对弄力屯村民进行法治教育，使之履行了原调解协议，把强占的八角林退给九洞坪屯，并把他们抢收的八角花折价 2880 元赔偿给九洞坪屯，使这起调解生效了六年仍未执行的纠纷得以结案。③ 兴安县人民法院 1978～1990 年共受理各

① 《清世宗实录》卷 54，第 7 页。

② 龙胜县志编纂委员会编纂《龙胜县志》，汉语大词典出版社，1992，第 379 页。

③ 田林县地方志编纂委员会编《田林县志》，广西人民出版社，1996，第 655～656 页。

种民事案件5000件，审结4817件，其中调解3121件，占65%。[①] 进入21世纪以来，诉讼调解仍是司法工作的一项重要内容，贵港市覃塘区法院2014年共受理民商事纠纷1426件，其中调解结案705件，约占49%。

由此可见，民事案件通过调解结案是广大群众乐于接受的。法院调解和其他调解一样，也要讲情讲理，在合法的基础上说服当事人。农村居民向法院起诉最多的是离婚案件，因此目前法院调解较多的也是离婚案件。这类案件更需要用情理说服当事人。覃塘区法院法官说，离婚案件调解得比较多，因为目前主要是男方提出来的多，现在男的出去打工的人多，夫妻长期分居，男的变心了，回来就离婚。他可能在外面与人同居，生有小孩。有的是二十多年的夫妻，小孩都有五六个了，现在却要闹离婚。女方的兄弟告诫女方丈夫不要回来与老婆离婚，男方则指责老婆不照顾老人、打小孩，我们就问，你都不在家，怎么会知道？有些离婚案子审理一次、二次、三次法院都不敢判决，因为双方情绪比较激动。女方说，法院要是判离婚我就死给你看，我们就找老人做思想工作。最近有一起离婚案，老婆提供照片证明丈夫在外面有第三者，已经第三次起诉离婚了，但80岁的家婆亲自来找法院说你们不要判离，我们法院只好做双方的调解工作。对于离婚、赔偿，我们都是尽量做调解工作。笔者在韦拔群烈士的故乡东兰县调研时，了解到当地人民法院建立了“拔哥”流动法庭，遇到婚姻、赡养、继承方面的纠纷时，深入山区到当事人家中做调解工作，受到当事人热烈欢迎，调解的成功率也大大提高。

诉讼调解也要注意与少数民族的风土人情相结合，要“走心”。覃塘区法院另一名法官说：法官要耐心做调解工作，农村法庭去调解，要不厌其烦地到家里面去劝说，如果当事人找不到，还要经常利用下班时间去，心静下来做工作效果就好很多。有时候双方当事人都是农民，他们从早晨五六点就干活，一般到上午11点回来，太阳很大，还得去找他们调解。调解的时候先聊聊家常，问问家庭生活怎么样，像拉家常一样，跟当事人拉近距离，调解要建立在亲情基础上。而人们也认为，国家工作人员无论在哪里做调解工作都要先尊重当地民族的风俗习惯，喝他们的米酒、油茶，接受他们的礼待，入乡随俗，否则他们就会认为你不尊

---

① 兴安县地方志编纂委员会编《兴安县志》，广西人民出版社，2002，第178页。

重他们，他们就很难信任你，那调解工作就难以开展。在实践中，如果纯粹按照法律来解决纠纷，当事人是很难服气的，法官必须通过自身行动来感动当事人，用情理来调解，这样可以防止矛盾加剧，让双方当事人真正和气地解决问题。如果法院还调解不了的话，那只能通过判决解决纠纷了。覃塘区人民法院在黄练镇挂点，经常派法官前往，只要有矛盾纠纷就过去解决。

其他民事案件的调解结案同样需要耐心细致的工作，涉及跨界纠纷的，还要注意与周边省份法院的协商。三江侗族自治县人民法院刑事审判庭的法官说：我们的调解率是50%，案件争取调解结案。涉及民事方面的调解案件（刑事附带民事），都是故意伤害案件，我们组织双方调解，还没到法院的，我们下到村里去调解。现在未成年人犯罪较多，都是老人在家照顾留守儿童，孩子没人管，经常打架、偷东西，涉及父母赔偿问题的，通过村委会调解，尽量在开庭前调解好，这样量刑方面可以轻点。我们这里地处三省交界，如果判缓刑，都会和通道侗族自治县、黎平县联合进行调查评估，对未成年人进行量刑，涉及贵州、湖南，也对案情进行调查，包括未成年人的监护情况、家庭情况，给他们正确地量刑。此外，这里交通事故案件比较多，因为有两条国道弯过三江，调解成本高，要付出很多精力和时间，最好在村里当事人能协商解决，首先由宗老、族长出面调解，他们处理不了的，再由村委会出面调解，最后才到法院这里来。因为很多当事人都是认识的，相邻关系比较多，农民把地看得比命还重，就是为了赌一口气，先是私下调解，再到司法所、社会治安综合治理委员会，最后再到法院，我们先组织调解，要尊重当事人的意愿。

民事案件的调解要抓住各个少数民族的特点开展工作，要尊重少数民族的风俗习惯，要让他们在心理上把你当作“自己人”，即达到“内化”的目的。龙胜各族自治县人民法院法官说：龙胜各少数民族挺和谐的，但各少数民族还是各有特点的，比如侗族就比较信任会讲他们语言的法官，愿意听他们话，愿意听他们调解，你如果在那里工作，不会他们的语言，是很难开展工作的。要尊重他们的风俗习惯，喝一碗水酒，不能拒绝。苗乡就是一碗油茶，先从生活入手，入乡随俗，才可以开展调解工作。

第三节　灵活用法：建设富有民族特色的司法文化

一　降低法院立案门槛，简化诉讼程序

“人之权利不问为公权为私权，均不可侵犯。苟侵犯之，则被害人可诉诸国家以公力救助之。民事诉讼法即规定对于私权上受有侵害向国家诉请救助之程序，有此诉求之权利者，曰诉权。诉权又分形式的诉权与实质的诉权，前者不论何人何时皆有之，即受国家机关诉讼之权利也。后者则惟胜诉人有之，即受国家机关胜诉判决之权利也。”[①] 诉权是公民享有的一项基本权利，但目前我国诉讼制度存在一些弊端和漏洞，阻碍了民众通过诉讼手段解决问题。人们普遍觉得诉讼难，一个关键的问题是立案难，如一些纠纷起诉到法院，无法立案，这让人们备受挫折，认为法院解决不了实际问题，因而放弃司法途径，转而寻求其他的解决办法。在回答调查问卷第七题“如果你和别人发生纠纷后却不想打官司，最主要的原因是什么?”时，一些受访者就注明是“条件不够，立不了案”。

广西民间长期简讼的观念及民间调解简便易行的特点使广西民众对诉讼抱有一种简单直白的认识，认为只要有纠纷直接去找法院就可以，就如封建时代击鼓鸣冤、喊冤升堂那样，殊不知现代诉讼烦琐的程序和手续使他们产生强烈的厌讼和畏讼情绪，许多人表示打官司还要写诉状、请律师，而且还要先经立案庭审查，确定符合立案条件才能转给审判庭，还要经过一系列送达、补充证据等程序才能正式开庭审理，这些都是他们始料未及的，诉讼的积极性备受挫折和打击。笔者认为，针对少数民族地区的特殊历史文化情况和诉讼观念，应当尽量简化诉讼程序，降低诉讼门槛，缩短诉讼周期，建立适应民情和区情的特色司法立案制度，提高少数民族参与诉讼的热情和主动性。应当说，目前实行的立案登记制度是有利于人们参与诉讼的。此外，我们还应当多在乡村地区建立简易法庭和诉讼点，让人们真正享受现代化的、便捷的司法服

---

① 佚名：《法政常识·民事诉讼程序》，《广西司法旬刊》第2期，1933年，第31页。

务。鉴于中央一直呼吁要学习“马锡五审判方式”，我们应当改变思路，探索出一种既规范又能快捷解决纠纷的基层司法模式。笔者在调查中了解到，环江县、靖西市等地的人民法院，都建立了农民工维权案件和妇女儿童维权案件绿色通道，快速立案，快速审理，快速执行，第一时间解决问题，极大地提高了办案效率，也增强了人们对诉讼和法治的信心。

二　适应民族习惯，灵活运用法律

（一）“俗重于法”的法治传统

由于广西乡村社会内部一直有自己独立的纠纷解决机制和习惯法体系，因此历史上中央统治者都不强制其适用国家立法，“盖古者以南服为蛮夷之地，要约羁縻，长使不侵不叛而已，不以文法绳也”。[①] 在长期“因俗而治”理念的支配之下，历代统治者都允许民间适用自己的习惯法处理社会内部事务，这反而保证了西南地区的和平与稳定，这一政策成为我国民族政策的主流。在民国的学者看来，中国传统法制更偏重的是“以俗治下民”的理念，在法制史上，“俗”的地位高于“礼”和“法”：

> 君子守礼，小人守俗，礼俗之所表示，即为公是公非之所在，此为中国政治之特色，语其优点殊非中世纪之欧洲所敢望其项背者也。就法制史有其严格，实可称为不成文法之鼻祖，成法之规定，例案繁密，月异日新，只为官吏有司示其剖判行止之规范，为有司对于台省、卿相对于君主负责之准据而已，与被治之人民初无关系焉。故中国社会共同生活之规律，社会行为之准则，俗重于礼，礼重于法，质言之，则俗之所是，礼不得而强以为非，礼之所是法亦不得强以为非，盖法为官司行动之准绳，而礼则制裁君子，而不能责备于一般平民，小人可以循俗而失礼，而君子则既须守礼，同时亦不能违背习俗。[②]

文献记载表明，古代广西的司法官员在审理案件尤其是土地纠纷时，

---

① （明）包汝辑《南中纪闻》，商务印书馆，1936，第13页。

② 同甫：《论广西商习惯之关于破产》，《广西司法旬刊》第5期，1933年，第15页。

都尊重民间习惯进行判决。如“乾隆七年，韦公赖们又往本府衙门去告，蒙批司主潘弘猷查审。司主潘弘猷讯明众老人说，这田原是韦家祖业，就断一半与韦公赖们，以石灞水沟为界”。[①] 因此，我们应该继承这一优良的历史传统，乡村地区的司法，应当做一定的变通，保持一定的宽容，为习惯留下一席之地。广西少数民族在长期的历史发展中形成了许多根深蒂固的习惯观念，而许多观念是与现行法律相冲突的。如何解决二者之间的冲突，是基层法院办案无法回避的一个问题，刻板遵守法律，无视少数民族习惯肯定是不合理的。但另一方面，少数民族习惯在民事、生态保护、社会保障等方面和国家法的内容和宗旨完全一致的，我们也要充分尊重。为此，少数民族地区基层法院办案时，应当顺应民情，灵活应用法律解决纠纷，只要能维持稳定的社会秩序，维护民众的合法权益，司法在不违反宪法和法律的情况下做出一些变通应当是允许的。只有这样，才能形成富有民族特色的司法文化。

（二）在司法审判中适当认可和尊重习惯

在这方面，龙胜各族自治县人民法院的做法很值得提倡。项目组在该法院调研时，法官介绍了许多在司法实践中尊重和认可当地习惯的经验。首先，关于债权的诉讼时效问题，俗话说“欠债还钱，天经地义”，在当地人的观念中，别人欠钱不管过去多少年都应该归还，这就与法律规定产生冲突。龙胜各族自治县人民法院顺应传统的习惯做法，对这类案件采取“不讲”的做法，即一般不主动跟当事人讲诉讼时效。如果诉讼当事人没有提诉讼时效，那么主审法官也不会主动提出来，而是径直根据双方的债权债务关系做出实体判决。值得一提的是，这一做法与2008年最高人民法院关于民事案件审判中诉讼时效问题的司法解释不谋而合。龙胜各族自治县司法局的工作人员也谈道：乡村地区的司法都有浓郁的本民族特色，龙胜各族自治县的各少数民族还是很尊重法律的，因此民族地区的司法要以民众的利益为重。

此外，三江侗族自治县、融水苗族自治县等少数民族聚居区人民法

---

① 中国第一历史档案馆、中国社会科学院历史研究所编《清代土地占有关系与佃农抗租斗争》上册，中华书局，1988，第58页。

院的做法也较为可取。在这些地区，少数民族传统习惯的效力很强，影响很深，短时期内无法彻底改变。在这种情况下，可以做一些灵活变通的处理，在维护社会和谐和法治统一的大前提下，适当认可和尊重习惯也是符合法治原则的。尤其是涉及婚姻家庭方面的诉讼，要尽量尊重少数民族传统习惯，这样不仅可以解决纠纷，还可以取得更好的社会效益。如三江侗族自治县人民法院法官说，对于婚姻纠纷，本地少数民族的传统习惯是：离婚时分割共同财产，但林权一般女方没有份。赡养老人也有习惯，比如有三个子女，一般是儿子负有赡养义务。如果有三个儿子，那两个老人就由最小的儿子来赡养，年长的儿子完全是靠自觉给予老人物资，老人有大病时才给老人钱。如果他们因赡养义务分担起诉的，我们会按法律判决，但如果是调解的话，只要双方自愿，在不违背法律的情况下可以认可习惯。三江侗族自治县同乐乡司法所的工作人员说：在我们这里，人们有时按当地的风俗习惯处理纠纷，只要能处理好矛盾就可以给予认可。这一般适用于不会造成什么恶果，能够把矛盾化解掉的情况，比如婚姻方面的纠纷，婚姻法规定有过错的一方应适当赔偿另一方，但在本地，一般情况下，谁主动提出离婚，就要赔偿对方，你不赔对方就不离婚，比如女方提出离婚，因为你嫁过来时男方办了酒席，花了钱，所以你必须赔偿夫家的损失。所以，如果他们自愿赔偿，我们不理，但如果一方不同意，我们也做工作，一般比较开明的人会接受我们的建议。再比如赡养父母，作为子女都有义务，但我们这里女儿嫁出去了，只有小儿子（称“满仔”）承担赡养义务，如果是两兄弟的话，一人养一个，以后财产也由儿子继承，如果子女为此闹纠纷，我们就依法处理，但在村里面则依惯例处理，毕竟女儿嫁出去，一年就回来两三次，一般都由儿子来照顾老人。笔者在融水苗族自治县的一些乡镇法庭调研时得知，按照当地苗族传统的习惯，在离婚纠纷中，主动提出离婚的一方往往少分或者不分财产。法庭在审理此类案件时，只要双方当事人同意，法院都会尊重苗族的这一习惯做法。

（三）在民间纠纷解决机制中适当尊重传统习惯

民间传统习惯除了在解决婚姻家庭纠纷方面有效果外，在解决令人头疼的“三大纠纷”方面也可以发挥巨大的作用。事实上，“三大纠纷”

难以解决，很大程度上就是因为传统的民间划分土地界线的习惯被破坏，如果我们能尊重民间习惯，恢复传统的分界体系，纠纷都可以迎刃而解。以最难解决的山林纠纷来说，贺州市民族委员会的工作人员说，关于山林界线，原来没有确权的时候都是按约定俗成的习惯来划分，村民之间没有争议和纠纷。

贺州狮东村民政助理说，本地山地、林场侵占过界这种纠纷很多，老人都懂得在哪里划线，界线很明显。我们这里山林的界线是把一丛竹子和石头一起种下去，并把竹子露出来一截，这不是一般的竹子，叫丹竹，很小一根，有手指那么粗，种下去以后不挖竹笋，也不分行，只在那里生长，人们一看就知道那就是山林的界线，所以山林都是有界线标记的。如果没有标记，也有一边高一边低的土头，都能看得出来。狮东大冷水一位 17 岁的男孩说，别人锄到我家的地，硬说是他家的地，我们就问村里的老人，要求重新分地界。以前长辈都知道地的分界，本地的地界分得很清楚，锄一条路，或放一块石头，或种一棵树，就是划分了地界。灌阳县黄关镇镇长也说：本地主要发生的是三大纠纷，即森林纠纷、土地纠纷、水源纠纷，如果发生此类纠纷，先是在村里解决，基本按照村里以前的习惯及划分森林、土地、水源的标识来解决，由老人作证指认，如果年代太久，老人也说不清楚，那就只有到镇司法所调解，然后再到县，森林纠纷找林业部门，那里专门有纠处办，土地纠纷找国土部门，水源纠纷找水利部门，实在不行，就只能到法院去打官司解决了，法院判决的他们都认。一般此类纠纷通过调解解决的占 50%。因此，在处理“三大纠纷”的时候，如果能对这些地界划分等传统习惯予以充分认可和尊重，可以极大推动这一农村痼疾的解决。

覃塘区樟木乡派出所工作人员也认为，基层司法必须尊重当地少数民族风俗习惯：对我们基层司法机关来说，调解纠纷是一个难题，有利益就有纠纷，关键是如何平衡的问题。我们经常互相沟通，感到很大的困惑，比如村里搞一个石头壁，说是我们村的风水所在，这样的事情没有法律依据，只能利用双方的风俗习惯来调解。入乡随俗，你不讲这个他也不信你的，有时候只能是劝说。民国时期学者在评论现行法律时曾说：“考我国现行法律，多半继受他国，其得之于本国固有民情风俗者，数量甚少。然法律不外乎人情、法律与人情不符，自难得人民的信仰。

而一国的法治精神，便在人民能信仰，并能遵守法律。”[①] 所以，民族地区的立法、执法、司法多结合当地的民情，多融合本土风俗习惯，是正确的思路。许多法律的空白区在实际中仍然靠少数民族风俗习惯来约束，这就需要立法者对传统习惯予以科学的引导和规范。唯有用规范的法律条文来约束，才能使法院审判真正做到有法可依。只有法律制度完善了，传统习惯法才会逐渐退出司法领域。习近平总书记最近指出，要重视少数民族文化保护。在司法时适当尊重少数民族的传统习惯也是保护民族文化的一个方面。

三 设立民歌法庭

在民族地区特色司法文化建设中，最值得推广的莫过于民歌法庭。这一制度是贵州省榕江县寨蒿镇司法改革工程的产物，对其他西部民族地区的基层司法改革和创新具有重大的借鉴意义。广西作为一个以山歌闻名于世的民族地区，更应该效仿这样的做法，推进司法特色化发展。笔者专程前往榕江县寨蒿镇对民歌法庭进行了调查，获得了大量有用的信息和资料。

据榕江县寨蒿镇法庭的林庭长介绍，民歌法庭正式设立是在2010年。榕江县人民法院建这个民歌法庭有一个背景，那就是寨蒿镇的侗族、苗族比较多，而侗族、苗族都有自己的山歌，如以前谈情说爱必须唱歌，从对歌开始，对于婚姻家庭纠纷，民间有许多劝歌，唱出来很感动人。法院在办案过程中也发现，国家法律的很多术语，如“感情破裂”等，他们根本听不懂，我们就考虑，以前寨老调解纠纷用唱歌的形式，很感化人，效果很好，因为在基层调解纠纷都是采用这种方式，我们法院决定在遇到此类纠纷时引进这种方式，采用后发现调解成功率很高，于是利用本地区的民族特色，设立了一个民歌法庭。民歌法庭从一开始试点到推广，都得到了中央的肯定。现在全国正在自上而下地推进司法体制改革，民歌法庭是县里的改革试点之一，由省直管，避免了行政机关的干涉，也解决了怎样依法行政的问题，因此民歌法庭是我们工作的一个

① 同甫：《论广西商习惯之关于破产者（四续）》，《广西司法旬刊》第8期，1933年，第23页。

亮点。寨蒿镇有侗歌协会、山歌协会，法庭充分发挥它们的优势，遇到邻里纠纷、山林纠纷都通过山歌来调解，这样做的效果很明显，四个中心村基本做到小事不出村，实现了“四和村寨”，并举行了授牌仪式。所谓“四和村寨”，即和乐家庭、和善邻里、和美生活、和谐村寨，其中在和乐家庭、和善邻里这块民歌法庭发挥了重要作用。因为不是所有的纠纷都能用民歌调解，主要是涉及婚姻、赡养、邻里、家庭等人与人之间关系的纠纷比较适用，例如，和乐家庭的“乐”主要指夫妻、婆媳关系，民歌法庭对调解此类纠纷可谓有奇效。特别是处理赡养纠纷，运用民歌对当事人的效果很好。2010 年至今，利用这种方式调解案件有 40 来件，用民歌调解的成功率为 100% 。

民歌法庭聘任的民歌调解员都是当地人，选任对象是民间歌师，要求德高望重，主要是发挥山歌皇后、五老的作用。榕江县法院共聘用了 7 位人民调解员，其中寨蒿镇法庭辖区内有三位，三人中有两人在 60 ~ 70 岁，还有一位 40 多岁。聘任程序是先征求其本人意愿，由所在党组织批准后发给聘书，上岗前要接受基本培训。他们办案的程序是：每当法庭受理一个案件，就叫民歌调解员过来或法官带着案卷到他家，把案情讲给他听，他就根据案情有针对性地进行说唱，当事人都接受。他们根据案情编写劝歌，劝歌是以前传下来的，但那是针对大众的，不具体，他们可以针对具体案件编写劝歌。法院办案时邀请民歌调解员上门，还到当事人家回访，他们全程都参与。民歌皇后张口就唱，如晚寨的侗族歌师吴家新，利用他手中的“法宝”，一个是侗族山歌，一个是汉族山歌，来调解纠纷。有时候山歌皇后不在，就发挥五老、寨老的作用。去年开展群众路线教育，山歌皇后编群众路线教育，用汉语写，每一“和”都写了一首歌，调子是人们比较熟悉的，如劝和歌、劝世歌等，都写得很好，很押韵。他们还利用民歌进行“六五”普法，人们很容易接受。有个侗族歌师唱得很感人，内容是劝当事人的，如下：“离婚后一个人单身，你自己要照顾子女，看别人的子女过得很好，自己的子女脸也不洗，在街上乱窜；春天做活路的时候，别人女的在家干活，男的在山上干活，你离婚后一个人要做家里、山上的活路，回到家里子女却没有饭吃……”当事人听了很受感动，还有几句是这样唱的：“犁田人家的秧插满地，你的田秧还没有插，水还没灌……”用侗话说很透彻，听了心里有很失落、很凄凉的感觉，都快要掉泪了。虽然参与办案的民歌调解员报酬很少，标准是每参审一桩案件，补助200元，误工费一天100元，根据实际误工天数计算，但他们都非常乐意做这项工作。晚寨的侗族歌师还收了徒弟。

每个民族都有其风俗习惯，都有自己的民歌，因此民歌法庭要针对特定的人群，法院调解的时候，有许多同事就唱一首山歌就成功了。但是如果一对夫妻正在气头上，你唱首歌他们就接受，那是不可能的，正在气头上谁能接受？只有适当的时候才能运用这种方式交流，如果调解说理的程序全部用法律语言，当事人很难听懂，但民歌通俗易懂，唱一首民歌给当事人听，他很容易受到启发。比较典型的案例是2013年有一对夫妻，女方58岁，男方62岁，女方起诉离婚。离婚原因是女方年轻时与他人自由恋爱，跟男友交往并怀孕，但父母不同意，只好嫁给了现在这个老公，女方嫁过来后又和老公生了3个孩子，加上前面的未婚生子，总共是4个孩子，现在孩子都成家立业了，但女方心里一直不平衡，还是要离婚，提出的离婚理由是包办婚姻，不幸福。民歌调解针对他们就很好用，民歌调解员亲自上门调查，编写《劝夫妻和睦歌》进行劝和，最终这对夫妻被感动了，女方撤诉。2014年中央电视台曾对这个案件全程录像，并在中央电视台社会与法制频道节目《大山中的民歌法庭》中播放了这个案件，引起热烈反响。

民歌法庭主要有三大功能：一是推进和谐乡村建设；二是推进社会管理创新；三是对依法治国有很大的促进作用。民歌法庭的社会效果在于人们对法条不十分清楚，用一种喜闻乐见、容易接受的方式传播法律知识，人们容易接受，容易被感化，可以对他们起到一定的效果。我们用法律语言很难悉数化解矛盾，但采用民歌却可以达到和解的效果，让当事人发自内心地接受调解的结果。民歌法庭还设有专门的民歌调解室（见图6-9），布置得非常温馨雅静，营造出和谐的气氛，有利于当事人沟通交心。墙上挂着民歌法庭操作规程（见图6-10），显然，虽然是用民歌调解，但还是要依法进行，要按照规范的流程操作，由此可见民歌法庭建设的成熟与规范。

笔者还专程采访了一名民歌调解员——人称“山歌书记”的寨蒿镇扒王村六组的龙上豪，龙大爷是汉族，今年73岁，在公社、乡里都做过书记，1993年做过司法所所长。他介绍了自己成为民歌调解员的历程：我

图 6－9　民歌调解室

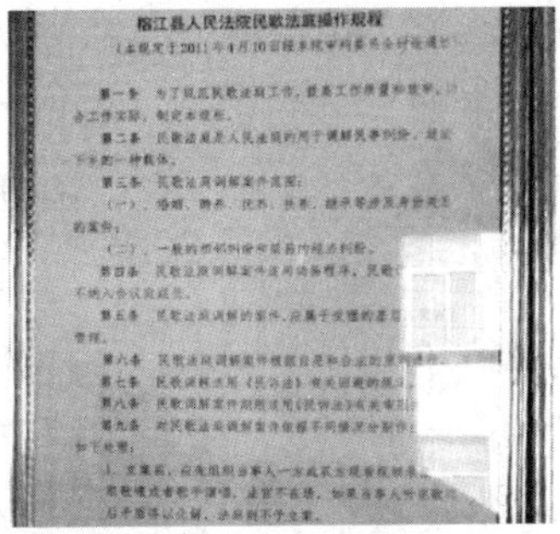

图 6－10　民歌法庭操作规程

原来是从事行政工作的，后来改行做司法，民歌调解是我无意中发现的。我只读到小学五年级，回到家老人家说：“读书三年无用处，唱歌三年考秀才。”你唱歌吧！我不打牌、不赌博，专心学唱山歌，后来我参加工作后，一喊开会，人们都不来，我一唱山歌，男女老少都来了，我发现唱歌对人们很有号召力。当时我从事的是乡里的行政工作，于是开会的时候我就唱歌，根据当时的政策编歌，新老结合，有极大的促进作用。参加司法工作后，我就采用唱歌调解的方式，司法调解不下的，就用唱歌劝说，民歌还是有大用处，能够改变人的脾气，解决纠纷。2000 年我退休回家，政府到我们村工作很难开展，阻力很大，我就编写山歌贴在墙上，写一些土俚话的劝夫妻歌、劝世歌，宣传党的政策，村民很容易接受。村民打工回家，每次村干部开支部扩大会，都会一起喊我唱歌，我也当他们的法律顾问。通过唱歌，我发现人的思想有很大变化，镇里的工作也容易做了，又能改变当事人的想法，最后当事人都能和平回家，而不像司法判决，审判胜诉的一方喜气洋洋，败诉的一方愁眉苦脸，我就向上面写了一个建议。法院工作人员也承认，民歌法庭的建立也受到了龙上豪的影响。

但林庭长也谈到，民歌法庭也存在一定的局限性，现在的年轻人像“80 后”“90 后”没有唱民歌的习惯，他们自己不懂，也听不懂，因此民歌法庭只能针对年纪大一点的人，重点是特定年代的人，比较喜欢山歌的人也能用，确切地说，只对 40 岁以上的当事人才有效果，因此民歌法庭的发展前景不容乐观，对新成长起来的一代不太适用。现在年轻人外出打工，谈恋爱也不唱歌，民歌法庭对他们就没有作用。

贵州榕江县寨蒿镇的民歌法庭对我们启发很大，按理说，在中国的少数民族中，壮族是以民歌见长的，一提起壮族，人们不约而同地都会想起“歌仙”刘三姐，广西少数民族的民歌艺术可谓源远流长，在百色的田林、凌云、隆林等地，随处可见在路边、公园唱山歌的人，一些民间歌师张口成曲，出口成歌，几乎无须思索和酝酿，如此丰富的资源却未能在法律上发挥作用，不能不说是一种遗憾，我们完全可以仿效寨蒿镇民歌法庭的做法，把广西丰厚的民歌资源与基层司法建设结合起来，形成少数民族乐于接受的法律文化形式，从而建立富有民族特色的司法文化。为此，我们要做好以下几项工作。

第一，建立民歌调解员选任机制，采取基层推荐与自主报名的方式，对民间的歌师、山歌王等进行搜罗筛选，建立歌师人才库，以便随时调取选用。

第二，建立民歌调解员培训机制，选取民歌调解员后，对他们开展基本的法律培训，主要是三大诉讼法及刑法、民法等，使他们从普通的民间音乐人士转变成具备法律素养的调解员。在聘任后，仍要对其进行定期培训，使其法律知识储备不断扩大和更新。

第三，建立民歌调解员任职机制，经过上面两个步骤后，要给正式聘任的民歌调解员发聘书，并签订工作协议，告知其权益和义务，并明确其报酬和津贴标准等。此外，对民歌调解员的工作要加强监督，通过回访当事人、群众民主评议等方式，把控其工作质量，对不合格的民歌调解员要及时淘汰，对工作成绩突出的予以奖励和表彰。

第四节　弘法在人：加强民族地区基层司法人才队伍建设

一　扩大民族地区基层司法人员编制

民族地区基层司法工作人员人手紧、编制少成为一个越来越突出的问题，严重制约着基层司法改革。项目组所到之处，几乎所有的基层司法机构都在抱怨司法工作人员少。首先，基层法院人员编制本就相当紧张，不敷使用，而已有的人员老龄化。除了法官总体数量匮乏以外，民族地区基层法院还存在一个很严重的问题，即缺乏熟悉本地区少数民族语言、风俗习惯的法官。相当数量的新任审判员不精通本地语言，和当事人沟通有一定的困难，也无法使当事人信服，因此很难调解纠纷，又或者不了解当地的风俗习惯，一些做法不能使当事人满意，会增加调解难度。因此，法官是否熟悉本地方言与风俗习惯，会对纠纷的调解产生一定的影响。如果审判员了解当地少数民族的方言和民俗，就更容易和下面的民众沟通，在司法实践中会有意想不到的效果。覃塘区法官就谈道：按照中央提出的方案，现在我国已经在部分地区开始进行司法体制改革试点，但在全国范围内，民族地区存在一定的特殊性，应当制定相应的政策，保证适当比例的懂本民族语言、熟悉当地风土人情的法官，给予他们一定的照顾和优惠待遇，因为民族地区基层法院现在不仅缺少职业法官，尤其缺少了解本地区风土人情、风俗习惯的审判人员。一名法官讲述了他的亲身经历：覃塘区有600万人口，其中壮族300万人，此外还有其他26个少数民族。随着经济文化的发展，民族出现了大融合，总的交流应该问题不大，主要是相互熟悉。法院在与民众交流时，要特别注意心理方面的因素，要专门有一部分人负责与民众沟通。俗话说，“老乡见老乡，两眼泪汪汪”，只要具有相同的民族认同感，距离一下就拉近了。从实践经验看，一是调解案件时，一是处理对立比较尖锐的案件时，假如有些熟悉本地风土人情的法官出面讲话，情况就会大不一样。例如，山北乡有两个村民，一个叫韦某奖，一个叫韦某将，其中一个是某案件的当事人，结果法院的送达人员搞错了，把司法文书送到了另一个名字相似的人家中，家中的妇女不知道就签收了，第二天她丈夫回来，看到我带了几个法警开着警车到他家，就大发脾气，觉得很丢面子。当时气氛很紧张，这时我们中的一名壮族工作人员就站出来了，用壮语说我们弄错了，由于双方使用的是共同语言，对方就不闹了，最终我们顺利地解决了这一问题，所以说当时那个会讲壮语的同事起了很大作用。三江侗族自治县人民法院一名法官说，我们法院经常实行双语审判，因为很多当事人已上了岁数，很难听得懂桂柳话（西南通用官话），更别说普通话了，所以必须用他们的本地话跟他们沟通，不然他们一点都不懂自己的权利与义务，一名年轻的工作人员说道：“用民族语言进行调解可以起到积极作用，希望在招公务员时可以优先招会民族语言的。”因此，法院在招干警、公务员时应优先考虑招一些懂民族语言的人进来。

民族基层法院亟须增加法官编制，以减轻办案压力。为此，国家应当制定相应政策，鼓励法律专业毕业生到基层服务，以保障当地法院能招收到了解当地语言、文化和风土人情的人才，推动民族地区基层司法发展。例如，对于愿意回到生源地从事法律服务的法律专业毕业生，应当采取一定的奖助措施；与一些贫困生签订委托培养协议，出资帮助他们攻读法律学位，然后回乡服务，一举三得。覃塘区法院的法官说："现在进入法院的方式有两种。一是公务员考试，二是定向委培。通过公务员考试这一途径很难挑选到本地的法官，目前国家虽然出台了相关政策，但还没有完善，因此定向委培就很有必要的，可以极大地提高法官的素养。"

二 提高民族地区基层司法人员素质

基层司法人员的素质非常重要，因此建立有效的培训机制很有必要。早在专制时代，中央统治者就意识到西南少数民族地区人才素质的重要性。乾隆三年（1739），朝廷命慎选苗疆守令，要求选拔德才兼备、熟悉民情的人员，谕曰："边疆之地，民夷杂处，抚绥化导，职任尤重，更不得不慎选其人以膺牧民之寄……嗣后遇有苗疆要缺，应令该督、抚慎选贤员以居其任，三年之后，察其汉、夷相安、群情爱戴者，保题升，以示优励；其有恃才贪功者，虽有才干，不得轻任以滋事端。其如何定例之处，着九卿妥议具奏。"① 今天，我们更应该加强这方面的工作。

首先，要加强对法官队伍的培训。法官拥有较高文化素养及完备法律知识是基层司法工作的关键。法官不应天天埋头办案，要多交流，多学习，"不磨刀"可不行。所以对法官进行定向培训，使其更加职业化、专业化，不断更新知识，与学习型社会相适应，这才可以充分发挥法官的潜力，从而提高法官办案的正确率和公平性。例如，覃塘区法院已建立起内部培训课堂，由老法官帮带新法官，现在新法官虽然上来了，但审判经验跟不上，通过这种形式大家可以一起学习、一起提高。同时，还可以建立与高校的联动培训机制。覃塘区法院院长黄敏开就表示，法官应当经常回高校"充电"。目前，桂林电子科技大学法学院已与贵港市覃塘区人民法院合作，在该法院设立法学理论培训基地，由法学院教授定期为该院法官举办培训班，以提高法官的理论水平。目前已完成两期

---

① 《清高宗实录》卷83，第1~2页。

法官培训，效果很好，参加培训的法官回去之后理论与实践水平均有很大提高，所撰写的调研论文多次在全国、全区获奖。此外，基层法院还可以通过派出法官到中、高级法院挂职学习来提高素质。例如，2011 年上思县人民法院共选派 4 名法官到区高级人民法院、市中级人民法院挂职锻炼，不断更新和丰富业务知识（笔者学生陆思西调研）。这都是值得提倡的做法。

其次，要加强对人民陪审员的培训。在少数民族地区，经常要从群众中选取人民陪审员审理案件。例如，上思县那荡乡 1956 年建立了区一级法庭，本乡江志光、黄廷星等为人民陪审员，他们经常深入群众中听取意见。法庭也经常派人下乡办案，群众反映极好。[①] 但是，许多人民陪审员都是农村干部，他们虽然工作热情极高，但是年纪普遍偏大，不懂法律或没有系统地学习法律知识，在陪审过程中发挥的作用受到很大限制，因此加强人民陪审员培训是基层司法改革的重要一举。三江侗族自治县人民法院法官谈道："我们的人民陪审员来自各行各业，有来自妇联的，有来自教师队伍的，也有乡镇的人民调解员，还有来自公务员队伍的，总体来说，人民陪审员制度在当地发挥的作用比较小。"要改变这种状况，就必须加强对人民陪审员的业务培训，让其真正履职。覃塘区法院法官就谈道，要加强对人民陪审员的培训。在人民陪审员选任上，少数民族地区经济收入水平不高，因此有些大专、中专毕业的年轻人，宁愿去打工，也不愿做人民陪审员，我们主要选任一些有威信、年纪比较大、支持法院工作的人做人民陪审员。他们虽然工作热情很高，但年纪较大，知识严重老化，法律水平低，今后要重点抓这项工作。人民陪审员制度是我国富有特色的司法制度，在少数民族地区，他们是联系少数民族和司法机关的重要纽带，所以加强对人民陪审员的培训，不仅可以用法律武装他们的头脑，让他们从思想上转变为"法律人"，而且可以利用他们自身的影响力，把法律的权威转变成维护民众权益的力量。

---

① 广西壮族自治区编辑组编《广西壮族社会历史调查》第 3 册，广西民族出版社，1985，第 112 页。

结　语

“任何国家、民族或族群，都是包涵着多元性的份子所聚合而成；尤其是国土幅员广大、国民人口众多、历史文化悠久的国家；它的国民人口之内，无庸为讳的该是‘多元民族’的甚且是‘超种族’的。”[①] 由于长期的地理隔绝和历史变迁，以及经济与文化等方面的因素，广西民间形成了独特的民间诉讼观念，如息讼、少讼、简讼、注重民间调解等观念，而正是这些“以和为贵”“家和万事兴”“多一事不如少一事”的传统观念，广西才形成民族团结，和谐欢乐的局面。

必须承认，广西民间的传统诉讼观念对于维护乡村社会的和谐发挥了巨大的作用。所以，我们要充分发掘民间传统诉讼观念中正面、积极的因素，从探索民间传统诉讼观念与和谐乡村建设之间的内通性与结合点，探讨二者在各个层面实现互动与融合的实践机制与途径等方面入手，推进现代司法改革，完善现代司法体制，为广西民间解决纠纷提供法律保障，从而维护和平与稳定的局面，构建和谐社会。

笔者在查阅广西文献资料的时候，发现有多处民间简讼、息讼的记载，而在广西乡村地区考察时，也常常有人咨询诉讼方面的问题，因而萌生了研究这一课题的念头，并开始刻意收集这方面的材料。这是一项艰苦的工作，需要付出大量的精力与思考。在调研的过程中，笔者深切感受到这一课题的重要意义，感受到人们对诉讼知识的巨大需求，这是对我们付出和努力的回报。在草坪回族乡潜经村村口，一位20多岁的回族小伙对我们说：“你们早就应该下来调研了，我们农民太需要法律了。”在贵港市覃塘区黄练镇，一位到镇里来开座谈会的村支书激动地说：“从来没有一个调研是专门针对我们农民的诉讼观念的，这是我参加过的会议发言最多的一次。我希望多一点这种专题调研。”现在，笔者将辛苦收

---

① 胡耐安：《中华民族》，台湾商务印书馆，1969，“叙说”，第2页。

集和调研的资料，经过编辑、整理、思考，最终得以出版，感到由衷的欣慰。作为一个多元文化的聚居区，广西只有协调好乡村社会关系，才能真正实现法治化的战略目标。希望本书能够对广西的乡村法治建设贡献微薄的力量。

附　录

附录 1　《广西民间诉讼观念》调查问卷

民族：　　　　性别：　　　　年龄：　　　　文化水平：　　　　职业：

1. 您了解我国三大诉讼法及相关知识吗？

A. 了解　　B. 较为了解　　C. 一般了解　　D. 一无所知

2. 你是通过什么方式获得诉讼知识的？

A. 电视广播报纸　　B. 普法宣传

C. 听别人说的　　D. 参加诉讼

3. 当您与他人发生纠纷时，您会选择哪种解决方式？（可多选）

A. 打官司　　B. 私了　　C. 找政府解决

D. 找村干部调解　　E. 找有威望的老人调解

4. 当您的权益受到侵害时，您想过起诉吗？

A. 非常想　　B. 有时想　　C. 不想　　D. 说不清楚

5. 哪种情况下您最有可能选择打官司？

A. 受到他人人身伤害　　B. 对政府的行政处罚不服

C. 别人欠你钱，长期催要却不还　D. 被他人造成精神损害

E. 他人侵占了你的财产

6. 如果您与他人发生纠纷到法院打官司，您会感到________？

A. 很光彩　　B. 很丢脸　　C. 不丢脸

D. 不光彩也不丢脸　　E. 无所谓

7. 如果您和别人发生纠纷后却不想打官司，最主要的原因是什么？

A. 不相信法律和法院　　B. 费用太高

C. 费时间　　D. 太丢人，不光彩

E. 其他

8. 如果要打官司，您会主动去找关系吗？

A. 不会　　B. 会　　C. 想，但是没有关系

9. 您认为目前打官司输赢主要取决于什么因素？

A. 权力　　B. 金钱　　C. 法律的正义

D. 法官秉公执法　　E. 律师的作用

10. 假如你方败诉，又不服气，但案件标的额很小，您如何处理？（可多选）

A. 继续上诉　　B. 向政府部门信访、上访

C. 算了，反正标的额小　　D. 拒绝执行

11. 您认为目前我国的司法审判________？

A. 完全公正　　B. 大多数是公正的，少数不公正

C. 基本不公正，少量公正　　D. 完全不公正

12. 你认为农村基层司法的现状如何？

A. 较好　　B. 一般　　C. 较差　　D. 不清楚

二、您认为影响民间诉讼观念的因素有哪些？有什么好的建议或措施？

附录 2 《广西民间诉讼观念》调查问卷统计结果

发放问卷 600 份，收回 588 份，其中有效问卷 588 份，有效回收率为 98%。

文化水平：小学文化程度 139 人，占 24%；初中文化文化程度 192 人，占 33%；高中文化程度 96 人，占 16%；大学和大专文化程度 161 人，占 27%。

性别：男性 362 人，占 62%；女性 226 人，占 38%。

年龄：16～25 岁 113 人，占 19%；26～35 岁 154 人，占 26%；36～50 岁 198 人，占 34%；50 岁以上 123 人，占 21%。

职业：农民 334 人，占 56.8%；公务员 70 人，占 11.9%；个体户 28 人，占 4.8%；其他 155 人，占 26.4%；教师 1 人，占 0.2%。

附表《广西民间诉讼观念》调查问卷统计结果

单位：人次，%

题号	A	比例	B	比例	C	比例	D	比例	E	比例
1	96	16.4	67	11.4	270	46.1	153	26.1		
2	256	42	236	38.8	92	15.1	25	4.1		
3	74	11.2	149	22.6	131	19.8	237	36.1	68	10.3
4	177	30.1	277	47	52	8.83	83	14.1		
5	301	36.8	95	11.6	76	9.28	99	12.1	248	30.3
6	28	4.8	104	17.7	94	16	202	34.4	159	27
7	51	7.5	243	35.5	175	25.6	44	6.4	171	25
8	228	38.8	195	33.2	165	28				
9	126	17.8	110	15.6	230	32.6	184	26.1	56	7.9
10	176	29.3	139	23.2	261	43.5	24	4.0		
11	109	18.53	417	70.9	48	8.2	13	2.2		
12	132	22.4	276	46.55	132	22.4	47	7.95		

图书在版编目(CIP)数据

诉讼观念与和谐乡村建设：以广西民间传统观念为视角／袁翔珠著．-- 北京：社会科学文献出版社，2020.12

ISBN 978－7－5201－6906－6

Ⅰ．①诉… Ⅱ．①袁… Ⅲ．①诉讼法－传统观念－关系－农村－社会主义建设－广西 Ⅳ．①D925②F327.67

中国版本图书馆 CIP 数据核字（2020）第 128128 号

诉讼观念与和谐乡村建设

——以广西民间传统观念为视角

著　　者／袁翔珠

出 版 人／王利民
责任编辑／芮素平
文稿编辑／肖世伟

出　　版／社会科学文献出版社·联合出版中心（010）59367281
　　　　地址：北京市北三环中路甲 29 号院华龙大厦　邮编：100029
　　　　网址：www.ssap.com.cn
发　　行／市场营销中心（010）59367081　59367083
印　　装／三河市尚艺印装有限公司

规　　格／开 本：787mm×1092mm 1/16
　　　　印 张：14.75　字 数：233 千字
版　　次／2020 年 12 月第 1 版　2020 年 12 月第 1 次印刷
书　　号／ISBN 978－7－5201－6906－6
定　　价／89.00 元

本书如有印装质量问题，请与读者服务中心（010－59367028）联系